国家出版基金项目

俞荣根 丛书主编

范忠信 著

礼法传统与现代法治丛书 第三辑

礼言法旨

传统礼经的法理和宪制释读

孔学堂书局

2022年度国家出版基金资助项目
2021年度贵州省出版传媒事业发展专项资金资助项目
贵州省孔学堂发展基金会资助项目

图书在版编目（CIP）数据

礼言法旨：传统礼经的法理和宪制释读 / 范忠信著.
— 贵阳：孔学堂书局，2023.04
（礼法传统与现代法治丛书 / 俞荣根主编 . 第三辑）

ISBN 978-7-80770-363-1

Ⅰ.①礼… Ⅱ.①范… Ⅲ.①法律体系－研究－中国 Ⅳ.① D909.2

中国国家版本馆 CIP 数据核字（2023）第 020002 号

礼法传统与现代法治丛书（第三辑） 俞荣根　主编
礼言法旨：传统礼经的法理和宪制释读 范忠信　著
LIYANFAZHI: CHUANTONG LIJING DE FALI HE XIANZHI SHIDU

责任编辑：窦玥声　杨彤帆
文字编辑：夏大飞
责任印制：张　莹　刘思妤
版式设计：小　一

出版发行：贵州日报当代融媒体集团
　　　　　孔学堂书局
地　　址：贵阳市乌当区大坡路 26 号
印　　制：深圳市新联美术印刷有限公司
开　　本：787mm×1092mm　1/32
字　　数：212 千字
印　　张：10
版　　次：2023 年 4 月第 1 版
印　　次：2023 年 4 月第 1 次印刷
书　　号：ISBN 978-7-80770-363-1
定　　价：69.80 元

版权所有·翻版必究

礼法传统与现代法治丛书（第三辑）
编辑出版委员会

主　编：俞荣根

成　员：杨一凡　黄源盛　陈景良

　　　　马小红　周东平

总 序

俞荣根

多年前，中国的法学、法制在摆脱民族危亡中艰难转型。模范欧美，称引宪制，废旧立新，变法修律，以图汇入民主法治大潮流。其进步和成就可以用一句话概括：从此迈入了现代阶段。但她毕竟很年轻，还不成熟。年轻时代犯错总是难免的。一个人如是，一种学术和制度亦如是。其中之一，是这一领域几乎成了域外法学理论和法制模式的试验地，西洋的、东洋的、苏俄的，一度照搬他们的理论和法条，缺乏民族自信力和创造力。流弊所至，菲薄传统，厚诬古贤，陷入对中国古代法误读、误解、误判的"三误"境地。有一个显证：都说中华传统文化源远流长、博大精深，但涉及其中的古代法和法制，给世人的印象无非"法自君出""严刑峻法"，似乎一无是处。虽说年轻时犯的错应当原谅，但必须记取，加以改正。

重新认识中国古代法和中华法系，寻求其固有结构体制和价值，以及内在的法文化遗传密码，是本丛书的初衷。

追寻对中国古代法和中华法系的"三误"源流，我们发现，"律令法"之说难脱其干系。"律令法"说亦称"律令体制"说，长期主导着中国法律史学术领域。这一学说也确曾推进了历代律令制度的研究。但"律令法"说，无法真正理解古代"礼乐政刑""德礼政刑"的治国方略，难以领悟"无讼""亲亲相隐""复仇""存留养亲"、家产制、州县对"细故"纠纷的"调解和息"等制度和原则的合理内核。循守"律令法"之说，难免得出中国古代"诸法合体""民刑不分""民法缺位""用刑罚手段审理民事案件""卡迪司法"等结论。

自古以来，人们描述古代中国，惯用"礼法制度""礼法社会""礼法之治"等词语。此"礼法"，不是"礼"与"法"的合称，也不是"礼法合一""礼法融合"的意思。"礼法"就是"礼法"，是中国古代法的实存样态，是一个双音节的法律词汇，一个双音节的法哲学范畴。中国古代法是"礼法"之法，是一种"礼法体制"，而不应归结为单纯的"律令法"或"律令体制"。律令是礼法统率下的律令，是礼法中偏重于刑事和政令的那些法律和法制部门。正是"礼法"，维系着古代中华帝国政治法制的合法性论证，包摄有超越工具法层面的法上法、理想法、正义法层级，秘藏了古代法文化的遗传密码。它肯定烙有历代统治集团阶级偏私的严重印痕，也避免不了时代的种种局限，但掩盖不住所蕴含的"良法善治"智慧和经验。"礼法"，是古代中国人长期选择的法律样式和法律制度。

中国古代法是"礼法体制"，中华法系是"礼法法系"。这是本丛书的基本思路。

鉴于此，本丛书的架构，不能不从反思"律令法"说起始，继而对礼法和礼法制度的内在结构、功能价值进行必要的法学和法哲学原理上的阐释与探索，进而沿波讨源，追寻其生成、发达、消解的过程并力图说明这一过程的内外联系。丛书有诸多分册横向展现古代礼法和礼法制度的某一层面或部分，它们是实现丛书宗旨的坚实支撑。

牢牢把握学术性是丛书立足之本。立论有据，考析翔实，引证规范，观点平实，不搞吸引眼球的噱头，不搞戏说、穿越、梦幻。但这套丛书毕竟不同于诸如《中国古代礼法制度史》《中国古代礼法思想史》之类的学术著作，通俗、可读是她应有的风采。结构不厌精巧，运思力求缜密，文通句顺，语言清新，笔端情丰韵盈，多以案例、故事说礼法，以收引人入胜之效。诚然，通俗性不得损害学术性。寓学术性于通俗性之中，是本丛书学术团队的自觉追求。

本丛书的发起人和倡导者是孔学堂书局管理高层。他们也是推动丛书策划和运作的原动力。

2015年4月10日上午，贵阳孔学堂主办第一场学术论辩大会，论题为"现代法治与礼法传统"。我有幸以六位嘉宾之一的身份参与。论辩会前后，孔学堂书局副总编张忠兰女士几度表示，想组编一套以"礼法传统与现代法治"命名的丛书，希望我出任主编。我自知年岁不饶人，难当重任，恭谢而婉拒之。第二天下午，贵州省人民检察院邀我去做个学术讲座。孔学堂书局和孔学堂杂志社总编辑李筑先生和张忠兰女士等闻讯赶过去旁听。讲座结束后，李筑总编说，我以"礼法传统"分析中国古代"良法善治"的诸多问题，他都同意。两位再次希望支持他们做好这套丛书。书局领导如此敬业执着，再拒就不恭了。

丛书的第一批书目和作者确定后，李筑总编写信予以肯定和鼓励。这是一篇见解深邃、雅语迭出的美文，将本丛书的宗旨、价值、特色表达得一清二楚，谨录之与读者共享。

> 礼法作为整个农耕时代维系中国社会运行的制度基础，几千年来植入人心，早已成为中国人信仰的重要组成部分，沉淀为中国人的文化基因，在伦常日用中外化为中国人温良恭俭让、长幼尊卑有序的行为习惯。儒家的核心价值是求仁，从孔孟处发源的

"仁者爱人",在宋明以后更发展为"民胞物与""万物一体"之仁,今天看来,这当是人类最高明的价值观。而依循礼法,乃是致仁的根本路径、不二法门。中华民族历数千载而愈发茁壮,礼法文化堪称制度枢纽,功莫大焉。体验过百多年来欧美典章和苏俄制度交相试验的得失成败,并通过近四十年穷追猛打般的工业化狂飙初步取得器物层面自信的中国,要在精神上真正站起来,建立良善和谐、充满活力的新中原,必须回到对仁的追求,自然也就必须从礼法文化中寻求社会发展和社会治理返本开新的资源!

……

丛书选题的规划,以原始察终、承弊易变、汇通中外的史学方法为经,以现代法学的分科观照路径为纬,案理结合、深入浅出发挥中华礼法文化的宏微之意,定会在国学复兴的热潮中别树一帜。而丛书各卷溯本清源阐发之礼法精华,更会在返本中开掘出礼法文化源源不断的崭新当代价值:信仰价值、制度价值、道德价值、文化价值……展现中华法文化"周虽旧邦,其命维新"的灿烂光华,于普及教化中启发治国为政者的制度创新智慧!

……

礼法文化是一座宝库,我们正在开启它!因此,我们对这套丛书充满期待!

对这套丛书,总编期待!书局期待!作者期待!

更值得作者和编者共同期待的是,愿她能满足读者的期待!并得到读者"上帝"的回音,尤其是批评和指教性的回音。

2017 年 11 月 5 日

目 录

导　言　戴着外来"有色眼镜"不识本土特有法形态	1
第一章　传统中国法系统中的"礼乐法"体系	13
一、传统中国的"法系统"	14
二、"礼乐法"与"律令法"	21
三、"礼乐法"的三个层次	31
四、"礼乐法"的载体或渊源	34
五、礼经关于法律形式和体系的初步认知	37
第二章　"道""理""礼""义"与华夏自然法	43
一、何为"天道"或"自然法"	45
二、圣人体察"天道"译制为"人定法"	51
三、顺应"天道"的"人定法"秩序基则	54
第三章　礼乐的法规范属性及法秩序意义	59
一、礼乐的"法律般"产生原因	60
二、礼乐的"法律般"目标追求	68
三、礼乐的"法律般"调整对象	73

	四、礼乐的"法律般"规范属性	78
	五、礼乐的"法律般"功能作用	82
	六、礼乐的"法律般"制裁机制	86
	七、关于"礼刑适用区分对象说"	89

第四章　君权的性质、地位、转移及合法性的礼学论证　97

  一、君权的来源、性质与使命　99
  二、君权须独制独裁，不可分割假借　106
  三、君权监督制约的常态性机制构想　110
  四、君权转移：禅让、易位、革命　130
  五、君位继承法首要原则：以贵不以贤　144
  六、"王所不臣""存二代后"的宪制意义　147
  七、臣下对君权的从违原则　160

第五章　国家结构和基本政体的礼学建构　169

  一、国家基本结构的"王制"憧憬　170
  二、关于国家政体和职能机构的礼学建构　217
  三、华夷之辨的礼法观念及相关法制建构　234

第六章　宗法礼治秩序的宪制宏纲和基本国策　　243

- 一、"王制"政治秩序的国策总纲讨论　　245
- 二、"仁政""慎杀""祥刑"基本国策主张　　256
- 三、"法天无为""法先王因旧章"基本国策主张　　259
- 四、"敬畏天命""敬德保民"基本国策主张　　264
- 五、"德礼教化""以礼坊民"基本国策主张　　270
- 六、"明德慎罚""德主刑辅"基本国策主张　　279
- 七、重贤能、尚人治、灵活用法的基本国策主张　　284
- 八、立规矩设权衡、信赏必罚的基本国策主张　　295

后　记　　301

导言

戴着外来「有色眼镜」不识本土特有法形态

一

这本书的最初构想，可以溯至20世纪80年代初期。

大约是1982年初某一天，一个法学专业大二学生，手持一篇誊写工整的论文，兴冲冲地去拜访名师。那个学生就是我，时年23岁，才读完几本法史教材，听了一个学期的法史课程，就无知无畏地写下了《中国古代法学为什么不发达》一文。我拜访的老师是杨景凡先生，他当时是西南政法大学副教授，兼任校科研处处长，家住学校办公大楼北侧的教工宿舍。在这篇四千余字的文章里，我以近现代西方法学的概念为标尺，武断地认定：在古代中国，只有德刑赏罚之类说辞，并没有升华到"法学"高度；我还在文章中推测妨碍法学在中国产生和成长的几大原因。

浏览了这篇短文，杨先生摘下眼镜，缓缓地对我说：

你凭什么说中国古代没有法学？你显然只是拿西方法学概念做参照。国家不同、民族传统不同，政治章法当然也有所不同，解决社会纠纷的办法也会各异。西方人喜欢像订立契约一样制定种种法律制度，并通过一定正当程序解决问题；中国人不喜欢搞成文制度，更愿意通过官长的智慧德行与礼教来实现社会和谐。要订立契约和制度，当然要有一套套法律概念理论作"建筑材料"；要阐清这些概念理论，当然就要有你所说的发达的法学。在中国古代，礼就是调节社会生活的章法或标准，解释礼的概念体系、研究礼教的理论学问、用儒家伦理注释法律的学问都很发达，你凭什么说它们就不是法学呢？那不正是中国式的法学吗，不正是研究中国式治国章法的学问吗？孔子、孟子的"礼治""德治""人治""仁治"理论，其实就是中国式的法学。儒家虽然很少提到"法律"之类概念，但他们经常用他们特有话语和方式讨论着法律问题。为什么一定要戴着西方法学的"有色眼镜"来看中国古代的学术？为什么一定要我们祖先都用西方的法律词语来说话呢？

杨教授的这番话让我记忆深刻，不是因为我当时懂了，而是因为关于"有色眼镜"的比喻使我有些震动。片面、偏颇或扭曲的知识信息可能使人如戴"有色眼镜"一般，导致人们产生重大的认识偏差，这是我有生以来第一次听到的见解。杨老师的话，被我记入日记，此后我开始注意防范"有色眼镜"式认识偏误。不过，待我真正领悟这番话，已是十多年后。1992年，我在最后审订《情理法与中国人》（中国人民大学出版社1992年版）书稿时，再度翻出日记中的这段记载，我才真正有了大梦初觉、醍醐灌顶的感觉。

二

戴着外来法学"眼镜"，不管是西方法律传统之"眼镜"，还是苏维埃法律传统之"眼镜"，去观察和认知数千年亚细亚生产方式下独自生长、自成一系的中国法律传统和法律学术，特别是要真正认识到它的本原或真相，的确是有失偏颇的。

西方法律传统的"眼镜"，是一副"海洋文明"或"商贸文明"材质的"蓝色眼镜"。这副"眼镜"的镜片自古希腊罗马时代便开始打磨，至近代更逐渐包含主权在民、分权体制、共和宪制、政教分离、契约精神、社会自治、司法独立、公法与私法分离、实体法与程序法分离等元素。透过这副"蓝色镜片"看传统中国数千年的法制和法学，当然就没有宪法、行政法、民商法、诉讼法、国际法，只有刑法和刑罚；没有部门法学，更没有法理学，只有关于治国安民、教化防罪、加强吏治的大套大套的说辞而已，几乎没有什么可观者。

苏维埃法律的"眼镜"，是一副无产阶级革命的"红色眼镜"。这副"眼镜"的镜片从巴黎公社运动、十月革命时期开始打磨，至斯大林的苏联时代全盛，包含阶级区分和斗争、工农革命反抗、冲破资产阶级国家和法律、实行无产阶级专政、以法律为专政工具、不必区分公法私法、否定司法独立等元素。戴上这副"红色镜片"，你看到的数千年中国传统法律和法学，都是强化专制皇权、维护压迫剥削、镇压人民反抗、蒙蔽人民视听、奴化人民意志的法律制度或相关欺骗说辞，也基本上没有什么可观者。

若将两副"眼镜"同时戴起来，透过"蓝""红"双重有色镜片，去观察、分析中国传统法律法学，那情形就更加不忍卒视了。除了无法无天的皇权、臃肿低能的官僚体系、严苛的法律政令、残酷的刑罚、涣散羸弱的社会之外，找不到法律部门划分、法学概念体系、法学理论，更没有法学家和法学流派。

这样的思维定式，当然不是任何一本法史教材要灌输给我们的，而是用心读遍那些教材以后所获得的。所以，直到1992年秋我在苏州大学开讲法制史时，我的学生们还曾说，除了在周永坤老师和我的法理课堂上偶有例外，通过其他途径（特别是各种法理法史教材）获得的仍是这种思考方式。

有的法制史学习者认为："中国传统法律法学不就是五刑、十恶、八议、官当、赎刑、六赃、七杀、准五服以制罪、亲亲相隐、刑不上大夫、春秋决狱、监临部主见知故纵、重法地、厂卫司法、凌迟处死、剥皮实草、文字狱……吗？尽是些残酷的、冷冰冰的、令人恐怖的、读起来佶屈聱牙的东西，难懂难记还特别难考！中国法制史除了这些还有什么？"

这样的看法，不只是少数学生有，政界人士特别是法律实务界重要主管们，也有很多这样看的。从20世纪90年代初的律师考试到21世纪初的统一司法考试，直至今日的统一法律考试，那些主张从考试大纲中取消法制史的人，讲出来的也一直是这类理由。对此，我们当然不能简单责怪他们轻视传统或数典忘祖。1949年以来的中国法律史的讲述模式，特别是意识形态化或政治教育化的教科书，的确应该对国人关于传统中国特有法律和法学体系的重大误解负责。若不认真反省此前的讲述模式，这类曲解误解情形未来还会继续。

三

值得庆幸的是，在改革开放之初，在思想解放年代大潮初起时，我赶上了机会难得的高考列车，进入了充盈着学术自由芬芳的大学，遇到了对儒家法律思想及礼法文明体系进行重新阐释且卓有成效的杨景凡先生和俞荣根老师，还有在阐释民族习惯法方面颇有成就的陈金全老师等长者们。老师们崇尚学术自由、重诠传统的学术风格，帮助我们登高望远，将我们带到了一个思想高地。

早在 1983 年，给我们开讲《中国法律思想史》的俞荣根老师就通过《论孔子》（《孔子的法律思想》）[1]提出了"儒家伦理法"判断。俞老师把孔子的法律思想称之为"伦理法律思想"，把儒家思想指导下的法律变化称之为"法律伦理化"或"伦理法律化"，把"礼法合一"的唐律称之为"儒家伦理法"或"封建伦理法"[2]。后来，在《儒家法思想通论》中，俞老师进一步指出："儒家之礼和儒家之法的价值旨归，却是实实在在的宗法伦理道德。所以，就儒家之法的文化类型而言……是宗法人伦型和家族伦理型的。简言之，可以称之为伦理法""儒家的伦理法是东方文化的一个部分，它是一种伦理性的法文化形态""它有着世俗性、宗法性、法先王运思模式、广泛的强制机制。"[3]

俞老师的这些观点，很早就对我有着指点迷津之效。此后二十多年间，因常有幸与老师面晤，聆听老师亲述上述观点的依据、逻辑，这在很大程度上促成了我对中国法传统特别是传统法体系

---

1 俞荣根老师的硕士论文，在杨景凡先生指导下完成，1983 年初以《论孔子》书名在校内印行为教学参考书，1984 年 6 月由群众出版社以《孔子的法律思想》为书名正式出版。
2 俞荣根：《孔子的法律思想》，群众出版社 1984 年版，第 179、180、182、183、185 页。
3 俞荣根：《儒家法思想通论》，广西人民出版社 1998 年版，第 133—139 页。

认识的升华重构。

俞老师近年在前述研究基础上提出的"礼法"体系说对我影响更大。"礼法"体系的价值，大大超越了他自己提出的"儒家伦理法"说，他开始对古代中国整个法体系进而整个法文化作出宏观的勾画、定性和阐释。"礼法"体系说就是俞老师对这一问题所作的新的系统回答。

俞老师指出，一般情况下，人们观察中国法律史，说到法律时一般只注意到律、令、科、比、格、式、例等成文法规构成的体系，只把这个体系当作法。其实，古代中国的律令体系，都惟儒家的"礼法"是从，都是"礼法"的一部分。他指出，"礼法"才是中华法系之"法统"形式，或曰"法统"的载体。"礼法"并非礼与法的相加，也并非礼与法的体制，而是"礼法"一体的体制[1]。他认为，"礼法"就是中国古代的法整体，涵盖了"礼乐政刑"，是一个复杂的大系统，内含三个子系统。一是礼典系统，就是以成文礼典为主干的"礼仪法"系统；二是律典系统，就是以成文律典为主干的"律令法"系统；三是习惯法系统，即以礼义为旨归、礼俗为基础的乡规民约、家法族规等民间"活法"构成的系统[2]。

俞老师从"伦理法"说升华至"礼法"总体系说，逻辑圆融自洽，视野高屋建瓴，帮我们拨云见日。这一判断，就"礼法不分"

---

[1] 俞荣根：《礼法传统与现代法治》，孔学堂书局2014年版，第129页。
[2] 俞荣根、秦涛：《礼法之维：中华法系的法统流变》，孔学堂书局2017年版，第15—22页。

的夏商周时代，及"礼法合一"后的隋唐至明清时代而言，当然是成立的。但对于礼法开始分离的春秋时代，及礼法分离显著的战国时代和秦代至汉代前期，直至虽"引礼入法"但"法律儒家化"仅逐渐加深毕竟尚未完成的汉代中后期及魏晋南北朝时期而言，这一判断似乎又不太准确，至少与历史真实有间。因为在战国至南北朝这近千年中，法家精神似乎是"律令法"的灵魂，"非礼化"似乎是"律令法"的灵魂，要将其视为"礼法"体系的组成部分似乎有些勉强。在这里我跟俞老师的看法有些不同。不过，即使如此，老师的"礼法"体系说，特别是"律典"系统为"礼法"体系的子系统说，仍深深地启发了我。

在他们的影响下，我开始努力避免前见或偏见的局限，努力争取站到更高视角，尽量用沟通中西的模式来思考中外法史问题，尽量争取从民族的、本土的立场出发去理解传统中国法律的形式、话语和政法逻辑。这一努力的结果，早在我1992年冬写成的《礼法刑法二元体制与〈论语〉真诠》[1]一文中开始就有所体现：

> 中国古代法律实际上是一种二元体制，就是说其有两种体系或渊源、形态的法律并存。其中，一种是国家制定法，古称"刑""法""律"或"刑法"；另一种是社会生成法（而由国家公开认可或默认容许者），古称"礼法"或"德法"。国家制定法与社会生成法之上的共同指导原则是"天理""道"或"德"。

---

1 范忠信：《礼法刑法二元体制与〈论语〉真诠》，载陈鹏生主编：《〈论语〉的现代法文化价值》（论文集），上海交大出版社1995年版，第144—145页。

《论语》进而孔子的全部法律观,就是对这样一种二元法体制或传统的注解和阐扬。

"礼""刑"关系或"礼""法"关系、"德""刑"关系,通常被视为法律与道德的关系。这样理解自然有一定道理;但是从中国法律史的特殊传统来看,实际上更像是两种不同形态的法律在运用上的关系:"礼法"("德法")与"刑法"的关系。

简言之,在孔子的心目中,全部社会规范大致可以分为三个层次:最高层次是"德",即纯粹的道德准则或原则,应最优先使用以引导、指示百姓走正路,它是"礼法"和"刑法"的共同主臬;其次是"礼"即"礼法",是一种道德与"刑法"之间的混合形态或过渡形态,是一种特殊的强制性的规则,用以约束处罚那些违反"德"的准则而有害社会者;最下是"刑"即国家政令、"刑法"(合而言之"制定法"),用以惩罚那不守礼法有害国家的人。这三者的使用次序是不能颠倒的。

至此,我对传统中国法体系的整体认知有了一定的升华。这一认知升华的关键,在于看到了一个相对独立存在与"律令法"体系之外的一个"礼法"(我后来称之为"礼乐法")。我不再认为这个体系仅仅是道德规范体系,也不认为它仅仅是民间社会习惯规范,我认识到它是一种特殊形态的法体系。"刑法"("律令法")体系从"礼乐法"派生出来,相对独立存在,并大致以服务"礼乐法"体系为原则。在"礼乐法"体系之上,当然还有一个更高的民族基本道德伦理价值及原则体系。

经后来多年思考,我认识到,中国传统法体系是与世界其他法律传统中的法体系大不一样的。带着外来"有色眼镜",大约只能看到中国传统法体系中体现国家政权或统治集团意志、由国家机器正式制定或认可的那一部分,即"律令法"或"政刑法"部分。其实,除这一部分之外,中国传统法体系另有一个内容更加庞杂、作用更为重要的部分,那就是"礼乐法"。要理解中国法律传统,若只看到"政刑法"或"律令法"而无视"礼乐法"的存在,必将陷入严重的视觉盲区,无法认识到历史真相。

四

传统中国的法制文明与过去数千年的中华文明整体一样,都是独立成长的,从未中断、自成一系,并在发展中形成了自己特有的精神价值、存在形态、运行风格,简单套用外来标准的确是不能全面把握或理解的。它没有理由也没有必要,按照西方法传统的模式,发展出同样的成文法或判例法体系及法律部门划分,而是独自形成了自己的法律形态和法律体系。

获益于师长们的教诲和自己积年的思考,我逐渐明白:传统中国的法体系,顶端是"道""理"或"德",这是国家或民族共同体的根本价值或秩序宗旨与一切制度文明背后的灵魂或精神。在它之下,有两个相辅相成的体系,一个是"礼乐法"体系,另一个是"政刑法"或"律令法"体系。"礼乐法"体系是不成文的[1],"律令法"体系是成文的。二者通常相对独立、并存无碍,

---

1 所谓"不成文",并非绝对不形之于文字,而是指不会形成为有内在逻辑体系的制定法典文本。梁启超先生将"成文法"称之为"成典法"正是为了说明白这一道理。参见梁启超《饮冰室合集》(第二卷),中华书局1989年影印版,第115页。

大致形成了"礼乐法为主、律令法为辅"格局,当然两者有时也会互有冲突摩擦。这两个系统,最后都服从于统治集团所尊崇的"道""理"或"德"系统。

我的这些看法,跟俞老师略有不同的是:我并不认为"礼法"体系一直居高临下地统摄"律令法"系统,因为即使在儒家思想和礼法未占主导地位的时代,甚至包括"独任法治"战国秦国和后来的秦朝,不成文的"礼乐法"体系还是客观存在的,只是没有占主导地位而已。

这个"礼乐法"体系,大致由礼义、礼法、礼仪共同构成,是一个内在逻辑自洽的有机整体。所谓礼义,就是贯穿"礼乐法"的原则、灵魂或基本价值理念;所谓礼法,就是"礼乐法"的具体强制性行为规范;所谓礼仪,就是"礼乐法"行为规范的实施细则(特别是带有仪式性、程序性的细则)。这三者相辅相成,构成一个完整的体系。

本书之作就是试图对"礼乐法"的上述体系进行一个大致阐发,为传统中国法体系中的"礼乐法"子体系勾画出一个大致清晰的面目。

我的研究将从对礼经、礼学、礼典、礼志中的法意素材的搜摘和解读开始。所谓礼经,就是"六经",包括《周易》《尚书》《诗经》,还有失传的《礼》衍生出的"三礼"(《周礼》《礼记》《仪礼》)等传述古"礼"的原始经典;《尚书》又包括《今文尚书》和《古文尚书》。所谓礼学,就是在孔子"删述六经"之后,所有以解说或阐发六经中的"礼义"、礼法、礼仪为内容的后人著作,如《荀子》《春秋繁露》等著作。所谓礼典,就是历代官方正式整理编纂的礼制典章,如《大唐开元礼》《政和五礼新仪》之类的。所谓礼志,就是官修国史中专门记述当时官方行用礼制及其变迁的篇章,如《史记·礼书》《汉书·礼乐志》之类,共同承载着"礼法"或"礼乐法"的内容,可以视为"礼乐法"的法律渊源。

因本研究系近代以来对礼体系中的具体内容系统进行法意解读的第一次尝试,因为可参考借鉴的前人相关成果极少,又因为本人国学功底特别是礼学功底不足,所以本书的写作难度是可以想见的。但若因此畏葸不前,多年零星思考就得不到整理升华,也对不住老师们的期盼和时代的呼唤。有鉴于此,我当不揣冒昧、不避涂潦,硬着头皮先作一个初步尝试。

原本打算就礼经和礼学著作中的全部直接或间接涉法素材写一本《礼经法意:传统礼经的法学解读》。但在重新阅读完主要礼经和礼学著作并做完了全部资料的主题分类摘录之后,我发现自己原规划的工程太大了。因为时间所限及"礼法丛书"的一般篇幅规格所限,我只好暂时放弃原规划,将任务缩减一半,仅将主题限制在法理和宪法视角之内。本书主要归纳总结阐发"传统礼经礼学关于宗法礼治秩序下应有的法系统和法律体系""'道''理''礼''义'与华夏自然法""礼的法规范属性及法秩序意义""君权的性质地位及其合法性""国家基本结构和基本政体""治国基本宪纲或基本国策"等六大基本问题的观点主张。至于礼经礼学中关于民事法律原则和规范、刑事法律原则和规范、行政法律原则和规范、诉讼法律原则和规范、国际法律原则与规范的记述讨论,留待另一本书再进行深入仔细的分析和总结。

第一章 传统中国法系统中的"礼乐法"体系

要想真正认识传统中国的实际法律体系,我们不能不特别注意"礼乐法"的存在;而要真正认识"礼乐法",只有将其放到一个更大的体系——传统中国法系统[1]中去理解。将这个更大的体系称为"法系统"而不是"法律系统"或"法律体系",意指传统中国社会里所有强制性秩序规则、秩序原则及其价值理念共同构成的整体。这个整体,如果称为"法律体系",就容易造成以成文规范为主,或是以制定法为主的误解。事实上,传统中国的"法系统"包含不成文法、习惯法及其背后的法价值、法理念、法原则。本章先讨论法系统整体构成,然后再探讨礼乐法在整个法系统中的地位。

一、传统中国的"法系统"

传统中国的"法系统",其实是一个非常宏大的系统。这一体系,宏观而言,有三大要素:"道""理""礼""义"(自然法)、"礼乐法""律令法"。三者的关系是:在"道""理""礼""义"(自然法),即政治秩序的根本价值准则的指导下,"礼乐法""律令法"两个规范体系并存;"礼乐法"是"律令法"的指南或纲领,"律令法"以捍卫"礼乐法"为使命。这一系统,可以简单用下列示意图表示:

---

[1] 为了便于与后文礼乐法体系、律令法体系区分,谨将传统中国法最宏大意义上的体系称为"法系统"。

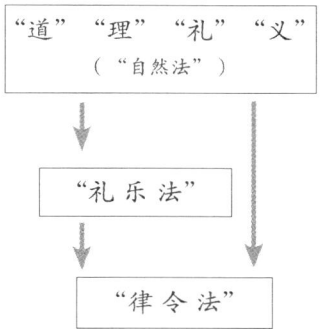

图：传统中国"法系统"的三要素结构示意图

若将中国人共同认知的"道""理""礼""义"价值体系理解为中国式"自然法"体系,那么就可以说,传统中国的整个法系统就是由"自然法""礼乐法""律令法"三者共同构成的一个有机的架构和秩序规则整体。这个整体是由"自然法"("道""理""礼""义")统率的"礼乐法""律令法"两大体系共同构成的。当然,其中的"礼乐法"体系包括社会生活中普遍存在的习惯法。

(一)"道""理""礼""义"与华夏"自然法"

在传统中国法系统中,作为"法上之法""最高规则"或"法的精神"的,就是华夏人民世代共同求索认知的那些最根本的"道""理""礼""义"。不过,这里的"礼"不是礼乐法体系意义上的礼,而是最根本价值理念或秩序理念意义上的"礼"。

华夏人民世代积累提炼的"道""理""礼""义",构成了一个存在于民族集体无意识的观念体系或观念中的秩序,其实这就是中国人心目中的"自然法""永恒法"理念或理想秩序。

春秋圣贤子产说:"夫礼,天之经也,地之义也,民之行也。天地之经,而民实则之。"[1] 这句话可视为中国人心目中"自然法"的最佳定义。孔子说:"夫礼,先王以承天之道,以治人之情。故失之者死,得之者生"[2],董仲舒说:"天道之大者在阴阳。阳为德,阴为刑;刑主杀而德主生"[3],朱熹说:"宇宙之间,一理而已。天得之为天,地得之为地,而凡生于天地之间者,又各得之以为性。其张之为三纲,其纪之为五常。盖皆此理之流行,无所适而不在"[4],"礼者,天理之节文,人事之仪则"[5]"礼字法字实理字,日月寒暑往来屈伸之常理,事务当然之理"[6]"天理只是仁义礼智之总名,仁义礼智便是天理之件数"[7],其实都是在描述作为一切人定法之准则和灵魂的"自然法"。这种"自然法"以不可被藐视、公然悖逆的道理或天理的形式存在于全民族心目中或集体无意识之中,共同构成了德国法学家萨维尼所讲的全民族"同一的法"[8]。谁公然严重违反了"自然法",就会被人们集体谴责为"伤天害理""天理不容",会被众人从心底里作出"要遭天谴""必有恶报"的道

---

1 《左传·昭公二十五年》
2 《礼记·礼运》
3 《汉书·董仲舒传》
4 《朱文公文集》卷七十,《读大记》。
5 《朱子大全·答曾择之》
6 《朱子大全·答吕子约》
7 《朱子大全·答何叔京》
8 参见何勤华《历史法学派述评》,《法制与社会发展》1996年第2期。

德审判。所以"自然法"绝不是一种虚幻不定的东西,而是一种实实在在的秩序理念和评判体系。

(二)"礼乐法"

传统中国的法系统中,存在着相对独立的一个"礼乐法"体系。所谓"礼乐法",就是古代中国用"礼""乐"等方式承载的强制性行为规范体系。它由传世的政治社会生活习惯积累改进而成,经国家政权认可、整理并督行。其内容就是"律令法"(刑事与行政的法律法规)以外的一切社会规范,涉及后世基本法(国宪)、官制法(组织法)、军事法、民商法、经济法、行政法、诉讼法、环保法、社会法等多种部门法的内容。

"礼乐法"以"礼""乐"方式表达,"礼"与"乐"相辅相成。"礼乐法"有单独存在的"礼",有单独存在的"乐",有"礼"以"乐"辅,有"乐"中含"礼"。不是说古时所有的"礼"(礼仪)、"乐"(音乐)都可以视为"礼乐法",只有当"礼"和"乐"中暗含社会秩序架构或秩序规则且有一定的公共强制性时,才构成"礼乐法"。

"礼"作为古代中国特殊形态的法,应该是没有多少争议。从前人们多认为"礼"就是道德规范和风俗习惯,这种看法是片面的。近二十多年间,这一误解已经基本得以纠正。古时的"礼",不管是"五礼"(即吉礼、凶礼、军礼、宾礼、嘉礼),还是"六礼"(冠礼、婚礼、丧礼、祭礼、乡饮射礼、相见礼),或是"九礼"(冠礼、婚礼、朝礼、聘礼、丧礼、祭礼、宾主礼、乡饮酒礼、军旅礼),其实都有政治社会生活规范的属性,且多少都带有一定的强制性;

只是，这种强制性不一定要被理解为刑事强制性。

"乐"作为古代中国特殊形态的法，也是真实存在的。在古代，"乐"的涵义远比今日要广。"乐"首先是指音乐（声乐、器乐）及相应的舞蹈，其次是指音乐所表达的人性、人情，最后还指与人性、人情相关的伦理和政治涵义。三重含义中，第一、第三两种含义结合，就可能包含行为规范的内质了。

古人认为，音乐是为了节制人性泛滥而存在的。"夫乐者，乐也，人情之所不能免也……故人不耐无乐，乐不耐无形。形而不为道，不耐无乱。先王耻其乱，故制《雅》《颂》之声以道之……使其曲直、繁瘠、廉肉、节奏足以感动人之善心而已矣，不使放心、邪气得接焉。是先王立乐之方也。"音乐中的"宫、商、角、徵、羽"五个音素或五根弦象征着政治和自然的五种重要现象："宫为君，商为臣，角为民，徵为事，羽为物。五者不乱，则无怗懘之音矣。"五者不乱，即尊卑贵贱秩序不乱，政治有条理。反之，"宫乱则荒，其君骄；商乱则二陂，其官坏；角乱则忧，其民怨；徵乱则哀，其事勤；羽乱则危，其财匮。五者皆乱，迭相陵，谓之慢。如此则国之灭亡无日矣。"国家应该"使亲疏贵贱长幼男女之理皆形见于乐"[1]，才能有益于政治。"亲疏贵贱长幼男女之理"，就是国家社会的秩序原则。

法制意义上的"礼"和"乐"是一个有机整体。"乐"主要是规范人们内心向外的表达，"礼"主要是约束人们的外在行为。"乐

---

[1] 以上出自《礼记·乐记》。

由中出，礼自外作……乐者，所以象德也。礼者，所以闭淫也……致乐，以治心者也。致礼，以治躬者也。"[1] "礼"和"乐"相互配合，共同节制嗜欲、推行教化。"是故先王制礼乐，人为之节。衰麻哭泣，所以节丧纪也；钟鼓干戚，所以和安乐也；昏姻冠笄，所以别男女也；射乡食飨，所以正交接也……乐至则无怨，礼至则不争。揖让而治天下者，礼乐之谓也……"[2]

总而言之，"礼乐法"在历朝历代都并不是指礼仪和音乐本身，而是指非常具体的"礼（秩序）规则"和"乐（秩序）规则"，或是"礼乐合成（秩序）规则"。

（三）"律令法"

传统中国法律体系中最显眼的部分就是"律令法"，这是传统中国法系统与域外法律体系最能够比较和沟通的部分。"律令法"是历朝历代的正式制定法，内容以刑事和行政为主。"律令法"主要是国家的最主要刑事禁令和行政使令，主要由"律"和"令"两大主体，以及"科""比""格""式""例""指挥""则例"等附加法律形态共同构成。

"律"主要指历朝历代的刑事基本法典，自商鞅"改法为律"后，"律"大致就成了历代制定法的核心。大约从魏晋开始，"多

---

1 《史记·乐书》
2 《礼记·乐记》

律并存"[1]的局面正式转变为"单一律典"模式,从《魏律》《晋律》至《隋律》《唐律》直至《大明律》《大清律》,一系单传的"律"成为历代王朝的基本立法、样板立法,成为律令法体系的主干、基础或支柱。对于中国历代王朝,制定本朝基本律典的重要性或重视程度,大约等同于近现代世界各国制定宪法。

"令"主要是指历代王朝的单行行政法规,是关于国家行政各方面具体事务的一般性规范。作为一种正式法律形式,"令"最早出现于战国时期,如齐国有"守令""兵令"等,秦国有"分户令""焚书令""实田令""垦令"等。自汉代开始,"令"大致定型为关于各类特别政事的一般性单行法规,如《学令》《功令》《田令》《选举令》《金布令》《宫卫令》《祠令》《祀令》《水令》《津关令》等。这种法律形式,主要承载单行行政规章。从晋代开始,有将各类单行"令"汇编成"令典"之举,如《晋令》(四十卷)、《梁令》(三十卷)、(唐)《贞观令》(三十三篇)、(宋)《天圣令》、(明)《大明令》等。元代、清代不见"令"名,但《至正条格》、各种《则例》等实际上也充任历代"令典"或单行"令"

---

[1] 《云梦秦简》所传:秦代有《置吏律》《除吏律》《除弟子律》《尉杂(律)》《内史杂(律)》《傅律》《徭律》《司空(律)》《军爵律》《敦(屯)表律》《戍律》《臧(藏)律》《效律》《行书(律)》《牛羊课(律)》《游士律》《属邦(律)》《公车司马猎律》《中劳律》《捕盗律》等"律"名。汉代虽有《九章律》,但《张家山汉简》所传汉代有《盗律》《贼律》《捕律》《具律》《户律》《杂律》《金布律》《徭律》《置吏律》《效律》《传食律》《行书律》《田律》《□(关)市律》(以上律名与秦律相同),以及《均输律》《亡律》《史律》《告律》《钱律》《赐律》《爵律》(以上律名为秦律所无)等"律"名。

的角色。从法律规范的规模或范围来讲,"令"是"律令法"体系中文本最多、成分最重、体量最大的部分。

因为"律""令"二者是汉唐两代甚至整个古代中国最主要的法律形式,是中国历代成文法体系的主干,所以日本学者才率先以"律令制"来称呼中华的法律体系。"律令制"这一说法,最先由日本学者中田薰先生在其《关于中国律令法系的发展》一文中提出,用以概括描述以古代中国为首的东亚法系的特征。中田薰先生认为,在以古代中国为中心的东亚地区形成了一个独立的法律体系,这是一个以公法为主的体系,可以将其称为"律令法系"或"律令法体系"[1]。在律令制下,国家最主要法律形式为"律"和"令"两者,或体现为两种特定法典形态,并辅以其它次要的法律形态(如格、式等)。这个"律令法体系",实际上就是中国历代制定的法体系。用"律令法"这一概念时,实际上是暂时把"礼乐法"排除于体系之外的。也就是说,狭义上讲"律令法体系"时,就暂不将未经通常严格立法程序编制的、更多系累代沿袭整理加工而来的"礼乐法"(政体典制、礼乐典章、社会秩序惯习)体系考虑在内。

二、"礼乐法"与"律令法"

弄清了"礼乐法""律令法"两个体系的角色分工或功能差别,

---

1 参见[日]大庭修:《秦汉法制史研究》,林剑鸣等译,上海人民版社1991年版,第1页。

我们就好理解"礼乐法"的本质,进而理解"礼乐法"与"律令法"的关系。

(一)"礼乐法"的属性和本质

"礼乐法"到底是什么?若用近现代西方传来的法概念加以衡量,"礼乐法"就是一个"望之不似法律"的体系。既然如此,我们为何仍要将其视为法律?这当然不是出于个人兴致或臆断,而是由它本身的属性和本质决定的。

"礼乐法"从本身属性上看实实在在是法律。我们可从以下几个方面考察它作为法的本身属性。

第一,历代统治者们是把礼乐体系[1]当成国家的法律制度的,有时甚至看得比律令体系更重要。那些代代相传的叫做典章制度、致治宏规、风宪宏纲、礼乐章程、旧惯良俗,是任何一个新王朝都要遵行的规矩,是无需待制定或编纂手续就径直沿袭(继承)实行之的。孔子言"殷因于夏礼,所损益,可知也;周因于殷礼,所损益,可知也。其或继周者,虽百世,可知也"[2],历代王朝建章立制的过程其实是"因""创"两者结合的,"因"甚至重于"创"。"因"是继承、沿袭,包括根据新朝情势适当"损"或"益"。"创"就是制定新法律。在统治集团心目中,"礼"代表基本制度文明的代代相因,是王朝之初最主要的"法制建设"工作,编纂本朝新律令格式则可能反而是较为次要的。

---

1 通过礼乐形态建构或体现的规则或秩序,而非仅指礼和乐的仪式、声音本身。
2 《论语·为政》

第二，礼乐体系的内容事关国家基本政治生活和主要社会生活秩序，都有给公共和私人生活以建构、框架、模式、规矩的属性。礼乐所规定的主要是关于国家政治体制、政治生活纲领、社会生活秩序、家庭生活秩序的架构和规范，这些当然是国家法律通常干预的领域。在尚无宪法规范及律令法体系对这些事宜作出正式成文规定的情形下，"仍旧贯，如之何？何必改作？"[1] "不愆不忘，率由旧章"[2] 的礼乐体系正好弥补了王朝正式立法的空白，满足了王朝建构秩序的大部分需要。

第三，礼乐规矩具有国家强制性，尽管不一定都是刑事强制。所有经朝廷正式以认可、整理、编纂方式加以确认的"礼乐法"，在国家的政治社会生活中基本上都是强制实施的，不会仅仅是用来倡导的，违反者是要被国家追责的。这种追责，一般是政纪问责，结果是政纪处分或行政处罚；有些甚至以"不应得为"罪罚的方式赋予礼乐规矩刑事强制性。有学者研究周礼发现，违反礼所受的强制制裁，虽说"出礼入刑"，但大多不一定是"入"刑罚，而是"入"行政制裁、民事制裁、舆论制裁。如"三礼"及"春秋三传"提到的讥讽、责让、诘难、赔偿、卑贬（包括拒朝、降礼秩、贬爵级、留止、执）、夺邑、免职、鞭笞、放逐等十几种制裁中[3]，只有最后两项才像后世刑事强制，其他都只是非刑事强制。没有哪一条"礼"被正式规定固定存在于强制性（公权力制裁）保障之外；违反了某条具体"礼"之后是

---

1 《论语·先进》
2 《诗经·大雅·假乐》
3 栗劲、王占通：《略论奴隶社会的礼与法》，《中国社会科学》1985年第5期。

否真要受制裁,则因时因事因人而定。这种强制性或制裁模式,更多系"议事以制"[1]"随事取法""临时观衅"[2]"因时制宜""因事制宜""因人制宜"[3],不像律令体系那样明确设置——对应的强制(制裁),但这正是"礼乐法"不同于"律令法"的要害所在,也是中国法传统的灵魂所在。

第四,礼乐整理加工的过程常常十分隆重,常有国家立法程序的实质属性。最早的礼乐整理编纂是"周公制礼",即周公亲自主持对夏商两代的礼乐进行系统地整理编纂,包括增删损益,史称"制礼作乐"[4]。其实,这就是周初国家的立法活动,不过是以对前朝典章和习惯加以审查认可为主,而不是以新创法规为主。后世历代"制礼作乐"的过程大多是很正规的,如汉初高祖曾命张苍编订的《章程》,是关于历法、音乐、术数、度量衡、工程规格等方面的国家标准[5],又命叔孙通制"礼仪"(又称"仪品""汉

---

[1] 《左传·昭公六年》:"昔先王议事以制,不为刑辟",传统注家解释为"临事制刑,不预设法"。其实是讲礼和刑的关系,"不预设法"实际是"不预设罚"。"出礼入刑"是原则,面临具体违礼案件时,要不要真入刑,入哪种刑,完全由君长临时视情况和需要而定。

[2] 《晋书·刑法志》。"临时观衅"意为在具体案件审理时,其最后判决应视犯人情伪(破绽漏洞)而定。《左传·宣公十二年》有军队"观衅而动"语,"衅"原意为破绽、漏洞。

[3] 就是今天官场很多人仍喜欢的"特事特办""灵活机动""具体问题具体分析"的审判模式。

[4] 《礼记·明堂位》:"周公践天子之位,以治天下。六年,朝诸侯于明堂,制礼作乐,颁度量,而天下大服。"

[5] 《史记·张丞相列传》:"吹律调乐,入之音声,及以比定律令。若百工,天下作程品……故汉家言律历者,本之张苍。"

仪"）；汉惠帝时再命叔孙通编定"宗庙仪法的汉诸仪法"[1]，这都是周公"制礼作乐"工作的延续。后世历代编订礼典、乐典、会典的工作，其实也可以视为"礼乐法"的编纂。如《大唐开元礼》《明集礼》《大清通礼》《唐六典》《明会典》《清会典》等，甚至包括官修的《通典》（从唐人杜佑主持编纂的《通典》到清高宗敕命刘墉等人编纂的《清通典》，特别是《清通典》中的《礼典》《乐典》《职官典》《选举典》等），其实都可以视为"礼乐法"的编纂活动。这种编纂活动的严肃性、隆重性，常常不亚于制定"律令法"。

"礼乐法"本质上是一种非常特殊的法，是一种以累世传承为主的具有华夏制度文明共同遗产性质的法。这种法，更多有尊重"传统"或遵循前朝制度性非物质文化遗产的性质。这些法，本质上是当时人们（在其历史局限下）认识到的自古以来政治社会生活中的习惯、"天不变道亦不变"的"政治科学"或"秩序规律"。这种法，更多体现的是文明的继承，这与"律令法"主要体现历代王朝因时而作、因时而变地解决现实问题、体现新政权特色、展现新统治集团意志和选择的"改作"性质大异其趣。

（二）"律令法"捍卫"礼乐法"

关于华夏政治共同体的政治社会生活规范体系，古人很早就有整体性、系统性认知。这种整体性、系统性的认知，同时体现

---

[1] 见《史记》《汉书》的《高祖本纪》和《叔孙通传》。

古人对"律令法"与"礼乐法"关系的认识,反映了古人关于"律令法"以捍卫礼乐法为使命的一般认识。这些认知,大约可以分为五个视角。

第一是关于"礼刑相辅"或"礼刑一体"的认知。《荀子·成相篇》说:"治之经,礼与刑,君子以修百姓宁。"这里的"经",就是"法"[1]。古人认为,治国之法是一个由"礼"和"刑"共同构成的整体。《后汉书·陈宠传》说:"臣闻礼经三百,威仪三千,故甫刑大辟二百,五刑之属三千。礼之所去,刑之所取,失礼则入刑,相为表里者也。"这里的"相为表里",就是对"礼刑一体"关系的最佳表述。《唐律疏议》说:"德礼为政教之本,刑罚为政教之用,犹昏晓阳秋相须而成也",其实也表达了对"法系统"的整体性认知。

第二是关于"礼""乐""政""刑"四者相辅相成、一体化的认知。"故礼以导其志,乐以和其声,政以壹其行,刑以防其奸。礼乐刑政,其极一也,所以同民心而出治道也""礼节民心,乐和民声,政以行之,刑以防之。礼乐刑政四达而不悖,则王道备矣。"[2]古人对"礼""乐""政""刑"四者之间相辅相成关系的描述,正表达了他们对于传统中国政治秩序中的法系统的整体认识。

第三是关于"礼—刑—命(令)"三者一体化的认知。《礼

---

1 《周礼·天官冢宰·大宰》有"以经邦国",郑玄注:"经,法也。"《左传·昭公十五年》有"礼,王之大经也",《左传·宣公十二年》有"兼弱攻昧,武之善经也",杜预均注云:"经,法也。"

2 分别见《礼记·乐记》《史记·乐书》。

记·坊记》:"子言之:'君子之道,辟则坊与?坊民之所不足者也。大为之坊,民犹逾之。故君子礼以坊德,刑以坊淫,命以坊欲。'"这里把国家的一切制度视为一个完整的围墙或围堤,总的宗旨是"堤防"人民变坏。这个"堤防"体系由四大要素构成:其一,防止人民道德败坏、警之于未然的"礼";其二,防止人民淫乱作恶、治之于已犯的"刑";其三,是预先防止人民胡思乱想的"命"(即"令")[1];其四,"礼""刑""命(令)"相辅相成共同构成法制"堤防"。

第四是关于"天法""德法""刑法"三者一体化的认知。《大戴礼记·盛德》载:"凡人民疾、六畜疫、五谷灾者,生于天;天道不顺,生于明堂不饰;故有天灾,则饰明堂也……故明堂,天法也;礼度,德法也;所以御民之嗜欲好恶,以慎天法,以成德法也。刑法者,所以威不行德法者也。"在这里,"明堂"并不是指那个叫作"明堂"的国家中央政事汇总及官民沟通大庙堂,而是指"(在)明堂之庙,行明堂之令,以调阴阳之气,而知四时之节,以辟疾之灾也"[2]。也就是说,"明堂之令"是沟通天人、协调人与自然关系的最高法律体系。如果自然灾害频仍,就说明"天道不顺",国君就应该反省己过,重申天人关系大法。这个大法,就叫做"天法"。"天法"之下,有一个为"德法"(即"礼度")体系,其作用是节制人们嗜欲好恶,使所有人顺从"天法",

---

[1] 汉人郑玄注《礼记·坊记》曰:"命,谓教令。"
[2] 〔清〕王聘珍:《大戴礼记解诂》引北朝卢辩注文所引《淮南子》。中华书局1983年版,第143页。

是为实现"天法"服务的,是"天法"的督行保障法。在"德法"之下,还有一个"所以威(慑)不行德法者也"的"刑法"体系。合而言之,这就是认为:天法最高,德法服务天法,刑法服务德法。三者之间,是一个"三阶递进"服务关系,构成了一个完整而宏大的有机统一体系。

第五是关于"律""令""格""式"四者相辅相成、一体化的认知,当然这比前四者层次要低一些。《唐六典》序言云:"凡律所以正刑定罪,令以设范立制,格以禁违止邪,式以轨物程事。"《新唐书·刑法志》说:"唐之刑书有四,曰律、令、格、式。令者,尊卑贵贱之等数,国家之制度也;格者,百官有司所常行之事也;式者,其所常守之法也。凡邦国之政,必从事于此三者。其有所违及人之为恶而入于罪戾者,一断以律。"这里仅仅讲的是作为整个"中华法系统"的构成部分之一的"律令法体系",仅仅是关于律令法或制定法内部律、令、格、式四者关系的描述。此说认为,这四者相辅相成,共同构成一个法律体系,即律令法或制定法体系。

这五个角度的"关系"描述,在表达了关于法系统认知的同时,也表达了关于"礼乐法"与"律令法"关系的认识。

第一个角度的认识,格外强调"刑以辅礼",基本理念就是:以"礼"为政治社会生活的全部指导性、规范性章法,以"刑"为兑现或实施这些章法的强制保障法。古人心目中的"礼"即本书所谓的礼乐法,"刑"其实就是本书所谓的"律令法"。古人说"刑",并不仅仅指刑罚手段,而是指所有的刑事法规[1],先秦时代的制定法正是以刑事法规为主体,这一主体后来发展成为"律令法"体系。所谓"礼去刑取""失礼入刑",其实是说"礼乐法"是一套应行(指导性)规则,"律令法"则为这一套规则的实施提供了强制的督促和保障,"礼乐法"加以否定的是"律令法"加以制裁的,违反"礼"("失礼")就进入刑罚制裁("入刑")。至于所谓的"相为表里",其实是表达"刑为表,礼为里"的认知。归根结底就是,以礼为根本(体),以刑为手段(用);"刑事法"或"律令法"[2]辅佐或捍卫着"礼乐法",是"礼乐法"的坚强后盾。

第二个认识角度,"礼""乐""政""刑"四者一体化的认识,其实格外强调的仍是"律令法"辅佐"礼乐法"。这里的"礼"就是经国家整理认可的全部政治社会生活的习惯法;"乐"就是通过音乐的形式协调、感化人民,辅助礼教或礼治的一种社会控制系统;"政"就是指国家的政策、政令和施政;"刑"就是指国家的刑事法规及刑罚。古人认为这四者"其极一也""四达而不悖",就是认为四者构成了一个互助系统,相辅相成,其最根本宗旨是"所以同民心而出治道"。在这四者中,"礼""乐"两者共同构成"礼乐法","政""刑"两者共同构成"律令法"。

---

1 据《左传·昭公六年》讲,夏朝有《禹刑》,商朝有《汤刑》,周朝有《九刑》,春秋时又有郑国"铸刑书"、晋国"铸刑鼎"、宋国"庀刑器",其实都是制定公布强化治安保障改革的刑事法规,不可能仅仅是制定和公布刑罚。

2 先秦时期,律令法体系尚未形成,其制定法主要是刑事法;秦汉以后,单行行政法规性质的"令"渐行增加,律令法体系开始形成。

后者体现前者的精神和原则（即所谓"引礼入法""一准乎礼""礼法合一"），与前者协调配合，为前者服务，是前者的捍卫和保障。

第三个角度的认识，实际上第一次提到了"礼""刑"（律）、"命"（令）三者的内在逻辑关系，第一次明确把三者当成一个相辅相成的完整体系来看待。这里的"坊德""坊淫""坊欲"三者代表着人的意志和行为的三个角度、三种可能。"德"是平常道德修养或素养，"欲"是意志或动机，"淫"是客观越界行为。把三种可能的漏洞都堵住，这个堤防就固若金汤了。显然，"坊淫"的"刑"（律），就是以"礼""命"（令）为评价标准，并作为"礼""命"的捍卫和保障而存在。

第四个认识角度，格外特别地提出了"天法"即自然法的问题，提出了在"天法"的统率下有一个"天法""德法""刑法"三者相辅相成的法系统。关于法系统的这一认知，视野明显高于前三种认知。其所谓"天法"实为"自然法"，是在"德法"（"礼度"）之上，不像其他几种说法将"天法"放在"礼"之中。这个"天法"被称为"明堂之令"，并不是指在明堂颁布的法令，而是指以明堂最神圣程序仪式体悟、翻译、记录、申明的上天意志或命令。"天法"的大概内容是《礼记·月令》所记录的那些在一年十二个月中逐月协调天人关系的人事政治规则，这里所说的，实际上是一个"自然法—礼乐法—律令法"三合一法系统。

至于第五个认识角度，虽然仅在律令法范围内讲体系，但实际也体现了"律令法"辅佐"礼乐法"的观念。因为，"设范立制""禁违止邪""轨物程事"都是积极的引导性（指导性）规范，其背后的指南、准据或灵魂就是礼。所以,"令""格""式"是礼的转化(有学者认为"令"尤其体现和承载"礼",律令关系甚至其实就是刑礼关系[1]),而"正刑定罪"的"律"就是"令""格""式"三者的强制后盾或保障。这个说法仍表达着律令法辅佐礼乐法的意思。

三、"礼乐法"的三个层次

"礼乐法"内部由三个部分或层次构成。这三个部分或层次分别是礼义、礼法、礼仪。

(一)礼义

所谓礼义,就是精神原则或根本价值层次上的"礼",或者说就是礼乐法律原则。《左传·昭公二十五年》有言:"夫礼,天之经也,地之义也,民之行也。天地之经,而民实则之。"《礼记·大传》说:"亲亲也,尊尊也,长长也,男女有别。"《礼记·礼运》说:"何谓人义?父慈子孝,兄良弟悌,夫义妇听,长惠幼顺,君仁臣忠。"《礼记·丧服四制》说:"夫礼,吉凶异道,不得相干,取之阴阳也;丧有四制,变而从宜,取之四时也;有恩有理,有节有权,取之人情也。"《孟子·滕文公上》说:"父子有亲,君臣有义,夫妇有别,长幼有序,朋友有信。"这些对"礼"之大义的

---

[1] 霍存福教授认为,"唐礼与唐令的内容或相通,或相同;相通表现为礼令规范的衔接,相同则表现为同一规范礼令两存。""礼与令之间,礼是源、令是流,礼为主、令为次,礼处重、令属轻。而且一般是礼在前、令在后。"(霍存福:《论礼令关系与唐令的复原——〈唐令拾遗〉编译墨余录》,《法学研究》1990 年第 3 期)

表述,其实就是以"礼"为人间一切规范背后的原则或精神准则,就是以"理"为华夏文明中的"自然法"或"永恒法"。这种"礼"是周公制礼和后世历代制礼乐定律令的指南,是礼乐法的灵魂部分和最高层次。

(二)礼法

所谓"礼法",就是体现或者贯彻礼义,有宪法性规范或其它法律规则性质的"礼"。这是礼乐法的中间层次,可以称之为礼乐法律规范,也被古人称之为"礼法"[1]。比如《礼记·礼运》"大人世及以为礼"[2],就是一条宪法性的礼法,是贯彻"亲亲"原则的权力继承法。《礼记·曲礼上》中"礼不下庶人,刑不上大夫"也是一条宪法性的礼法,是贯彻"亲亲尊尊"原则的礼戒和刑罚豁免法或特殊待遇法。《周礼·夏官司马·大司马》中"以九伐之法正邦国:冯弱犯寡则眚之,贼贤害民则伐之,暴内凌外则坛之,野荒民散则削之,负固不服则侵之,贼杀其亲则正之,放弑其君则残之,犯令凌政则杜之,外内乱鸟兽行则灭之。"其实也是一条宪法性的礼法,是贯彻"封邦建国,以屏藩周""大宗率小宗""尊王攘夷"之礼义的"诸侯违礼制裁法"。眚(省,削也)、伐、坛(废君位而幽之)、削、侵、正、残、杜(封锁)、灭,都是中央对诸侯国的轻重不等的制裁方式。《尚书·康诰》:"封,元恶大憝,矧惟不孝不友。子弗祇服厥父事,大伤厥考心……乃其速由文王作

---

1 《周礼·春官宗伯·小史》:"大祭祀,读礼法……凡国事之用礼法者,掌其小事。"
2 "世"即父死子继,"及"即兄终弟及。即:以子弟继承父兄为权力继承的基本法则。

罚，刑兹无赦。"这则是一条刑法性质的礼法，是贯彻"亲亲尊尊"之礼义打击"不孝不友"之恶行的礼法。又如《左传》所记载的"两国交战，不斩来使""不伐丧国（不伐哀兵）""不伐乱国""师出有名（理由）"等"军礼"就是贯彻了"仁义"之礼义的国际法（战争法）性质的礼法。依照当时军礼，讨伐战争必须"大张旗鼓"，"凡师有钟鼓曰伐，无曰侵，轻曰袭"。所以，鲁僖公三十三年（公元前627年）秦军潜师袭郑国，王孙满批评说："秦师轻而无礼"[1]，这是礼法在当时适用的证据。明人王阳明说"是故天子亦不得逾礼法，无故而加诸忠良之臣"[2]，其实就是在讲皇帝有遵守国宪（宪法）的义务。

（三）礼仪

所谓"礼仪"，就是为了贯彻"礼义"，个人或集体行为应该遵守的具体程序、手续、方式等。礼仪是礼乐法的最低层次，或者可以称之为礼乐法律程序。因为它多系仅仅就礼节仪式而规定的繁文缛节，有时从严格的意义上竟不被视为"礼"，仅仅视为"仪"[3]。实际生活中，大家都视之为应当遵行的具体礼仪，而实际上是体现"礼"之秩序的方式或形式。如汉高祖刘邦命叔孙通制朝仪，在群臣匍匐于地、三跪九叩三呼万岁之后，刘邦才感

1　《左传·僖公三十三年》
2　《王守仁全集》卷十二，《静心录》之四，《与安宣慰》二。
3　子大叔见赵简子，简子问揖让周旋之礼焉。对曰："是仪也，非礼也。"简子曰："敢问何谓礼？"对曰："吉也闻诸先大夫子产曰：'夫礼，天之经也，地之义也，民之行也。天地之经，而民实则之。'"（《左传·昭公二十五年》）。《论语·阳货》载孔子云："礼乎礼乎，玉帛云乎哉？乐乎乐乎，钟鼓云乎哉？"

到"吾乃今日知为皇帝之贵也"[1],这些跪拜仪式其实正体现了皇帝和皇权至高无上的规则和秩序,故仪式本身也是法的一部分。礼仪广泛涉及或规范社会生活的各个方面,《礼记·昏义》说:"夫礼始于冠,本于昏,重于丧祭,尊于朝聘,和于乡射,此礼之大体也",就是讲礼仪涉及社会生活的广泛性。国家规定的强制性"礼仪",必须被视为法律,本身就有法律效力,其地位就如当今中国的法律程序(程序法)一般。古时的很多礼仪,就跟当今法庭开庭时全体必须起立迎接法官入庭或宣判,控辩双方发言必须先举手请求批准,在法庭必须问当事人姓名、年龄、身份、住处、单位等验明正身行为程序一样。当今法庭的这些仪式,还有法庭之外国家权力行使过程中的所有其他强制性仪式(如通知、公示、听证、宣布、送达、宣誓、升国旗、唱国歌、签字、换文、备案、回执、监票、唱票),正是为体现法律的公开、公正、公平而设制的,也是保障此"三公"所必须的,你能说它们不是法律规则吗?

四、"礼乐法"的载体或渊源

"礼乐法"的原则和规范,主要表述在各种礼经和礼学著作中。在"礼典"和"礼志"[2]中,也承载了"礼乐法"的部分原则或规范,

---

1 《史记·叔孙通传》
2 参见本书导言部分之四关于"礼典""礼志"的说明。

但因大多都不是直接表述而是潜藏其中，要解读阐释出来又很费笔墨篇幅，所以，本书暂不以这些资料为依据。除此之外，其他文化形态如风俗习惯、神话传说、民间信仰、图腾禁忌、格言谚语等中，也记载了部分"礼乐法"的原则和规范，本书也暂不正式涉及。本书仅以礼经和礼学著作为素材，特别是通过儒学或礼学元典来归纳和解读礼乐法的原则和规范。之所以如此，是因为礼学元典是以传述、解释、强调、论证"礼"为主要职志的，所以要了解"礼乐法"的具体原则和规范，不通过这些礼学元典就"其道无由"。这些元典，既是"礼乐法"的载体，也是礼乐法最主要的渊源，就像《圣经》是中世纪教会法的主要渊源、《古兰经》是伊斯兰法的主要渊源一样。

这些礼学元典，最主要的不外"十三经"。孔子时代有"六经"，到唐代有"九经"，至南宋才增加至"十三经"。首先是据传为孔子删定的"六经"中的《易》《书》《诗》三经，原经尚存，其中《尚书》又分为《今文尚书》和《古文尚书》[1]。其次是"六经"中的《礼》，其经文部分内容存于《仪礼》，部分内容存于礼经传解著作《礼记》中，还有部分内容可能存于汉人托伪的《周礼》中。这三者，人称"三礼"。复次是六经中的《春秋》，经文存

---

[1] 汉初所见《尚书》系伏生口传，后人称为"今文尚书"。汉武帝时，在孔子故宅发现尚书，孔氏后人孔安国献与朝廷，比今文多出16篇。因用蝌蚪古文书写，故曰"古文尚书"。魏晋时藏于秘府，永嘉之乱亡佚。东晋元帝时，豫章内史梅赜献上据称是汉人孔安国所传古文尚书，又比今文多出25篇。后人证其为伪，称之为"伪孔传"（清人阎若璩证伪最力）。

留于三本传解著作——《左传》《春秋公羊传》《春秋穀梁传》中，人称"春秋三传"。人们一般将经传合起来看。最后是《论语》《孟子》《孝经》《尔雅》这四部书，至宋代都被尊为"经"。这些经典，都产生于先秦或汉初，是传述、申说礼学的最早著作。至于孔子删述的"六经"中的《乐》经，因完全失传（部分内容可能保存于《礼记·乐记》），不在本书讨论范围之内。即使礼经中的部分内容有后人托伪的情况存在，但因为其产生时间较早（先秦至汉初），传载儒家礼学礼治说最权威，又为历代王朝尊为经典，故将其作为礼乐法的最主要载体或渊源是没有问题的。甚至，即使是经宋人吴棫，明人梅鷟，清人阎若璩、惠栋等历代史家考据断定为东晋人梅赜作伪的《古文尚书》25篇——《大禹谟》《五子之歌》《胤征》《仲虺》《汤诰》《伊训》、《太甲》（上、中、下）、《咸有一德》、《说命》（上、中、下）、《泰誓》（上、中、下）、《武成》《旅獒》《微子之命》《蔡仲之命》《周官》《君陈》《毕命》《君牙》《冏命》等，也可以作为我们解读礼乐法的参考资料。因为伪《古文尚书》汇集了从先秦至魏晋八百年间很多古书所称引的原本《尚书》的零星内容（加以组合、排列或敷衍延伸），所以是窥究先秦百篇本《尚书》内容的一个重要途径，更是我们了解汉魏晋时代礼经学说思想体系特别是礼乐法学说体系的重要依据。就反映汉魏晋时代人们的礼乐法憧憬或建构体系而言，《古文尚书》一点也不能算是伪书。

除此之外，还有五本解释礼学礼制最有影响的儒家著作，应纳入我们的参考依据之中。战国末期的荀子、汉初的董仲舒，作为战国和西汉两个时期的儒学集大成者,他们对礼的解释阐发对后世中国的影响巨大,故反映其思想的《荀子》《春秋繁露》两书,及西汉中期儒生戴德所撰《大戴礼记》、东汉初儒生班固记录整理的《白虎通》,都是直接传解《礼》的重要著作,在解释礼经、阐发礼学方面也有一定历史地位,故视为礼学经典也不为过。这四部书,虽然没有被列入"十三经",但我们仍应将其视为礼乐法的载体或渊源。

"十三经"加上这四本书,共十七本书,也可称为"十七经"。《尔雅》虽被视为经书,但实际上只是字典或辞书,只解释字词而无思想表述,暂时也可以放到一边。因此,完整传载儒学或礼学法律观念理论的,不过是十六本书,可以称之为"十六经"。这"十六经",作为解释阐发"礼乐法"的主要素材,值得我们用"法"眼透视,用"法"理释读。通过对这十六部礼学元典或著作相关涉法内容的解读,我们旨在阐发传统中国的"礼乐法"原则或规范,亦即阐发其中的"法意"或"法的精神"。

五、礼经关于法律形式和体系的初步认知

我们可以将十六部礼经中关于礼乐秩序规则及原则的全部记录和言谈,视为一个礼乐法论证暨建构大系统。这个大系统的形成,不是任何个人或集团的有意而为,而是在特定的历史文化条件下长期自发积累的结果。在这一大系统中,关于理想王制下的法律形式和法律体系问题,先贤们也有许多讨论和构思。以下我们谨

从三个方面出发，对礼经中关于法律形式和法律体系的观念做一个初步的梳理和解读。透过早期中国贤哲们关于礼乐法秩序下的法律规范和法律体系观，我们或许可以更进一步认识中国传统法律文化的某些特色。

（一）从法律形式（渊源）看法律规范体系

礼经言说首先是从法律形式或法律渊源的角度来认识法律规范之应有体系的。《周礼》说，周代的法律形式有以下几种："以五戒先后刑罚，毋使罪丽于民：一曰誓，用之于军旅；二曰诰，用之于会同；三曰禁，用诸田役；四曰纠，用诸国中；五曰宪，用诸都鄙。"[1]

这里所谓"五戒"，就是五种防备工具。所谓"以五戒先后刑罚"，意思应该是以五戒适用于刑罚之先，刑罚实施在五戒之后。清人孙诒让所著《周礼正义》曰："谓豫教导之，使民知避罪也。"就是说，先用"五戒"警示、防范百姓，阻止百姓滑向犯罪并遭受刑罚。这五种防备工具，实即五种法律规范形式。

第一种形式叫"誓"，主要用于军事征伐场合，指阵前誓告、誓师之辞，宣告违犯军令者应受何种处罚。《尚书》中的《甘誓》《汤誓》《牧誓》等应属于此类。若遵守此"戒"，即可远离军法之刑罚。第二种形式叫"诰"，主要用于诸侯会同（会盟）场合，宣告违反会盟誓约者应受何种处罚。如《尚书》中的《大诰》《康诰》《召诰》

---

[1] 《周礼·秋官司寇·士师》

等应属此类。若遵守此"戒",即可远离甲兵征伐之大刑。第三种形式叫"禁",主要用于田猎和工役场合,宣告违反田猎、徭役、工程之禁令者该受何种处罚。若遵守此"戒",即可远离五刑之刑罚。第四种形式叫"纠",主要用于国都城区治安维护场合,宣告违反各种治安禁令者该受何种处罚。若遵守此"戒",即可远离五刑之刑罚。第五种形式叫"宪",主要用于卿大夫都邑及其郊区,宣告违反都邑和乡野治安禁令者应受何种处罚。若遵守此"戒",即远离了五刑之刑罚。不同的法律形式,用于不同的治理场合,共同组成一个"刑罚前"指导性法律规范体系。它与下文的"五刑"的制裁性法律规范体系相辅相成。

(二)从法律调整对象看法律规范体系

礼经还从法律调整对象出发谈及法律规范体系问题。《周礼》记载周制:"以五刑纠万民,一曰野刑,上功纠力;二曰军刑,上命纠守;三曰乡刑,上德纠孝;四曰官刑,上能纠职;五曰国刑,上愿纠恭。"[1]这里的"五刑",并非是刑罚种类意义上的五刑(墨、劓、剕、宫、大辟),而是法律调整对象部门意义上的五刑。"野刑"大约是关于荒野农垦领域犯罪之处罚法,"军刑"大约是关于军事领域犯罪之处罚法,"乡刑"大约是关于乡间风俗领域犯罪之处罚法,"官刑"大约是关于官吏渎职类犯罪之处罚法,"国刑"大约是关于国都国中地区治安类犯罪之处罚法。这五者是刑事法中的二级部门分类,共同构成一个刑禁法律规范体系。

---

1 《周礼·秋官司寇·大司寇》

《周礼》还有所谓"五禁"体系。"士师之职：掌国之五禁之法，以左右刑罚：一曰宫禁，二曰官禁，三曰国禁，四曰野禁，五曰军禁。皆以木铎徇之于朝，书而县于门闾。"[1]这五种"禁"，应该视为五类单行刑事法令。所谓"宫禁"，应指王侯宫城内部秩序之禁令；所谓"官禁"，应指各级官府内部秩序之禁令；所谓"国禁"，应指诸侯国中心地区秩序之禁令；所谓"野禁"，应指乡野地区秩序之禁令；所谓"军禁"，应指军事和战场秩序之禁令。

"五禁"与前面的"五刑"似乎是对应的。"国禁"与"国刑"，"军禁"与"军刑"，"野禁"与"野刑"，"官禁"与"官刑"，似乎都有某种对应关系。只有"宫禁"与"乡刑"对不上。不过，"五刑"以犯罪客体暨犯罪发生领域作分类，"五禁"以犯罪发生地域场所作分类。不好判断这两个分类之间，是否有一种相辅相成关系。但有一点似乎可以看出来，"五禁"更多是指导性的行为规范，"五刑"更多是惩罚性的制裁规范。

《周礼》还从国家治理的全景视角出发，将国家基本典章制度分为六大类（"六典"）。《周礼》说周制在天子身边设"大宰"（冢宰）一职，为天子最高辅佐官。"大宰之职，掌建邦之六典，以佐王治邦国"，也就是负责国家所有典章制度的维护和执行。"六典"之说，可能是关于法律规范体系观念的另一种表述。"一曰治典，以经邦国，以治官府，以纪万民；二曰教典，以安邦国，以教官府，以扰万民；三曰礼典，以和邦国，以统百官，以谐万民；

---

[1] 《周礼·秋官司寇·士师》

四曰政典，以平邦国，以正百官，以均万民；五曰刑典，以诘邦国，以刑百官，以纠万民；六曰事典，以富邦国，以任百官，以生万民。"[1] 这六个方面，不能简单当成"行政法"的六大部分，似应看成国家典章制度的六个主要方面，其内容几乎包括后世所有部门法的内容。所谓"治典"，主要是关于官吏管理的基本宪纲。所谓"教典"，就是关于人民教化和赋税的基本宪纲。所谓"礼典"，就是关于祭祀和教育的基本宪章。所谓"政典"，就是关于军事和徭役的基本宪纲。所谓"刑典"，就是关于监察和司法的基本宪纲。所谓"事典"，就是关于工程和工商管理的基本宪纲。所以应该说，"六典"就是国家六大系列法律制度的基本宪纲，共同构成一个法律规范体系。

（三）从刑罚种类角度看法律规范体系

礼经言说还曾从刑罚种类角度认识法律规范体系。《周礼》记周制："司刑掌五刑之法，以丽万民之罪：墨罪五百，劓罪五百，宫罪五百，刖罪五百，杀罪五百。若司寇断狱弊讼，则以五刑之法诏刑罚，而以辨罪之轻重。"[2] 这里并不是在讨论墨、劓、刖、宫、大辟五种刑罚本身，而是在讨论"以刑统罪"而形成的五章（编）刑法规范。这里所谓"五刑之法"，应该是指分别适用五刑的刑事法律规范。"墨罪五百"，可能是说规定犯罪应处墨刑的刑法条文共五百条，或者说判处墨刑的罪案判例有五百个，

1　《周礼·天官冢宰·大宰》
2　《周礼·秋官司寇·司刑》

其他以此类推。总体来看，大约是指五大类刑法，共有二千五百个条文，或二千五百个判例。以应受惩罚的轻重程度来划分这五者，也构成一个法律规范体系。

除了上述三种视角的法律规范体系描述或构思之外，礼经时代的中国贤哲并没有关于法律规范体系的更多认识和描述。公法和私法的划分、实体法和程序法的划分、宪法和部门法的划分、各法律部门的划分、普通法和特别法的划分、国内法和国际法的划分、民间法和国家法的划分，所有这些西方的、近代的法律体系概念和认知自觉，在那个时代都是不可能产生的，因为那时尚无其产生的社会土壤。

第二章 「道」「理」「礼」「义」与华夏自然法

在华夏文明的法系统中，居于"天法"或自然法地位的，主要是"道""理""礼""义"，有时也称为"礼义"。"礼义"一词的意涵常有两层之分：一层是与"天法"联系在一起，作为自然法组成部分；另一层是与"礼乐法"联系在一起，作为"礼乐法"体系的原则部分。在前文关于法系统、法体系的描述中，这两者本是有区分的，但在提及传统中国某个具体的法价值理念时，要明确区分其到底是属于"天法"层次，还是属于"礼乐法"原则层次，是很困难的。有鉴于此，我们干脆将这两个层次的理念原则放到一起来研究。

作为"天法"或"礼乐法"的原则，"礼义"的表述主要（体现）在各种礼学经典中。全面解读"礼义"中包含的"法价值理念"和"法律原则"，可不是一件简单的事情。但是要了解中国法律文化和法律体系的基本特征，又不能不从这里开始，所以再难也值得一试。透过表面上只是讲述繁琐礼规、礼仪及君子修德的话语体系，解读出它们到底表达了哪些"法价值理念"或"礼乐法根本原则"，是一件很有意义的事。透过这些理念或原则，及其所针对或涉及的政治社会生活领域，我们可以看出传统中国的"礼乐法"的所轻所重、所密所疏、所明所盲、所有所无……而这些可能正是一个民族法律文化特质的最典型体现。

一、何为"天道"或"自然法"

在中国传统文化中,所谓"天道",其实就是华夏民族对自然法的主流认知。这一认知,主要通过先民建立在阴阳五行说基础上的自然秩序论体现出来。关于这一问题,可以从三个方面来讨论。

(一)基于阴阳说的自然秩序论

传统中国哲学把宇宙的终极构成元素或终极属性归结为"阴"和"阳"二者,这通常被称为"两仪"或"二物"。所谓"一阴一阳之谓道"[1],就是说阴阳和合变化的规律就是"道",统摄"阴""阳"两仪(二物)的也是"道"。在传统中国,"道"和"理"("天理")几乎是等义的,在指称人类社会生活中的"道"或"理"时,则更多地称之为"义"。

基于阴阳说的自然秩序论的要害在于阴阳和合、阳尊阴卑、阳德阴刑等三个方面的认知。

一是阴阳和合。华夏先哲们认为,万物均由"阴""阳"两种元素或属性构成,最典型者就体现为乾坤、男女、雌雄之分。进一步说,"阴""阳"二者相互依存,和合而化生万物。《墨子·辞过》云:"阴阳之合,莫不有也。"《庄子·田子方》云:"至阴肃肃,至阳赫赫……两者交通成和而物生焉。"《荀子》云:"阴阳大化,

---

[1] 《周易·系辞传上》

风雨博施，万物各得其和以生。""天地合而万物生，阴阳接而变化起。"[1]《淮南子》亦言"阴阳合和而万物生"[2]。都是讲这个道理。《周易》所谓"乾道成男，坤道成女。乾知大始，坤作成物"[3]"天地绸缊，万物化醇；男女构精，万物化生"[4]，这里的乾坤、男女都是指阴阳，强调二者和合生万物。这些认知其实是在强调：自然秩序最重要的本质就是不同性质的元素（因素、属性）相互结合，化生出万事万物，而且生生不息、永无休止。其他任何秩序，包括人类社会秩序，都必须建立在这一自然秩序的基础之上。

二是阳尊阴卑（阳贵阴贱）说。本来天地间一切事物现象，均系自然而然，应为自然平等，并无尊卑贵贱之分。但是，不知何故，华夏先哲们硬是要赋予他们尊卑贵贱之义。"阳始出，物亦始出；阳方盛，物亦方盛；阳初衰，物亦初衰……以此见之，贵阳而贱阴也"[5]，这是董仲舒关于"阳尊（贵）阴卑（贱）"的缘由论证。他还说："天之志，常置阴（于）空处，稍取之以为助。故刑者，德之辅，阴者，阳之助也"[6]"是故阳常居实位而行于盛，阴常居空位而行于末"[7]。阳主生长，所以尊贵；阴在空虚，所以卑贱。

---

1 《荀子·天论篇》《荀子·礼论篇》
2 《淮南子·天文训》
3 《周易·系辞传上》
4 《周易·系辞传下》
5 《春秋繁露·阳尊阴卑》
6 《春秋繁露·天辨在人》
7 《春秋繁露·阳尊阴卑》

王弼云："阳贵而阴贱"[1]"位有尊卑,爻有阴阳。尊者,阳之所处;卑者,阴之所履也。故以尊为阳位,卑为阴位。"[2]这一认知给自然秩序赋予了尊卑贵贱等级差序的内涵,而这种内涵又被视为人类社会秩序的依据和基础。

三是阳德阴刑说。本来,天地间的秩序,是不以人类意志为转移的自然秩序,但华夏先哲们早早就认定这一秩序有着政治内涵。因"阳""阴"两种元素或属性构成的大自然本身有着"春生夏长、秋杀冬藏"的特征[3],于是先哲们就产生了合理联想,赋予大自然秩序以"德""刑"之类政治涵义。董仲舒认为,"阳,天之德;阴,天之刑。阳气暖而阴气寒,阳气予而阴气夺,阳气仁而阴气戾,阳气宽而阴气急;阳气爱而阴气恶,阳气生而阴气杀"[4]"天道之大者在阴阳。阳为德,阴为刑。刑主杀而德主生。是故阳常居大夏,而以生育养长为事;阴常居大冬,而积于空虚不用之处。""天使阳出布施于上而主岁功,使阴入伏于下而时出佐阳;阳不得阴之助,亦不能独成岁。"[5]"以此见人理之副天道也……春气爱,秋气严,夏气乐,冬气哀。"[6]关于自然秩序属性的这种认知,其实是按人类政治社会秩序范式反过来塑造或定

---

1 王弼:《周易注·屯》。
2 《周易例略·辨位》。
3 《管子·形势解》:"春者阳气始上,故万物生。夏者阳气毕上,故万物长。秋者阴气始下,故万物收。冬者阴气毕下,故万物藏。"
4 《春秋繁露·阳尊阴卑》
5 《汉书·董仲舒传》引《贤良对策》之一。
6 《春秋繁露·王道通三》

义了"自然"政治秩序,其实这已经不自然了。

(二)基于五行说的自然秩序论

华夏先哲们还认为,宇宙自然是由五行即金、木、水、火、土五种元素或属性构成的,五行之间有着"相生相克"的关系。这一关系,古人是从五个方面去认识的。

一是五行杂以生成百物,不可或缺。《国语·鲁语上》:"及地之五行,所以生殖也。"《国语·郑语》:"故先王以土与金木水火杂,以成百物。"《左传·昭公二十五年》云:"生其六气,用其五行。气为五味,发为五色,章为五声。"自然法秩序首先是不同元素和谐结合后繁衍生命且生生不息的秩序,这暗示人间法律秩序也以保障人类生生不息发展为目标。

二是五行相生相克,且无常胜。董仲舒云:"天有五行:木、火、土、金、水是也。木生火,火生土,土生金,金生水。"[1]这是说五行相生,从这一"行"生出另一"行"。《白虎通·五行》:"天地之性,众胜寡,故水胜火也;精胜坚,故火胜金;刚胜柔,故金胜木;专胜散,故木胜土;实胜虚,故土胜水也。"《黄帝内经·素问·宝命全形论》:"木得金而伐,火得水而灭,土得木而达,金得火而缺,水得土而绝,万物尽然,不可胜竭。"这是说五行相"克"或相"胜",就是有战胜、克制关系。但"克"或"胜",不是一成不变的。《孙子兵法·虚实篇》:"故五行无常胜。"《墨

---

[1] 《春秋繁露·五行对》

子·经下》："五行毋常胜"。邹衍更主张"五德终始，从所不胜"[1]。即是说，五行相克相胜是循环往复的。这一认知，等于说，不同事物之间相"生"或相"克"，是自然法秩序的常态。这暗示人间法律秩序也要符合人与人之间相生相克的现实。

三是阴阳与五行相辅相成，相摩相交成万物秩序。《白虎通·三军》："五行所以二阳三阴何？土尊，尊者配天；金木水火，阴阳自偶。"《黄帝内经·素问·天元纪大论》："夫五运阴阳者，天地之道也，万物之纲纪，变化之父母，生杀之本始。"朱熹认为："天地之所以生物者，不过乎阴阳五行，而五行实一阴阳也。"[2]阴阳、五行是两个视角、两套认识论，衔接二者不仅是为了使自己认知的自然法秩序更加能自圆其说，更是为了论证人定法秩序有复杂属性的自然法依据。

四是五行配合四时四方，有生杀属性。《吕氏春秋》："木为春之德，草木滋生，色尚青，方位尚东；木生火，火为夏之德，万物生长，日丽中天，色尚赤，方位尚南；金为秋之德，生物收成，日偏西，色尚白，方位尚西；水为冬之德，生物消杀，日落山，色尚黑，方位尚北。"[3]

"木""火"配合"春""夏"，"金""水"配合"秋""冬"，分别主"生""长""收""杀"使命。此即董仲舒所云："是

1　《魏都赋》，《文选》李贤注引《七略》。
2　〔宋〕朱熹：《孟子或问》卷一。
3　综《吕氏春秋》十二纪之意述之。

故木居东方而主春气,火居南方而主夏气,金居西方而主秋气,水居北方而主冬气。是故木主生而金主杀,火主暑而水主寒。"[1] 强调这一自然法秩序,就为人定法的"阳德阴刑""春夏庆赏秋冬行刑"秩序找到了自然依据。

五是五行体现着顺逆尊卑秩序。董仲舒云:"行者,行也,其行不同,故谓之五行。五行者,五官也,比相生而间相胜也。故为治,逆之则乱,顺之则治。"[2]《白虎通·五行》:"五行者,何谓也?谓金、木、水、火、土也。言行者,欲言为天行气之义也。地之承天,犹妻之事夫,臣之事君也。"这就是说,五行之间的顺逆、尊卑秩序,是人定法的君臣上下、尊卑贵贱秩序之自然依据。

(三)"天叙""天秩""天经地义"说

华夏贤哲们认为,天地自然的阴阳五行属性,决定了自然秩序本身具有某种自然法律秩序属性。《尚书·皋陶谟》云:"天叙有典,敕我五典五惇哉。天秩有礼,自我五礼有庸哉。同寅协恭和衷哉。天命有德,五服五章哉。天讨有罪,五刑五用哉。"这一段话有两层意思:其一是说,天地自然本来就有一定的天法规范和天法秩序存在,叫做"天叙""天秩";这些规则的适用,体现为上天的奖赏和惩罚,亦即"天命""天讨",它们都是人类社会秩序的最高渊源和依据。其二是说,上天意志转化为人间

---

1 《春秋繁露·五行之义》
2 《春秋繁露·五行相生》

的规则和秩序后,若假借"天叙""天秩""天命""天讨"名义,当然更有说服力。《左传·昭公二十五年》说:"夫礼,天之经也,地之义也,民之行也。天地之经,而民实则之""礼,上下之纪,天地之经纬也,民之所以生也",也是这个意思。就是以人定法原则即"礼"(礼义)为"天经地义""天地经纬",将其视为天地间最高自然法则。这与"天叙""天秩"具有同样的规则和秩序意涵。董仲舒从另一个角度定义了"天秩":"庆为春,赏为夏,罚为秋,刑为冬。庆赏罚刑之不可不具也,如春夏秋冬不可不备也。"[1] 他心目中的"天秩"就是"春夏庆赏,秋冬罚刑"的天人合一秩序。

二、圣人体察"天道"译制为"人定法"

宇宙间的"天叙""天秩"或"天法",用西方法学的话说就是"自然法"(Natural Law),就是不以人类意志为转移的、人类社会生活不可须臾缺乏和违背的法则。为什么"天法"就是人类必须遵守的法则呢?因为人本来就是天或自然的一部分,人类之于"天法"就如孙悟空之于如来佛的手掌心。但是,人类遵循"天法"的前提是必须先体察、领悟和翻译整理上天的"法意志",将"天法"转化为人定法。因为上天无言,不会用人类语言文字直接宣扬"天法",于是必须有人将"天法"转化为人类政治社会规范。

---

[1] 《春秋繁露·四时之副》

在华夏先贤的认知中，一个以体察译述天法为使命的"圣人"群体应运而生了。他们的终身工作，就是体察天法并将其整理记录为人定法。

《周易·系辞传下》说："古者包牺氏之王天下也，仰则观象于天，俯则观法于地，观鸟兽之文，与地之宜，近取诸身，远取诸物，于是始作八卦，以通神明之德，以类万物之情。""八卦"就是伏羲对天法的最早体察和翻译。这种体察翻译，不只是"观天"，还要"观人"："是故圣人以通天下之志，以定天下之业，以断天下之疑……是以明于天之道，而察于民之故，是兴神物以前民用"[1]。圣人进行天人沟通后，具体创制了人间法制，"见乃谓之象，形乃谓之器，制而用之谓之法，利用出入，民咸用之谓之神。""天生神物，圣人则之；天地变化，圣人效之；天垂象，见吉凶，圣人象之；河出图，洛出书，圣人则之。"[2] 圣人"观乎天文，以察时变；观乎人文，以化成天下。"[3] 是天人之间的桥梁，是人间的立法者。上天用两种方式向人间授予法律，一是通过天象展现吉凶供人类体悟，二是通过河图洛书授予[4]。二者都承载了上天对人类的"法意志"，但一般人体悟或翻译不了，只有上古圣人才能体悟并翻译和记录下来。

---

1 《周易·系辞传上》
2 同上。
3 《周易·贲卦》
4 河图：黄河龙马背负神秘图案或曰星河龙形神秘图案。洛书：洛水神龟背负神秘文字图案。

《尚书》也描述了圣人体察和记录天法的情形。周武王灭商以后,曾向商朝遗老箕子征询治国方略。箕子告诉武王,天帝有"洪范九畴",是人类社会的"彝伦"即大法。在鲧主持治水时[1],因为"鲧陻洪水,汩陈其五行,(天)帝乃震怒,不畀洪范九畴[2],彝伦攸斁"[3]。就是说,那时人间的政治章法秩序腐败透顶,于是上天将灾祸(大洪水)降临人间。后来"鲧则殛死,禹乃嗣兴。天乃锡禹洪范九畴,彝伦攸叙"[4]。相传,大禹渡洛水,天通过神龟背负洛书以示大禹,大禹得之,将其分为"九畴"(九章),这也就是当时人们认知的人类社会的根本大法。

关于圣人沟通天人、翻译天法,《礼记·郊特牲》的说法更加具体化:"地载万物,天垂象,取财于地,取法于天……天垂象,圣人则之,郊所以明天道也。"圣人到底怎么具体地去"取法"或"则"那些天象呢?就是从天地、四时(四季)、日月星等天象里看出了阴阳、五行的内在章法或规则:"故圣人作则,必以天地为本,以阴阳为端,以四时为柄,以日星为纪,月以为量,鬼神以为徒,

---

1 鲧:大禹的父亲。
2 洪范九畴,意为根本大法九章。
3 关于《洪范》的成书时代,有学者认为,虽然该篇列于《尚书》的《周书》部分,但实际上应视为《商书》的一部分,因为产生于战国时期的《左传》多次引用今本《洪范》中的语句,直云"《商书》曰"。《汉书·儒林传》还将《洪范》列于《微子》之前,亦即认为应属于《商书》之一篇,不应视为《周书》之一部分。《洪范》原书应是成于商代,战国时经人修改最后定名为《洪范》。参见张晋藩《中华法制文明的演进》。
4 《尚书·洪范》

五行以为质"。然后,圣人又同时体察或认清了人类乃至所有生灵的本性:"礼义以为器,人情以为田,四灵以为畜"[1],将天象规律与人类本性结合起来考量,才译制了人类社会最早的人定法。

关于圣人体察和翻译自然法,荀子有更具体的说法:"公输不能加于绳墨,圣人不能加于礼。礼者,众人法而不知,圣人法而知之。"[2] 就是说,圣人发现和翻译自然法,就如鲁班发现并制定了"规矩绳墨"等工程技术标准一样。"礼"就是这样(有自然规律属性)的客观标准——普通人天天身受这些标准的恩惠、约束,但并不理解其具体为何,只有圣人才清楚明白并将其记录传播给人民。不过,圣人虽然能翻译记录自然法,但无所加于自然法,也改变不了自然法。

三、顺应"天道"的"人定法"秩序基则

天有"天法",人类必须遵从"天法"。"天法"通过圣人传给人类,形成了人定法。但是,人类不一定代代都有圣人时刻教导并随时解释"天法",于是有必要使人们大致认知(知悉)"天法(自然法)"转人定法所必含的基本原则或基本价值准则,以便世世代代炎黄子孙能够在即使不知人定法具体规范体系时,仍能基本把握"天人合一"的法秩序要旨,或者基本把握"天法""人

---

1 以上出自《礼记·礼运》。
2 《荀子·法行篇》

法"合一的法基本准则、价值追求或基本精神。

关于人定法秩序基则,儒学或礼学经典讲述或解释比较多。

《周易·序卦》说:"有天地然后有万物,有万物然后有男女,有男女然后有夫妇,有夫妇然后有父子,有父子然后有君臣,有君臣然后有上下,有上下然后礼义有所错(措)。"在《周易》看来,人类社会生活秩序,就是从"夫妇"安排开始的,所以"夫妇之道不可以不久也,故受之以《恒》"[1]。因为人类创设一男一女稳定婚配即夫妇关系并组成家庭,所以以血缘家系及财产传承为本质的父子关系、以政治统治及服从为本质的"君臣上下"关系随之应运而生,为维系这些关系之应有秩序而必不可少的"礼义"(法律原则)也应运而生。在这里,《周易》实际上是要告诉我们,人定法秩序的基本原则最主要的就是夫和妻顺、君仁臣忠、上下(尊卑贵贱)有差等关键几条。

《礼记·礼运》将这些基本原则表述为"十义":"父慈、子孝、兄良、弟弟(悌)、夫义、妇听、长惠、幼顺、君仁、臣忠,十者谓之人义。"这是当时认知的人类政治社会成员之身份义务的基本原则。"十义"强调的是五种最基本的、家国一体的人际关系(人伦),即所谓君臣、父子、兄弟、夫妇、长幼等五伦。《礼记·中庸》所谓"天下之达道五,所以行之者三:曰君臣也,父子也,夫妇也,昆弟也,朋友之交也,五者天下之达道也。"讲的就是这五伦,不过"长幼"一伦替换为"朋友"。五伦的最根本准则

---

[1] 《周易·序卦》

及"所以行之者三"是什么?《礼记·中庸》说是"知(智)、仁、勇三者",其实最后也许可以归结为"亲亲、尊尊、长长"[1]。也就是说,合乎天法的人定法基则,最后的、最基本的,不外"亲亲"(对亲属特别是尊亲属要亲爱敬爱)、"尊尊"(对尊贵者要恭敬服从)、"长长"(对年长者要恭敬服从)这三条。《礼记·中庸》还说"仁者,人也。亲亲为大;义者,宜也。尊贤为大。亲亲之杀,尊贤之等,礼所生也",意思是说礼法的一切具体规则都是从"亲亲""尊贤(尊)"基则中派生出来的。

《左传》在认定"礼义"有"天经地义"崇高地位之后,也特别具体列举了人定法秩序基则即礼义基本准则。

> 则天之明,因地之性,生其六气,用其五行……为君臣、上下,以则地义。为夫妇、外内,以经二物。为父子、兄弟、姑姊、甥舅、昏媾、姻亚,以象天明。为政事、庸力、行务,以从四时。为刑罚、威狱,使民畏忌,以类其震曜杀戮。为温慈、惠和,以效天之生殖长育。民有好、恶、喜、怒、哀、乐,生于六气。是故审则宜类,以制六志……喜生于好,怒生于恶。是故审行信令,祸福赏罚,以制死生。[2]

"礼"的秩序规则来自天地,"礼之可以为国也久矣,与天地并。

---

1 《礼记·丧服小记》"亲亲尊尊长长,男女之有别,人道之大者也。"《礼记·大传》"亲亲也,尊尊也,长长也,男女有别,此其不可得与民变革者也。"
2 《左传·昭公二十五年》

君令臣共，父慈子孝，兄爱弟敬，夫和妻柔，姑慈妇听，礼也。"[1]这些基则，既有人类应接自然的法律基则，也有人类社会交往的法律基则。

荀子认为，这样的人定法基则，可以概括为："少事长，贱事贵，不肖事贤，是天下之通义也"[2]，即：三对人际关系中的统治与服从原则。他认为，反映自然法秩序的人定法基则，具体说来就是："亲亲、故故、庸庸、劳劳，仁之杀也。贵贵、尊尊、贤贤、老老、长长，义之伦也。"[3]

关于这些人定法基则，《孝经》将其更加具体化到了"孝""博爱""敬让"等具体价值基则。

> 曾子曰："甚哉，孝之大也！"子曰："夫孝，天之经也，地之义也，民之行也。天地之经，而民是则之。则天之明，因地之利，以顺天下。是以其教不肃而成，其政不严而治。先王见教之可以化民也，是故先之以博爱，而民莫遗其亲，陈之以德义，而民兴行。先之以敬让，而民不争；导之以礼乐，而民和睦；示之以好恶，而民知禁。"[4]

这就是告诉人民，"孝""博爱""敬让"等就是上天为人民规定的自然法义务或职责，是天经地义不可置疑和违背的。

---

1 《左传·昭公二十六年》

2 《荀子·仲尼篇》

3 《荀子·大略篇》

4 《孝经·三才》

董仲舒认为，"四时""天地""阴阳"都潜藏着人类社会伦理章法。"故四时之行，父子之道也；天地之志，君臣之义也；阴阳之理，圣人之法也。"[1]这些章法，就是合乎自然法的人定法基则。他进一步将这些基则具体解释为"三纲"："君臣、父子、夫妇之义，皆取诸阴阳之道。君为阳，臣为阴；父为阳，子为阴；夫为阳，妻为阴。阴阳无所独行，其始也不得专起，其终也不得分功，有所兼之义。""王道之三纲，可求于天。"[2]"三纲"说虽最初由法家提出，但董仲舒首次将其与"天人合一""阳尊阴卑"理论联系起来，为"三纲"找到了自然法依据。

　　班固记录整理的《白虎通》说："子顺父、妻顺夫、臣顺君何法？法地顺天也。"[3]因为天为阳，地为阴；君、父、夫为阳，臣、子、妻为阴，所以受自然法支配的人类就必须遵循"君为臣纲、父为子纲、夫为妻纲"的"三纲"基则。

1　《春秋繁露·王道通三》
2　《春秋繁露·基义》
3　《白虎通·五行》

第三章 礼乐的法规范属性及法秩序意义

"礼乐",包括"礼"和"乐",以及合而称之"礼乐"整体,其性质是什么?近代以来,国人在认识中国法律传统时,习惯于将它们视为道德原则、道德规范及交往礼仪、乐舞曲律等,不太注意它们的法规范属性和法秩序意义。直至今日,在叙述礼乐全盛的周朝法制时,大多数法制史教科书一般不涉及礼乐。礼乐到底是什么?不能简单套用近代法律概念去定义,也不应脱离中国历史文化背景去定义,更不能脱离古人对礼乐的一般认知去定义。

在古代中国人心目中,礼乐绝不仅仅是道德、礼仪、曲律之类,他们更多是将其视为"律令法"之外另一种形态的法,即"礼乐法"。在阅读儒学或礼学经典时,我们应先领会古人心目中的礼乐到底是什么?它有什么特征、作用和意义?解答了以上问题,我们才可能真正认清中国法律传统的原初基因性特征。

一、礼乐的"法律般"产生原因

礼乐是如何产生的?在华夏先哲的认知中,礼乐的起源说,几乎直接等同于法律起源。荀子的礼义起源论最有代表性。他的说法主要是从两个角度来说明"礼乐"或"礼义"产生的原因和动力。这两个角度的阐释的背后蕴含着特殊的逻辑。

（一）"化性""使群"需要（动因）决定礼义法度产生

第一种说法是，人性本恶，人天生有欲望且好争夺，因而必须有某种力量和规矩来协调冲突、制止争斗，以防人类永陷禽兽境界。

> 礼起于何也？曰："人生而有欲，欲而不得，则不能无求；求而无度量分界，则不能不争；争则乱，乱则穷。先王恶其乱也，故制礼义以分之，以养人之欲，给人之求。使欲必不穷于物，物必不屈于欲。两者相持而长，是礼之所起也。"[1]

"人性恶"即人的物欲，虽是人们生而相互争夺的内因，但并不一定必然导致争夺。荀子认为，物质资源、社会资源匮乏，才是导致争夺的外因。内外两因合起来才必然导致争夺。"夫贵为天子，富有天下，是人情之所同欲也。然则从人之欲则势不能容，物不能赡也"，因此才急需一套资源分配章法。"故先王案为之制礼义以分之，使有贵贱之等、长幼之差、知贤愚能不能之分，皆使人载其事而各得其宜，然后使悫禄多少、厚薄之称，是夫群居和一之道也。"[2]

> 故古者圣人以人之性恶，以为偏险而不正，悖乱而不治，故为之立君上之埶（势）以临之，明礼义以化之，起法正以治之，重刑罚以禁之，使天下皆出于治、合于善也。是圣王之治，而礼

---

1 《荀子·礼论篇》
2 以上出自《荀子·荣辱篇》。

义之化也。[1]

第二种说法是，人类天生需要群体（社会）生活，群体生活必须有规则来协调，否则就难以维系。

> 故人生不能无群，群而无分则争。争则乱，乱则离，离则弱，弱则不能胜物，故宫室不可得而居也，不可少顷舍礼义之谓也。[2]
> 人之生不能无群，群而无分则争，争则乱，乱则穷矣。故无分者人之大害也，有分者天下之本利也，而人君者所以管分之枢要也……古者先王分割而等异之也。[3]

为什么"群而无分则争"呢？

> 分均则不偏，势齐则不壹，众齐则不使。有天有地而上下有差，明王始立而处国有制。夫两贵之不能相事，两贱之不能相使，是天数也。埶（势）位齐而欲恶同，物不能澹（赡）则必争，争则必乱，乱则穷矣。先王恶其乱也，故制礼义以分之，使有贫富贵贱之等足以相兼临者，是养天下之本也。《书》曰："维齐非齐。"此之谓也。[4]

"分均""势齐""众齐"，就是无贵贱尊卑之分的身份平

1　《荀子·性恶篇》
2　《荀子·王制篇》
3　《荀子·富国篇》
4　《荀子·王制篇》。关于"分均则不偏"，杨树达先生注曰："分均，谓贵贱敌也。"高亨先生注曰："偏，借为辩。说文'辩，治也'。"参见梁启雄：《荀子简释》，中华书局1983年版，第101页。

等状态,荀子认为这必然会导致混乱,因为身份平等者之间不能"相事""相使",谁也不听谁的,就不能进行生存合作;只有在区分尊卑贵贱等级差序的前提下,人们才能进行生存合作,群体生活秩序才能维持。

(二)两种说法背后的特殊逻辑

荀子的这些论点,大约代表了传统政治法律观念的主流。其中有两个逻辑特别值得分析。

第一个逻辑是,人类是天生需要用礼乐法制加以开化、升华的物种,若只顺着人性的自然趋势,就必然会大乱,性恶的"原朴人"只有通过礼义法度的教导、约束,才能进化为"开化人"。

> 今人之性,生而有好利焉,顺是,故争夺生而辞让亡焉;生而有疾恶焉,顺是,故残贼生而忠信亡焉;生而有耳目之欲、有好声色焉,顺是,故淫乱生而礼义文理亡焉。然则从人之性、顺人之情,必出于争夺,合于犯分乱理而归于暴。故必将有师法之化,礼义之道,然后出于辞让,合于文理,而归于治……古者圣王以人性恶,以为偏险而不正,悖乱而不治,是以为之起礼义、制法度,以矫饰人之情性而正之,以扰化人之情性而导之也,始皆出于治、合于道者也。[1]

荀子把这一开化过程叫做"化性起伪",就是化除本性、开始文明。"故圣人化性而起伪,伪起于性而生礼义,礼义生而制法度;

---

1 《荀子·性恶篇》

然则礼义法度者，是圣人之所生也。"[1]这里的"性"就是人类的原初禀赋，"伪"就是后天人为添附的文明修为。

按照荀子这一逻辑，人类是天生需要礼义法度的物种，只有"伪"才使人真正成为人。从这个意义上讲，礼义法度定义了人的本质，礼乐就是人的精神之"体"（主干、本体）。

> 故礼义也者，人之大端也。所以讲信修睦，而固人之肌肤之会、筋骸之束也。所以养生、送死、事鬼神之大端也，所以达天道、顺人情之大窦也。故唯圣人为知礼之不可以已也……故圣王修义之柄、礼之序，以治人情。[2]

这就是把"礼义"当成凝聚血肉升华为人的纽带和力量、人类升华或超越禽兽的关键"窦"和成人的本体或本质。

> 孔子曰："夫礼，先王以承天之道，以治人之情。故失之者死，得之者生。《诗》曰：'相鼠有体，人而无礼；人而无礼，胡不遄死！'"[3]。

人要是没有礼作为灵魂、精神、尊严、本体、本质，那么连只老鼠都不如。董仲舒也说："天生之以孝悌，地养之以衣食，人成之以礼乐，三者相为手足，合以成体，不可一无也。"[4]这也是强调，礼乐使人成为人，是人的精神本质。

1　《荀子·性恶篇》

2　《礼记·礼运》

3　同上。

4　《春秋繁露·立元神》

人之所以需要礼义来开化升华，其原因并不单单是人性恶。孟子主张人性善，他认为人生来就有"仁、义、礼、智"这"四端"（基因），认为"四端"就是人的"良知良能"，但他仍然认为人很容易在外界不良影响下趋向堕落——"放心"，即天生良"心"因外诱而"放"失了。所以，他认为，以"存心""求放心"为目的的主动道德修炼和外加道德教化都非常重要。"君子所以异于人者，以其存心也。"[1]"学问之道无他，求其放心而已矣。"[2]无论任何人，若不主动修炼，不外加教化，都会堕落。可见，不管是持"性善论"还是持"性恶论"，华夏先哲们都认为必须以礼义法度作为"堤防"，认为"礼乐""礼义"以及法制的约束，就是为了阻止人类堕落。至于人类为什么"性恶"，以及既然"性本善"，为何还有滑向堕落的自然趋势，这是另外一个问题，礼经和先哲们并未正式讨论过。

第二个逻辑是，只有圣人能"制礼作乐"并"化性起伪"以拯救人类。"古者圣王……是以为之起礼义、制法度，以矫饰人之情性而正之，以扰化人之情性而导之也。""故圣人化性而起伪……礼义法度者，是圣人之所生也。"圣人是人类最早的立法者和拯救者，"凡礼义者，是生于圣人之伪，非故生于人之性也……圣人积思虑习伪，故以生礼义而起法度……若夫目好色，耳好听，口好味，心好利，骨体肤理好愉佚，是皆生于人之情性者也，感

---

[1] 《孟子·离娄下》
[2] 《孟子·告子上》

而自然，不待事而后生之者也。夫感而不能然，必且待事而后然者，谓之生于伪，是性、伪之所生，其不同之徵（征）也。"[1] 至于圣人为什么独独与众不同，不待后天修炼教化而天生道德高尚、圣明睿智，天生拥有"化性起伪"开导教化人类的本领，会在人类有争斗暴乱时应运而生？这是另外一串连问题，礼学经典和先贤先哲们也没有讨论过。

（三）"礼乐法"以什么形态存在

圣人（圣王）为人类制定的礼乐法，当然是一个法律体系，但它到底以什么方式存在呢？从礼乐法历史全程看，应该说有三种存在形态：既有散见于风俗中的习惯法形态，也有整理编纂的习惯法全书形态，甚至还有正式制定的礼乐成文法典形态。散见于历代风俗中的礼乐习惯法自不必说，另两种存在形态也有很显著的史实佐证。周公"制礼作乐"就是对夏商两代习惯法进行整理编纂，传说的《周礼》（不是今人所见《周礼》文本），可能就是正式编纂而成的一部习惯法全书。《左传》记述了这一全书的部分文字规定："先君周公制《周礼》曰：'则以观德，德以处事，事以度功，功以食民。'"[2] 而汉初叔孙通奉命制定《傍章》或《汉仪》（又称《礼仪》《仪法》），张苍奉命制定《章程》，赵禹奉命制定《朝仪》（又称《朝律》），则是礼乐法的成文法典形态。

---

1 以上出自《荀子·性恶篇》。
2 《左传·文公十八年》

关于"礼乐法"的习惯法编纂形态和正式成文法典形态，汉人忆述并借题发挥而成的《周礼》也有所反映。在"建邦之六典"即"治典""教典""礼典""政典""刑典""事典"中，就有"以和邦国，以统百官，以谐万民"[1]的"礼典"，它是与"刑典"并列的。所以，后世的《唐六典》《明会典》《清会典》显然就是受了《周礼》和"六典"的启发。

（四）礼乐起源说神似法家的法律起源说

礼学经典关于礼乐或礼义起源的这些说法，其实与法家关于法律起源的说法高度一致。荀子的上述说辞中，只要将"礼义""礼乐"字眼替换成"法"或"刑"，就几乎等于在说法的起源，就与先秦法家法律的起源没什么区别。

> 古者……兽处群居，以力相征。于是智者诈愚，强者凌弱……故智者假众力以禁强虐，而暴人止。为民兴利除害，正民之德，而民师之。是故道术德行出于贤人……名物处违是非之分，则赏罚行矣。[2]

> 天地设，而民生之……当此之时，民务胜而力征，务胜则争，力征则讼（争吵）……故圣人承之，作为土地货财男女之分。分定而无制，不可，故立禁。[3]

---

1 《周礼·天官冢宰·大宰》
2 《管子·君臣下》
3 《商君书·开塞》

通过前述"产生原因说"或"起源说"可知，礼学家们心目中的"礼乐"或"礼义"，就等于法家心目中的法。

二、礼乐的"法律般"目标追求

礼乐的目标追求是什么？礼经或礼学著述中有很多说辞。稍加分析这些说辞就会发现，在解释礼乐或礼义的目标追求的同时，也在阐述法律制度的目标追求。它们的解释，不外乎认为礼乐有以下五个方面的目标追求。

（一）顺乎人心、差序"满足"人的欲望需求

"制礼作乐"的目的，首先是顺乎人心人性，满足人的需求。荀子说："礼以顺人心为本，故亡于礼经而顺人心者皆礼也。"[1]就是说，礼乐是用以满足人类的物质和非物质欲求的。只要根本上符合人心人性，哪怕礼经未正式许可或禁止，实质上也是合礼的，是人可以做的。不过，在古人心目中，"人心""人性"并不是"随心所欲"，欲求的"满足"不是没有限制的。所以荀子又说："先王恶其乱也，故制礼义以分之，以养人之欲、给人之求。使欲必不穷乎物，物必不屈于欲。""故礼者，养也。刍豢、稻粱，五味调香，所以养口也；椒兰、芬苾，所以养鼻也；雕琢、刻镂、黼黻、文章，所以养目也；钟鼓、管磬、琴瑟、竽笙，所以养耳

---

1 《荀子·大略篇》

也;疏房、檖貌、越席、床笫、几筵,所以养体也。"[1]这是说,礼的目的之一,是要将人生所需资源(有等差地)供给每个人,这就是"养"("给"),就是满足。当然,这不是无条件的满足,而只能是"惟齐非齐,有伦有要"[2],即差序分配式满足,是在"物"(资源)和"欲"之间达成一种合理分配——既不穷尽物质资源去满足人的欲望,也不让物质资源屈从于人的欲望。这种合乎礼义的和谐分配秩序,就叫做"别"。荀子认为,礼的目的无非是"养"和"别"两个方面。

(二)升华人性,使其回复"人道之正"

制礼作乐的目的,除了有差序地满足人的欲求,更重要的是促使人性复归,促使人类回复"人道之正"。

> 夫礼,先王以承天之道,以治人之情,故失之者死,得之者生。
> 故圣王修义之柄、礼之序,以治人情。故人情者,圣王之田也,修礼以耕之,陈义以种之,讲学以耨之,本仁以聚之,播乐以安之。[3]
> 是故先王之制礼乐也,非以极口腹耳目之欲也,将以教民平好恶而反人道之正也。
> 乐也者,情之不可变者也。礼也者,理之不可易者也。乐统同,礼辨异。礼乐之说,管乎人情矣。穷本知变,乐之情也。著诚去

---

[1] 以上出自《荀子·礼论篇》。
[2] 《尚书·吕刑》
[3] 以上出自《礼记·礼运》。

伪，礼之经也。[1]

礼乐之统，管乎人心矣。[2]

所谓"管乎人情（人心）"，就是讲礼乐与人心、人情是贯通的（"管"通"贯"）；所谓"著诚去伪"，就是说礼乐的目的是保存光大原有之善、消除后天习染之恶。只有这样，才能回复"人道之正"，其实就是"人伦之正"，也就是回复人应有的文明开化状态。

（三）确定"名分"（身份义务）以制止争夺

制礼作乐的目的，还旨在确定每个人在"群"中的义务，也就是"名分"，以制止无序争夺。这里的"群"，小起家庭，中为各种社群组织，大到国家。孔子认为，"为国以礼"的最大目标是"正名"——君君、臣臣、父父、子子，就是要确定每个人的社会身份义务，消除"君不君、臣不臣、父不父、子不子"[3]的乱象。《礼记·曲礼上》："夫礼者，所以定亲疏，决嫌疑，别同异，明是非也"，也是此意。"亲疏""同异"就是社群中的人伦"名分"义务，用礼来确定并督促，就叫"决嫌疑"。荀子说："君臣上下、贵贱长幼，至于庶人，莫不以是为隆正。然后皆内自省以谨于分，是百王之所同也，而礼法之枢要也……使衣服有制，宫室有度，人徒有数，丧祭械用皆有等宜。"[4]荀子又

1　以上出自《礼记·乐记》。
2　《荀子·乐论篇》
3　《论语·颜渊》
4　《荀子·王霸篇》

说:"求而无度量分界则不能不争。争则乱,乱则穷。先王恶其乱也,故制礼义以分之。"[1] "故先王案为之制礼义以分之,使有贵贱之等、长幼之差、知贤愚能不能之分,皆使人载其事而各得其宜,然后使悫禄多少、厚薄之称,是夫群居和一之道也。"[2] 都是在强调礼以确定社会身份义务、制止争夺、达成和谐为目标。这与法家讲法律的目标是"定分止争"[3] 完全是一个意思。

关于礼的这一目标追求,荀子简单概括为"别"——"君子既得其养,又好其别。曷谓别?曰:贵贱有等,长幼有差,贫富、轻重皆有称者也。"[4]

(四)用来"法治"即建构良善政治秩序

《礼记·乐记》:"然则先王之为乐也,以法治也,善则行象德矣。"这里的"法治"有两重意思,一重是郑玄注云:"以法治,以乐为治之法",另一重应是"为治理立法式"或"以建成良法之治"(或"可为法式之治")。这种"法治",具体内容,除了前述"正名""定分"(礼秩和谐)外,主要就是以治安秩序为主的政治和谐。《左传·隐公十一年》:"礼,经国家,定社稷,序民人,利后嗣者也。"《左传·昭公五年》"礼所以守其国,行其政令,无失其民者也。"描述的就是政治治理的和谐秩序状态,这就是礼乐的目标追求。

---

1 《荀子·礼论篇》
2 《荀子·荣辱篇》
3 《商君书·开塞》:"民众而无制,久而相出为道,则有乱。故圣人承之,作为土地货财男女之分。分定而无制不可,故立禁。"
4 《荀子·礼论篇》

作为礼乐目标追求的这种政治状态，荀子讲述得更为清楚。

> 故先王案为之制礼义以分之……则农以力尽田、贾以察尽财、百工以巧尽械器，士大夫以上至于公侯，莫不以仁厚知能尽官职，夫是之谓至平。[1]

> "农分田而耕，贾分货而贩，百工分事而劝，士大夫分职而听，建国诸侯之君分土而守，三公总方而议，则天子共（拱）己而已。"出若入若，天下莫不平均，莫不治辨，是百王之所同也，而礼法之大分也。[2]

这就是说，每个人除了有伦理角色义务外，还有一个政治身份义务。制定礼乐也是为了保障大家履行这个政治身份义务。农、商、工、士、大夫、诸侯、三公、天子，每个人都忠实履行这种政治身份义务，就建成了理想政治秩序。这种政治秩序，其实也正是法家一贯强调的法律所追求的目标秩序。

（五）沟通人情与天地神明以实现谐和

关于礼乐的目标追求，还有人强调是沟通人情与天地神明，促成天人谐和。《礼记·乐记》："礼乐侦天地之情，达神明之德，降兴上下之神，而凝是精粗之体，领父子君臣之节。"认为"礼乐"是依据（"侦"）天地之情而制作，用以"达"于神明意志，通达了天地神明意志，才能更好地明白和履行"父子君臣"义务。又说"礼

1　《荀子·荣辱篇》

2　《荀子·王霸篇》

乐之极乎天,而蟠乎地,行乎阴阳,而通乎鬼神"[1],认为人类与天地、阴阳、鬼神的沟通协调全靠礼乐,即"故礼义也者,人之大端也……所以养生、送死、事鬼神之大端也,所以达天道、顺人情之大窦也"[2]。《汉书·礼乐志》说"人函天地阴阳之气,有喜怒哀乐之情。天禀其性而不能节也,圣人能为之节而不能绝也,故象天地而制礼乐,所以通神明,立人伦,正情性,节万事者也。"礼乐就是用以实现人情与天地神明间沟通谐和的。这一目标追求,一般谈法律目标追求的人多不涉及,这是为何?也许古人认为,礼乐法是更高层次的法律,才担负得起沟通天地神明的使命;至于律令法,作为较低层次的法律,还担负不起与天地神明沟通的使命。

三、礼乐的"法律般"调整对象

礼乐到底是调整或规制什么的?儒家和礼经的回答几乎与法律的调整对象一样。从那些回答可以看出,古时制礼述礼的贤哲实际上是从三个视角来看的。

(一)从调整人类社会伦理关系的视角看

礼经一般最强调礼乐以人伦关系为调整对象,这是古人谈及礼乐调整对象的一个最常见视角。《礼记·曲礼上》说:"夫礼者,所以定亲疏,决嫌疑,别同异,明是非也……道德仁义,非礼不成,

---

1 《礼记·乐记》
2 《礼记·礼运》

教训正俗，非礼不备。分争辨讼，非礼不决。君臣上下，父子兄弟，非礼不定。宦学事师，非礼不亲。班朝治军，莅官行法，非礼威严不行。祷祠祭祀，供给鬼神，非礼不诚不庄。"这里强调：君臣、父子、兄弟、师生、官兵、（首）长僚（属）六种人伦关系，必须用"礼"来调整或规制。《左传·昭公二十六年》又说："礼之可以为国也久矣，与天地并。君令臣共，父慈子孝，兄爱弟敬，夫和妻柔，姑慈妇听，礼也。君令而不违，臣共而不贰，父慈而教，子孝而箴，兄爱而友，弟敬而顺，夫和而义，妻柔而正，姑慈而从，妇听而婉，礼之善物也。"这里强调，"礼"要调整君臣、父子、兄弟、夫妻、姑妇（婆媳）五种人伦关系。荀子说："人有三不祥：幼而不肯事长，贱而不肯事贵，不肖而不肯事贤，是人之三不祥也。"[1]由此，所以需要"礼"来加以矫正。这里将"礼"调整的人际关系简化为长与幼、贵与贱、贤与不肖三大类，《荀子·乐论篇》所言"乐合同，礼别异"，一方面就是讲"礼"调整各种各样不同的人伦关系，并通过"别异"即确定等级差序的方式来理顺各种人伦关系。另一方面在等级差序待遇清晰确定的前提下，再配以"乐"去促成"和同"——用音乐的曲律和舞蹈、仪式，促使受不同等级待遇的人们相安无事、同心同德、其乐融融。

（二）从调整国家社会事务领域的视角看

礼乐的调整对象，换一个角度看，就是国家社会生活的具体

---

1 《荀子·非相篇》

事务或具体场合,就是为这些事务(场合)确定章法。据说,《周礼》很早就制定了各类事务的礼乐章法,"先君周公制《周礼》曰:'则以观德,德以处事,事以度功,功以食民。'"[1]周公所制的这几条原则性"礼",调整了"观德"(考察德行)、"处事"(考察能力)、"度功"(统计功劳)、"食民"(授民食租税)四个政治领域(场合)或阶段的事务。《礼记·礼运》说:"礼,必本于天,殽于地,列于鬼神,达于丧、祭、射、御、冠、昏、朝、聘。故圣人以礼示之,故天下国家可得而正也。"这表明,"礼"调整的事务有丧祭、射御、婚冠、朝聘等,是为这些事务确立章法、建构秩序。"丧祭"就是"慎终追远",即为新死者"送死"并祭祀祖先及各类神灵;"射御"就是乡射(射箭饮乐)及御马(马术)训练;"婚冠"就是结婚仪程和成年典礼;"朝聘"就是诸侯朝觐天子、霸主以及诸侯之间的正式会见。这一共是四类八种事务或场合,正是"礼乐"的规制或调整对象。

《礼记·仲尼燕居》所记孔子一段话,把这些事务(场合)列举得非常具体仔细:"礼者何也?即事之治也。君子有其事必有其治。"有一种事,就相应有一种"礼"去规制。这些事务或场合,有"居处""闺门""朝廷""田猎""军旅""宫室""(置)量鼎""(调)味""(奏)乐""(用)车""(飨)鬼神""(服)丧纪""辩说""(为)官""政事"十五种,每种场合都需要特定的礼规。"若无礼,则手足无所错,耳目无所加,进退揖让

---

[1] 《左传·文公十八年》

无所制",就会造成"长幼失别""三族失和""官爵失序""戎事失策""武功失制""宫室失度""量鼎失象""味失其时""乐失其节""车失其式""鬼神失飨""丧纪失哀""辩说失党""官失其体""政事失施"十五种乱象。

《左传·庄公二十三年》云:"夫礼所以整民也,故会以训上下之则,制财用之节,朝以正班爵之义,帅长幼之序,征伐以讨其不然。"强调了"礼乐"对"会"(会盟)、"朝"(朝聘)、"征讨"这三种场合的调整或规制。

荀子的阐发更到位。首先,他从衣食住行、容态进退等个人生活环节来谈礼的调整对象,"食饮、衣服、居处、动静,由礼则和节,不由礼则触陷生疾;容貌、态度、进退、趋行,由礼则雅,不由礼则夷固僻违,庸众而野。故人无礼则不生,事无礼则不成,国家无礼则不宁。"[1] 其次,他又强调,"礼乐"调整的事务大致为三类:"礼之大凡:事生,饰骥(欢)也;送死,饰哀也;军旅,饰威也。"[2] 所谓"事生",就是对生者实行亲亲、尊尊、养侍;所谓"送死",就是对死者进行丧葬和追祭;所谓"军旅",就是各类军事活动。而"礼乐"的调整功能,就是通过三者中的"饰欢""饰哀""饰威"方式来实现。最后,荀子又将礼的调整对象宏分为对外、对内两大方面:"故乐者,出所以征诛也,入所以揖让也。征诛、揖让,其义一也。出所以征诛则莫不听从;入

---

1 《荀子·修身篇》
2 《荀子·大略篇》

所以揖让则莫不从服。"[1] 就是说，礼乐调整的事务，无非是出境（或出城）征伐敌军（包括叛军）等对外事务，以及在国内（城内）处理好各色人等之间的和谐（揖让）关系。

（三）从调整物质非物质资源分配秩序的视角看

有意思的是，古人还从调整物质、非物质两类资源的分配秩序这一视角来认识礼乐的调整对象或调整范围。

荀子说："古者先王分割而等异之也,故使或美或恶、或厚或薄、或佚乐或劬劳，非特以为淫泰夸丽之声，将以明仁之文、通仁之顺也。故为之雕琢刻镂、黼黻文章，使足以辨贵贱而已，不求其观；为之钟鼓管磬、琴瑟竽笙，使足以辨吉凶,合欢定和而已,不求其余；为之宫室台榭，使足以避燥湿，养德辨轻重而已，不求其外。"[2] 所有的资源，不管是物质资源（财利）还是社会资源（名号、荣誉、地位、权力），都要靠"礼义"来"分割而等异之"（有差别地分配）。在不同类人之间有"美与恶""厚与薄""逸乐与劬劳"的分配差别，并不是故意要搞不平等，而是为了建构"明仁通仁""辨贵贱""合欢定和"的"礼治"秩序。

这一点董仲舒也说得很具体。"量禄而用财。饮食有量，衣服有制，宫室有度，畜产人徒有数，舟车甲器有禁。生有轩冕之服位、贵禄、田宅之分，死有棺椁、绞衾、圹袭之度。虽有贤才美体，

1　《荀子·乐论篇》
2　《荀子·富国篇》

无其爵,不敢服其服;虽有富家多货,无其禄,不敢用其财……散民不敢服杂采,百工商贾不敢服狐貉,刑余戮民不敢服丝玄缥乘马,谓之服制。"[1] 他强调的仍是分配秩序。"礼"就是要调整分配,确立"饮食有量,衣服有制,宫室有度,畜产人徒有数,舟车甲器有禁"的等级分配秩序。

四、礼乐的"法律般"规范属性

在礼经的阐释话语中,礼乐的行为规范属性至关重要;其属性几乎与法律规范属性无异——对各色人等(纯与他人无干的个人行为之外)稍有社会属性的行为统统加以规制。关于礼经中这方面的认识,我们可以从三方面去总结阐述。

(一)与法同义:"礼"被称为"法"或被视为"法"

从一般的社会生活规范角度来讲,或者从社会生活基本规则角度来讲,在古人心目中,"礼"就是中国传统社会生活的实际"法制"之主体部分。或者说,从较高较广的意义上讲,"礼"就是那时候的中国人心目中真正的"法",不过是更高、更广意义上的"法"。从某种意义上讲,"礼"与"法"是同义词,"礼"就是"法"。

《礼记·礼运》:"政不正则君位危,君位危则大臣倍,小臣窃。刑肃而俗敝,则法无常,法无常而礼无列,礼无列,则士不事也。""礼

---

1 《春秋繁露·服制》

行于五祀而正法则焉。""诸侯以礼相与，大夫以法相序，士以信为考。""故天子适诸侯，必舍其祖庙。而不以礼籍入，是谓天子坏法乱纪。"这些话语中的逻辑显示："法无常"，就等于"礼无列"；"礼行"，就等于"法正"；大夫间序名分的"礼"也叫做"法"；天子非礼就是"坏法"。《礼记·曾子问》："古之礼，慈母无服。今也君为之服，是逆古之礼而乱国法也。"这里的逻辑是说"古礼"就等于"国法"。

荀子也是这么看的："礼者，法之大分，类之纲纪也。"[1]"分"，就是"本"，"礼"就是"法"的主体或原则。他又说"三王既以定法度、制礼乐而传之"[2]，认为夏商周三代开创之王所制的"法度"，就是通过"礼乐"传于后世的。因此，"礼乐"就是"法度"的表现方式和传承方式。荀子又说："礼者所以正身也；师者所以正礼也……故非礼是无法也；非师是无师也……故学也者，礼法也。"[3]此言背后的逻辑是：只有将"礼"视为最重要的"法"，才可以说"非礼"就等于"无法"（违法）。

（二）与法同喻："礼"是规矩、绳墨、权衡

先秦法家谈论"法"的定义和本质时，总喜欢以度量衡器具——规矩、绳墨、权衡为比喻。如《管子·七法》："尺寸也，绳墨也，规矩也，衡石也，斗斛也，角量也，谓之法。"《商君书·修权》：

---

[1] 《荀子·劝学篇》
[2] 《荀子·大略篇》
[3] 《荀子·修身篇》

"法者，国之权衡也。"都是用度量衡工具、标准这一隐喻来阐明法律的规范属性。

儒家和礼学经典也如此看待"礼乐"。《礼记·经解》："礼之于正国也，犹衡之于轻重也，绳墨之于曲直也，规矩之于方圜也。故衡诚县（悬），不可欺以轻重；绳墨诚陈，不可欺以曲直；规矩诚设，不可欺以方圜；君子审礼，不可诬以奸诈。"[1]荀子也说："礼者，人主之所以为群臣寸尺寻丈检式也。人伦尽矣。"[2]又说："国无礼则不正。礼之所以正国也，譬之犹衡之于轻重也，犹绳墨之于曲直也，犹规矩之于方圆也，既错之而人莫之能诬也。"[3]他的意思是，度量衡给了人们一种关于长短、多少、轻重的通用衡量标准，礼乐法制同样给了人们一个衡量行为是非的通用客观标准。

（三）法律性"礼"规范之具体范例

礼学经典中，散见一些具体礼规。这些礼规的法律属性，从相关记述中直接可以看出来。据《左传·庄公十八年》载，鲁庄公十八年（前676年）春，虢公、晋侯一起朝觐周王，周王"皆赐玉五瑴（珏）、马三匹"，《春秋》认为此举"非礼也"，为什么呢？因为按周礼规定，"王命诸侯，名位不同，礼亦异数，不以礼假人"。既然虢公、晋侯爵级（名位）不一样（一公，一侯），依礼就不应同等赏赐，特定等级礼遇不应"假借"给等级外的人。

1　《荀子·礼论篇》中也有此语。
2　《荀子·儒效篇》
3　《荀子·王霸篇》

这一记载，让我们看到了一条具体礼法：周王赏赐诸侯，应该按照名位高低而有数量或价值上的差别。

又据《左传·庄公二十年》记载：公元前677年，周僖王崩，周惠王立。次年，边伯、子禽等五位大夫发动政变驱逐惠王，拥立王子姬颓。事成后，姬颓宴享五大夫，"乐及遍舞""歌舞不倦"。在父亲僖王丧期宴享作乐，王子姬颓显系"哀乐失时"，违反礼法。公元前674年冬，郑、虢两国联合兴师问罪，攻入洛邑，灭五大夫废王子颓。这一记载，让我们看到了一条禁止"居丧作乐"的礼法规范，诸侯们"兴师问罪"正是这一礼法的强制执行机制或法律制裁。

《左传·庄公二十三年》还记载，公元前670年夏，鲁庄公"如齐观社"，即出境到齐国看庙会。《春秋》认为这一举动"非礼也"，大臣曹刿加以谏阻。曹说，诸侯出境事由，要么是"会"（与外国国君会盟），要么是"朝"（朝觐周天子），要么是"征伐"（讨伐违礼之国），可没听说"观社"。如此违反礼法行径，若写到史书里，"后嗣何观！"这一记录，反映了关于诸侯出境事由限制的具体礼法规范及其实践。

《左传·襄公二十三年》还记载说，公元前550年春，杞国国君孝公去世，其嫁到晋国的妹妹晋悼夫人（晋平公之母）为之服丧，可是晋平公却不守丧礼，竟在此时"不彻（去）乐"（继续歌舞作乐），《春秋》因而书以"非礼"。"礼为邻国阙"[1]，

---

[1] 《左传·襄公二十三年》

就是说，即使不说为舅舅服丧，仅仅作为邻国，也应该相互为国丧停止乐舞以示哀悼。这又是一条非常具体的礼法。

《荀子》还记载了一条更特殊的"礼"——对"刑余罪人"的礼遇制裁。"庶人之丧合族党，动州里；刑余罪人之丧不得合族党，独属妻子，棺椁三寸，衣衾三领，不得饰棺，不得昼行，以昏殣，凡缘而往埋之，反无哭泣之节，无衰麻之服，无亲疏月数之等，各反其平，各复其始，已葬埋，若无丧者而止。夫是之谓至辱……是礼义之法式也。"[1] 这是一条羞辱性的礼法。在"丧葬之礼"中，单独为"刑余罪人"规定了羞辱性的苛刻待遇：棺椁要薄至三寸，且不得缀饰；衣服要少，不得过三层；不得白天入殓出殡，下葬归来时亲属不得哭泣；亲属不得穿丧服，不得讲究丧期短长之差；埋葬后亲属们要显得像没有丧事一样……这种专以给罪人"至辱"为目的的"礼义法式"比较罕见。违者，当然要受到非常具体的制裁。

五、礼乐的"法律般"功能作用

礼乐的功能作用，就是讲作为规范的礼乐到底要解决什么问题，这与前文所述礼乐的目标追求（运用礼乐旨在达到什么状态）是不一样的。在各种礼经中，关于礼乐要解决什么问题，说法多种多样。但稍微梳理一下，我们发现，古人不外从三个方面来说明。

---

1 《荀子·礼论篇》

（一）作为君王治国安民的工具

《礼记》特别强调礼乐有"治政安君"（实即"治国安民"）这一最大工具作用。"礼者，君之大柄也……所以治政安君也。""大柄"就是最重要的工具。"为政先礼。礼其政之本与！"[1]"本"和"柄"是一个意思，就是规矩，有了它，治国安民就简单了。"君子明于礼乐，举而错之而已""礼之所兴，众之所治也；礼之所废，众之所乱也"[2]"故圣人以礼示之，故天下国家可得而正也"[3]。"举而错之"，就是"举措而已"（就如举起手放下手那么简单）。

荀子对礼乐的这一作用也有简明阐发："礼者，治辨之极也，强固之本也，威行之道也，功名之总也。王公由之，所以得天下也；不由，所以陨社稷也。"[4]这里的"极""本""道"，就是指准据或工具作用。有此，政治就有秩序。"礼者，政之挽也；为政不以礼，政不行矣……治民不以礼，动斯陷矣。"[5]"挽"，就是马车的挽轭，是车与马连接的关键。国家的命运，就如车系于"挽"一样系于"礼"："故人之命在天，国之命在礼。"[6]可见，这与法家讲法律的治国工具作用没有差别。

1　《礼记·哀公问》
2　《礼记·仲尼燕居》
3　《礼记·礼运》
4　《荀子·议兵篇》
5　《荀子·大略篇》
6　《荀子·强国篇》

（二）作为个人言行举止的标准

《礼记·经解》强调，礼之所以是治国安民工具，就是因为它给人们确立了言行举止的是非标准。一方面，"故朝觐之礼，所以明君臣之义也；聘问之礼，所以使诸侯相尊敬也；丧祭之礼，所以明臣子之恩也；乡饮酒之礼，所以明长幼之序也；昏姻之礼，所以明男女之别也。"这都是从内在"行为指引"的角度，阐明礼的功能作用。另一方面，"礼之于正国也，犹衡之于轻重也，绳墨之于曲直也，规矩之于方圆也。"这又是从外在"评价标准"的角度，阐明礼的功能作用，与今人谈论法律对个人自身行为的"指引作用"及对他人行为的"评价作用"，逻辑如出一辙。

《荀子·大略篇》是这样阐明礼之功能作用的："礼之于正国家也，如权衡之于轻重也，如绳墨之于曲直也"，因为它为任一行为的是非评价确定了标准。"故人无礼不生，事无礼不成，国家无礼不宁"，无此标准，国家就会大乱。荀子认为"君臣不得不尊，父子不得不亲，兄弟不得不顺，夫妇不得不欢，少者以长，老者以养"的理想治理秩序，全凭礼的功能作用来促成。

《大戴礼记·哀公问于孔子》也特别强调礼的这一功能作用："非礼无以节事天地之神明也，非礼无以辨君臣上下长幼之位也，非礼无以别男女父子兄弟之亲、昏姻疏数之交也，君子以此之为尊敬然。然后以其所能教百姓，不废其会节。"

（三）为民设"坊""表"以防患未然

荀子说："水行者表深，表不明则陷；治民者表道，表不明则乱。

礼者表也。非礼，昏世也。昏世，大乱也。故道无不明，外内异表，隐显有常，民陷乃去。"[1] 又说，"礼者，人之所履也，失所履，必颠蹶陷溺。所失微而其为乱大者，礼也。"[2] 他把礼的功能作用比作水中的"表"（标）——过河处的显著标识，以提醒涉水人哪里有"陷溺"之危。"表"内是"人之所履"（可行之路），"表"外是深水区有"陷溺"之危。"表道"就是为了预防"陷溺"，即预防犯罪。

《礼记·经解》用"坊止水"来比喻"礼"预防犯罪之功能作用。"夫礼，禁乱之所由生，犹坊止水之所自来也。故以旧坊为无所用而坏之者，必有水败；以旧礼为无所用而去之者，必有乱患。故昏姻之礼废，则夫妇之道苦，而淫辟之罪多矣。乡饮酒之礼废，则长幼之序失，而争斗之狱繁矣；丧、祭之礼废，则臣子之恩薄，而倍死忘生者众矣。聘、觐之礼废，则君臣之位失，诸侯之行恶，而倍畔侵陵之败起矣。""乱"（违法犯罪），就像洪水，必须以"礼"为堤防提前加以拦阻。"禁乱之所由生"，就是防患未然，提前预防。

《大戴礼记·礼察》也很注意礼作为"防"（"坊"）预防犯罪作用："君子之道，譬犹防与？夫礼之塞乱之所从生也，犹防之塞水之所从来也"。戴胜认为，礼就是"犯罪预防法"。

> 凡人之知，能见已然，不能见将然。礼者，禁于将然之前；而法者，禁于已然之后。是故法之用易见，而礼之所为生难知也……然而曰礼云礼云，贵绝恶于未萌、而起信于微眇，使民日

1　《荀子·天论篇》
2　《荀子·大略篇》

从善远罪而不自知也。[1]

董仲舒强调礼也用了"堤防"之喻阐发"礼"的功能作用。

> 凡百乱之源,皆出嫌疑纤微,以渐寖稍长至于大。圣人章其疑者,别其微者,绝其纤者,不得嫌,以蚤防之。圣人之道,众堤防之类也,谓之度制,谓之礼节。故贵贱有等,衣服有制,朝廷有位,乡党有序,则民有所让而不敢争,所以一之也。[2]

他强调任何犯罪都是从萌芽长大而成的,礼就是要"别其微""绝其纤"(消灭犯罪萌芽),就是为了"蚤防"(早提防)。"礼"为何要事无巨细都加规定?就是为了"众堤防"(更多地设置堤防)。

六、礼乐的"法律般"制裁机制

礼乐是否有法律性质,关键在于有无国家强制力,也就是背后有无保障机制或制裁机制。关于这一点,虽今人有争议,但古人却似乎没有。很多人因为认为礼乐背后没有对应的制裁机制,所以断言礼乐不是"法"。

但从礼经及古史的记述看,礼乐强制保障机制或制裁机制是真实存在的。

---

1 《大戴礼记·礼察》
2 《春秋繁露·度制》

首先从一般原则上讲，违"礼"应受"刑"制裁，是没有争议的。《大戴礼记·盛德》："故明堂，天法也；礼度，德法也；所以御民之嗜欲好恶，以慎天法，以成德法也。刑法者，所以威不行德法者也。"违反"礼度"（"德法"）的行为，要受"刑法"的制裁或威慑。《礼记·乐记》："礼以道其志，乐以和其声，政以一其行，刑以防其奸。"违反礼乐的行为就是"奸"，以"刑"防"奸"，当然就是制裁违礼。汉人陈宠说："礼之所去，刑之所取，失礼则入刑，相为表里者也"[1]，更清楚地阐明这一原则。

其次从具体的"礼"的规范来讲，很多是有相应的"刑"作保障的。如《孟子·告子下》记述了几条"礼"，都配有相应的具体制裁："一不朝，则贬其爵；再不朝，则削其地；三不朝，则六师移之。"诸侯"不朝"周王这一违礼行为，从轻到重（一年到三年不朝）分别配有"贬爵""削地""征伐"三等制裁。《国语·周语上》记："序成而有不至则修刑。于是乎有刑不祭，伐不祀，征不享，让不贡，告不王。于是乎有刑罚之辟，有攻伐之兵，有征讨之备，有威让之令，有文告之辞。"由此可知，诸侯的"不祭""不祀""不享""不贡""不王"等具体违礼行为，要相应受到周王或方伯的"刑""伐""征""让""告"制裁，而"辞""令"就像是宣判书。

再次从违礼制裁的多样性来看。礼乐的很多规范，不一定都能看成刑法规范，因此很多对违礼的制裁不一定都是刑事制裁。

---

[1] 《后汉书·郭陈传》

也就是说,"出礼入刑"之"刑",不一定都是狭义的刑罚。其他的制裁方式,也常常是礼乐背后的强制保障机制。很多礼乐规范只是行政规范、民事规范、宗教规范,违反了虽有强制制裁,但其制裁手段常常只是行政性、民事性、宗教性的。有学者总结东周时期的违礼制裁手段,有讥讽、责让、诘难、赔偿、卑贬(包括拒朝、降礼秩、贬爵级、留止、执)、夺邑、免职、鞭笞、放逐等十多种[1],其中只有最后两者像刑罚,其他都只能算行政制裁或民事制裁。

复次从"出礼不入刑"的情形来看。违反了一条规范,依法该不该惩罚是一回事,最后是否实际惩罚了又是另一回事。如有人触犯某条法律但未受罚,我们不能倒果为因地说违反的不是"法"。同理,当某条具体"礼"被违反,而违反者未受实际制裁(比如强势人物违反而法司无力制裁,或因违礼情节轻微被免予制裁,或者委托社会组织自行制裁)时,我们不能反过来说被违反的那条礼乐规范不应该视为"法"。《左传》里的记载常常显示,触犯同一条"礼",有时罚有时不罚,有人罚有人不罚,此地罚彼地则不罚[2]。我们总不能因此说这一条"礼"有时是"法",有时不是"法"吧?

最后从"罪(过)与刑(罚)"是否对应来看。在成文法公布之前(春秋中叶以前)亦即"礼法不分"时代,刑事法的具体

---

[1] 栗劲、王占通:《略论奴隶制社会的礼与法》,《中国社会科学》1985年第4期。
[2] 同上。

规范并不一定与具体刑罚相对应。法律宣布制裁（打击）某些行为，但常未配套规定刑罚种类和幅度。对于具体犯罪行为，采取"议事以制，不为刑辟"的模式来处理，即由司法官"因事制宜""特事特办"地加以处理。这种司法模式，《晋书·刑法志》表述为"或计过以配罪，或化略以循常，或随事以尽情，或趣舍以从时，或推重以立防，或引轻而就下。公私废避之宜，除削重轻之变，皆所以临时观衅"，简单说就是"具体个案有具体个案的法律"。成文法公布后，"礼"与"法"分离了，以前混沌一体的"礼法"一分为二：分出来的是"律令法"，剩下的是"礼乐法"。在"律令法"中，基本实现"罪刑对应"即"以罪统刑"；但在"礼乐法"中，许多规范仍保持从前"罪（过）刑（罚）不对应"的格局。正因如此，很多人仍认为"礼乐法"不能算是"法"。其实，"罪（过）与刑（罚）不一定对应"，也许就是"礼乐法"不同于"律令法"的最大特征。甚至可以说，既然制裁较重危害行为的律令法已经完成"罪刑对应"，基本满足社会治理需要了，那么剩下那些制裁较轻危害行为的"礼乐法"应否也实现"罪（过）与刑（罚）对应"，似乎已经无关紧要了。

七、关于"礼刑适用区分对象说"

要彻底认识礼乐规范的法律性质和地位，进一步弄清礼经和儒者话语中"礼不下庶人，刑不上大夫"之类"礼刑适用应区分对象说"的真实涵义和深层意图是有必要的。这一观念或主张关键在于：对社会不同阶层，在适用规范和资源分配上，应当区别对待。

（一）从三个角度理解"礼刑适用区分对象说"

《礼记·曲礼上》说："礼不下庶人，刑不上大夫。"根据前后文去理解，这两句话的本意很简单。前一句的本意是，贵族（士以上）坐车路遇庶民时，贵者不必"抚式（车轼）"示礼，贱者（庶民，如果也坐车的话）也不必下车回礼。后一句，汉人郑玄注释说"言不制大夫之刑，犹不制庶人之礼也"，认为其本意是讲贵者犯罪应罚，但受刑时应有特殊待遇。"礼之所制，贵者始也，故不下庶人；刑之所加，贱者使之，故不上大夫。"[1] 郑玄的意思是，礼的规范大多对人要求苛刻，所以很多礼规不适用于普通百姓；刑罚因常由贱者（如刽子手、皂隶）执行，故大夫以上的贵族不应适用，而应以体面的方式执行。这两句话，不管是原话，还是后人解释，都没有"贱者不必守礼，贵者不适用刑"的意思。但是，不能不承认，这一说法根本意涵是：无论是"礼"还是"刑"，对不同社会阶层规定有应该有所不同（包括规定本身不同及执行适用不同），此即"贵贱有别"。

这一主张是中国律传统的长期追求，也是其恒久特征之一。这一主张或追求，分别有三种具体化的解释。

---

[1] 以上出自《礼记·曲礼上》。

第一，是从不同等级在规范适用和资源分配上应该有差别待遇的角度去解释。荀子说："由士以上则必以礼乐节之，众庶百姓则必以法数制之。"[1] 这意思是说，"礼"和"刑"的待遇差别，不应仅限于规则适用领域，更应体现在分配领域。梁启雄先生解释说："用礼乐来调节'士'以上的'位''禄''用'，使它们都调整得适当；同时又用法律条文来制定众庶百姓们的'事'和'利'的等差，并使他们的衣、食、用与收入出入相抵当。"[2]

这一种解说，既有对不同等级者在适用规范上应区别对待之意，又进一步引申发挥：在物质和非物质资源分配上，对不同等级者也应该差别待遇。这一说法的要害正在于此——无论是规则适用，还是资源分配，都应该"贵贱有别"。

第二，是从个人德智层次有差，故应在规范适用上区别对待的角度去解释。《左传·昭公三年》说："君子不犯非礼，小人不犯不祥，古之制也。吾敢违诸乎？"荀悦说："君子以情用，小人以刑用……故礼教荣辱，以加君子，化其情也；桎梏鞭朴，以加小人，化其刑也。君子不犯辱，况于刑乎！小人不忌刑，况于辱乎！"[3]《白虎通·五刑》说："刑不上大夫何？尊大夫。礼不下庶人，欲勉民便至于士。故礼为有知制，刑为无知设也。庶人虽有千金衣币，不得弗服刑也。刑不上大夫者，据礼无大夫刑。

---

1 《荀子·富国篇》
2 梁启雄：《荀子简释》，中华书局1983年版，第121页。
3 《后汉书·荀韩钟陈列传》

或曰挞笞之刑也。礼不及庶人者，谓酬酢之礼也。"《金史》说："礼义廉耻以治君子，刑罚威狱以治小人，此万世不易论也。"[1]

这一种解释，把本因社会等级差别而设定的规范适用及资源分配的差别待遇，硬说成是因个人德智层次不同而应有的差别待遇。他们的逻辑是，既然每个人的德智层次有差（君子、小人之差），那么在规范适用及资源分配上当然应有所不同。一方面，就"礼"（"礼乐法"）秩序而言，德智层次高者（君子）的言行限制应该更严，其荣誉和物质待遇应该更高；德智层次低者（小人）的言行限制应该更宽，其荣誉和物质待遇应该更低。另一方面，就"刑"（"律令法"）秩序而言，对"君子"，在审判和用刑时，应该用更体面更有尊严的方式；对"小人"，有无体面和尊严关系不大，因为他们连"刑"都不怕，还怕什么丢脸。

第三，是从因"自己人与外人有别"故应在规范适用及资源分配上区别对待的角度来解释。《左传·僖公二十五年》："德以柔中国，刑以威四夷。"《春秋公羊传·成公十五年》："内诸夏而外夷狄。"王夫之："天下之大防二：'中国、夷狄也，君子、小人也'。"黄宗羲："中国之与夷狄，内外之辨也。以中国治中国，以夷狄治夷狄，犹人不可杂之于兽，兽不可杂之于人也。"[2]这些说法的要害是区分"自己人"和"外人"。"中国"和"夷狄"，是一种文化类型、文明程度上的"内外之分"。《春秋》强调的"不

---

[1] 《金史·许古传》
[2] 〔清〕黄宗羲：《留书》，载《黄宗羲全集》（十一），浙江古籍出版社1993年版，第12页。

以中国从夷狄也"[1]"不使夷狄为中国也"[2]"不与夷狄也之主中国也"[3]"不与夷狄之执中国也"[4]其实也是强调这个"内外之分"。

因文化类型或文明程度上有生熟内外区分，于是主张在规范适用和资源分配上有所区别，这在上古时代是很顺理成章的想法，因为"夷狄"一般是在华夏政治统治和德礼教化之外的族群。但是，到明清时代，王夫之、黄宗羲他们故意将这种文化差异解读为道德水准上的"君子小人之分"，这就很诡异了。

这一旨趣的扭转或曲解，基于一种华夏文化的认知：当时的民族冲突斗争，不止是因族群出身或文化类型不同，更重要的是因道德智识水准不同甚至人兽不同。基于这种认知，必须强调在规范适用和资源分配上作一种新的区别对待——敌我区别对待，也就是强调在规范适用和资源分配上应该坚持"敌我有别"的原则，不能超越敌我阵营立场搞什么待遇平等。不过，"华夷之辨""君子小人之辨"虽然部分含有"敌我之辨"的意思，但并不完全等于"敌我之辨"。

这种观念或意识，对后世中国是有一定影响的。上个世纪，在苏维埃革命影响下，"敌我之辨"意识被强化，"我们（人民）和敌人之辨"一度成为强势话语。"发扬民主，加强法制""法制是民主的保障""民主与法制相辅相成""讲民主也要讲法制""不

---

[1] 《春秋穀梁传·襄公十年》
[2] 《春秋穀梁传·宣公十一年》
[3] 《春秋公羊传·哀公十三年》
[4] 《春秋公羊传·隐公七年》

能脱离法制讲民主"等当时常见公文说法，是否部分潜藏着"礼以待君子，刑以威小人""德以柔中国，刑以威四夷"观念的余韵？因为从这些说法中，可以听出某种言外之意：民主是对自己人的，法制是用来对付一切威胁人民民主的因素的，是民主的保护神。法制保障民主的途径，一方面是"专政的铁拳"打击各种敌人，另一方面对人民规定各种界限或尺度以防民主被滥用。

（二）"礼刑适用应区分对象说"的根本意义

"礼刑适用应区分对象说"，亦即对社会不同阶层在规范适用和资源分配上应该区别对待的主张，是我们认识中国"礼乐法"传统的关键，进而也是我们认识传统中国整个法系统和法秩序的关键。

中国传统法律秩序，是在"礼法"大系统中有"礼乐法""律令法"两套法体系。从这两套法体系的关系来理解"礼刑适用对象区分"问题，我们的认识就可能升华一大步。

如果我们将"礼刑适用对象区分"说中的"礼"或"德"都理解为"礼乐法"，将其中的"刑"都理解为"律令法"，很多过去难以解释清楚的问题就可迎刃而解。这类说法，无论怎么变换说辞，其实不过是在阐发一个最能体现传统中国宗法等级社会特征的法律原则——"名位不同，礼（法）亦异数"[1]。

传统中国社会一直是坚持身份等级差异（差序格局）的社会。

1　《左传·庄公十八年》

一切章法制度，当然要与这一社会属性相适应，体现等级差序待遇特征，为等级差序秩序服务。所以，就有了"名位不同，礼（法）亦异数"的根本原则。即使在法家"君臣上下贵贱皆从法"等所谓"刑无等级"主张部分纳入法律秩序以后，这一情况并未发生根本改变。立法上，为身份等级秩序服务的"礼乐法"，在"律令法"之外长期单独存在和运用，"律令法"中关于官僚贵族特权（"八议""上请""例减""官当""赎刑""免官"）的规范长期存在和运用；司法中，"士"以上人等的各种习惯性优待或特权的长期存在和运用，如直到清末仍有官学生员（秀才以上）非经正式褫夺功名手续则享有在公堂不受刑讯和笞惩的优待等，就是这一传统顽强存在的证据。

在这样的社会格局和背景下，我们应该认识到，国家的制度章法内部的不同部分（子体系）之间是有地位高下之分的。"礼乐法"是更高等级的法律，"律令法"是较低等级的法律。一方面，"礼乐法"对社会地位更高者的行为要求（限制）更高更严格，而对社会地位稍低者的行为要求（限制）要低或宽松一些。另一方面，"律令法"在立法上就规定了官贵特权或贵贱不平等，司法中特别是刑罚适用中对官贵更轻或更体面一些，相形之下对普通百姓在立法上、司法上的待遇更低或更苛刻一些。今天中国对中国共产党党员除适用国法外，还有党纪政纪约束，亦即党纪政纪约束实际上比法律约束更严、要求更高，或许正是前述历史传统在当今中国法制社会中的余韵。

第四章 君权的性质、地位、转移及合法性的礼学论证

君权，本指一个政治共同体中的最高公共权力。在华夏文化的主流认知中，"君"不只是一种公共管理职岗，更是一种有最高道德使命的公务职位。君权制度是传统中国制度文明体系的首要建构，君权问题也是传统中国政治法律学说的首要问题。

"君"，上"尹"下"口"，本为会意字。"尹"像手执权杖形，一说像手执笔形，本义为治理；"口"即表示发号施令。二者合起来，起初指"王之下的各级统治者"，故甲骨文中"君"常与"尹"通用（故有"多君""多尹""多臣""多公"之称），而最高统治者则另称"王"或"天子"。《荀子·礼论篇》："君者，治辨之主也"，应两义兼有。秦汉以后，虽然有了"皇帝"的称号，各级封君或长官仍常被称为"君"（国君、州君、府君、县君），但在谈论皇帝与国家、群臣、人民的关系时，人们习惯将这些关系称为"君国""君臣""君民"关系，也就是人们习惯于将"君"作为最高统治者的通称。

先秦及汉代礼经关于君权的讨论甚多。这些谈论，若仅从律令法的立场看，似乎没有多少法学属性。但是，若从"礼乐法"、中华法文明的整体立场看，礼经中关于君权的所有讨论，特别是关于君权起源、君权天授、君王使命、君权独制、对君谏诤、君位继承、君权转移、王朝革命、君臣关系等问题的讨论，其实都是关于君权问题的法理学、法史学、宪法学讨论。本章旨在对这些礼学话语的讨论做一个法学立场的分析。

一、君权的来源、性质与使命

（一）君权来源："大德受命"与"天命靡常"

关于君权的来源，礼经言说几乎不约而同，同作"君权天授"之论证。他们宣布只有大德圣人才能得到"天命"，才能被上天选中，授予人间最高统治权。《诗经》说，商王朝曾获上天授予"天命"："天命玄鸟，降而生商，宅殷土芒芒。"[1]"有娀方将，帝立子生商"[2]。传说商朝始祖契（阏伯）是其母（有娀氏女）简狄吞食玄鸟蛋后怀孕而生，作为天神后裔获得了"天命"。但是后来，商朝末代君王商纣严重失德，失去了"天命"："有商孙子，假哉天命……商之孙子，其丽不亿，上帝既命，侯于周服。侯服于周，天命靡常。"[3]"天命"并非恒授一家一姓不变，会根据德行民心适当改授。上天将"天命"改授周邦，并命令商人接受周人统治。为何如此？因为周文王、周武王有大德、得民心，因而获得改授的"天命"："有命自天，命此文王"[4]"昊天有成命，二后受之"[5]"文王在上，於昭于天。周虽旧邦，其命维新。有周不显，帝命不时……文王孙子，本支百世，凡周之士，不（丕）显亦世。"[6]直到周成王，仍有"天命"。《诗经·大

---

1 《诗经·商颂·玄鸟》
2 《诗经·商颂·长发》
3 《诗经·大雅·文王》
4 《诗经·大雅·大明》
5 《诗经·周颂·昊天有成命》
6 《诗经·大雅·文王》

雅·假乐》说周成王"假乐君子，宪宪令德。宜民宜人，受禄于天。保佑命之，自天申之"，认为成王因为"宜民宜人"的"宪宪令德"而获得了"天命"续约。《礼记·中庸》记载，孔子曾称赞大舜："舜其大孝也与……故大德必得其位，必得其禄……故大德者必受命。"他认为只有大舜那样的大德圣人，才有资格获授"天命"出任"王"或"天子"一职。

古人认为君与天之间的"天命"授受关系，有委托代理关系（契约关系）属性。《春秋穀梁传·宣公十五年》认为："为天下主者，天也。继天者，君也。君之所存者，命也。"天是人类的主宰，君是天的委托代理人，君任职的依据是"天命"。"受命之君，天意之所予也。故号为天子者，宜视天如父，事天以孝道也。"[1]君对天的"继""受"关系甚至可以理解为子对父的"继志述事"关系。一旦与深不可测的天联系起来，"君"这一岗位职务就被高度宗法化、道德化、神圣化了。

不过这种君权神化倾向，在礼经中也有所警惕约束。孟子说西周政体是"天子一位，公一位，侯一位，伯一位，子、男同一位，凡五等也"[2]，这就是把"天子"当成国家政体的一个职级，"一位"即一个职岗而已。《白虎通》说："天子者，爵称也。爵所以称天子者何？王者父天母地，为天之子也……帝王之德有优劣，

---

1 《春秋繁露·深察名号》
2 《孟子·万章下》

所以俱称天子者何？以其俱命于天，而王治五千里内也。"[1] 虽然"父天母地"为"天之子"，但不过是一个公共职位级别。"天子"作为"天爵"称谓，仍只是一个"爵"（职级）而已。所不同的是，这一"爵"的授予者是天，其他"爵"（公、侯、伯、子、男）的授予者是人。蒋庆先生说："从对政治权力进行限制的历史来看，天子一爵说很符合从神圣限制到理性限制的过程……使政治权力不再具有与天同质的神圣性质，而成为一种理性设计的政治制度（三等爵制）中世俗力量。"[2]

（二）君权的性质与使命：兼作"君亲师"（"民主"），沟通天人

"天命"是上天颁发给大德圣人的最高统治职务任命书。上天任命"王"或"天子"到底所为何事？人类社会为何需要"天子"这一角色？这就涉及另一个重要问题：君权的性质与使命问题。礼学经典先后直接或间接回答了这一问题。

《尚书》："惟天地万物父母；惟人万物之灵。亶聪明，作元后，元后作民父母""天佑下民，作之君，作之师"[3]"天子作民父母，以为天下王"[4]。人类为万物之灵，为天地之子女，需要脱离兽态过文明生活。为了这一需要，上天派遣了"元后"或"天

---

1 《白虎通·爵》
2 蒋庆：《公羊学引论》，辽宁教育出版社1995年版，第200页。
3 《尚书·泰誓上》
4 《尚书·洪范》

子"来到人间,其使命是"为民父母",即代表上天管理("君")、养育("亲")、教导("师")人民。他们的职责、使命是"君亲师一身三任"。获得天命者,一定是大德之人、圣人、得民心的人。比如商朝开国君王商汤(成汤),就是大德之人而获得天命:"天惟时求民主,乃大降显休命于成汤,刑殄有夏……乃惟成汤克以尔多方简,代夏作民主。"[1]这种"三位一体"的全能统治者,就是古代中国人憧憬的"民主"——人民的好主人。《诗经·小雅·南山有臺》说"乐只君子,民之父母",大约也是在讲君权的这种性质和使命,这是君王世俗性质的使命。

《周易·乾卦》曰:"夫'大人'者,与天地合其德,与日月合其明,与四时合其序,与鬼神合其吉凶,先天而天弗违,后天而奉天时。天且弗违,而况于人乎?况于鬼神乎?"这里的"大人"就是圣人为王者。"与天地合其德"等语,是说圣王有神性神能,智慧和力量无与伦比;"先天而天弗违"以下等语,讲的是圣王的责任是沟通天与人或神与人。这里讲的是君王负有宗教或神学性质的使命。

(三)百姓为什么需要君权

百姓为何需要君权或公共权力呢?荀子说:"天之生民非为君也,天之立君以为民也。故古者列地建国,非以贵诸侯而已;列官职,差爵禄,非以尊大夫而已。"[2]在他看来,君是"天"为

---

1 《尚书·多方》
2 《荀子·大略篇》

人民创设的职岗，其职责是为人民谋福利，决不仅是为使担任"君"职者显贵，这就如王（天子）者封建诸侯国、列官职爵禄，不仅是为了让诸侯、卿大夫显贵，而是为了治理地方、教化人民一样。

《礼记·礼运》："故天生时而地生财；人，其父生而师教之，四者君以正用之，故君者立于无过之地也……故百姓则君以自治也，养君以自安也，事君以自显也。"意思是：一方面，君王沟通天地人，身兼父亲和老师的角色；另一方面，百姓供养和服从（"养君""事君""则君"）君王，是为了自己的秩序、安全和福利（"自治""自安""自显"）。

董仲舒说："天生民性有善质而未能善，于是为之立王以善之，此天意也。民受未能善之性于天，而退受成性之教于王。王承天意以成民之性为任者也。"[1]据此说法，老百姓天生需要教化，于是天立君王，用以开导教化老百姓。董仲舒认为，人民必须依靠君王的命令和指导才能获得安全和幸福，国家人民的命运寄托于君王德行。"唯天子受命于天，天下受命于天子，一国则受命于君。君命顺，则民有顺命；君命逆，则民有逆命。故曰：'一人有庆，兆民赖之'。此之谓也。"[2]他甚至认为，君民合为一个生命体："天生之，地载之，圣人教之。君者，民之心也，民者，君之体也。心之所好，体必安之；君之所好，民必从之。"[3]君是心脏（大脑），

---

[1] 《春秋繁露·深察名号》
[2] 《春秋繁露·为人者天》
[3] 同上。

民是躯体，人民应该像肢体服从大脑一样服从君王意志。整个国家的秩序，其实就是一种以"天"为最高权力中心的"层层受命"秩序："天子受命于天，诸侯受命于天子，子受命于父，臣妾受命于君，妻受命于夫。诸所受命者，其尊皆天也，虽谓受命于天亦可。"[1] 人的治理秩序，最后可以归结为天对人间的治理（另一种意义的"天治"）秩序，这一秩序的要害就是层层对上服从和负责。他认为只有从这个意义上去理解君权，才能掌握君权真谛。

（四）王者以"改制"彰显获"天命"

君王有否获"天命"，以何为凭？如何知道？天本无言，不可能直接表达"天命"，于是获"天命"只能由他人宣布，或者直接由当事人自己来宣布。因此，获"天命"的证据及昭告方式，就成了中国历代政治法律学说的一个重要话题。

"天命"的获得，虽然很早就有"尧母孕诞龙子""禹获河图洛书""玄鸟生商始祖"等传说，但都是没有证据的历史传说，无法证实。既然无法证实，那么当事人要论证自己获"天命"，只剩下两种方式，一种是"祥（符）瑞证明模式"，另一种是"改制证明模式"。

"祥瑞（或符瑞）证明模式"，就是通过"祥瑞"证明自己获"天命"。所谓"祥瑞"，就是被当成上天嘉赏表态的某些珍奇事物或景象，如景星、祥云（庆云）、嘉禾、芝草、木连理等，特别是麒麟、凤凰、龟、龙、白虎"五灵"，人们将这些事物或景象的出现解释

---

[1]《春秋繁露·顺命》

为上天对君王的嘉赏或任命。据说姬昌即位为西伯时，有凤凰在岐山栖息鸣叫，此被视为周人获"天命"之符。《竹书纪年·殷纪》载："（商）文丁十二年（西伯元年），有凤集于岐山"，《国语·周语上》云："周之兴也，凤凰鸣于岐山"，《诗经》曰："凤凰鸣矣，于彼高岗"[1]，都是将凤凰出现作为周文王获得"天命"的符瑞来记载的。孔子曾慨叹自己没见到过祥瑞："凤鸟不至，河不出图，吾已矣夫！"[2] 实为慨叹自己未遇"真命天子"，难酬政治夙愿。连起兵反秦的农民领袖陈胜，为证明自己获"天命"，也知道叫人在鱼腹藏"陈胜王"的丹书、叫人扮狐狸夜呼"大楚兴，陈胜王"。[3]

"改制证明模式"，就是新王以"改制"昭示天命在己。每一新王朝开始时，新任君王必须通过改正朔、易服色、更名号等方式，彰显自己是获"天命"而为王，非继前王而王。《礼记·大传》："圣人南面而治天下……改正朔、易服色、殊徽号……此其所得与民变革者也。"董仲舒说："今所谓新王必改制者，非改其道，非变其理，受命于天，易姓更王，非继前王而王也。若一因前制，修故业，而无有所改，是与继前王而王者无以别……更称号，改正朔，易服色者，无他焉，不敢不顺天志而明自显也。"[4] 又说，"王者必受命而后王。王者必改正朔，易服色，制礼乐，一统于天下，所以明易姓非继人，通以己受之于天也。王者受命而王，制此月

1　《诗经·大雅·卷阿》
2　《论语·子罕》
3　《史记·陈涉世家》
4　《春秋繁露·楚庄王》

以应变,故作科以奉天地,故谓之王正月也。"[1]《白虎通·三正》:"王者受命必改朔何？明易姓,示不相袭也。明受之于天,不受之于人,所以变易民心,革其耳目,以助化也。"这些说法都在强调,新王必须通过"改制"来彰显自己获"天命"而王,而不是继承前王朝。所谓"改正朔",孔颖达疏谓:"改正朔者,正谓年始,朔谓月初,言王者得政,示从我始,改故用新",就是更改每年的起始之日,以示革故鼎新。所谓"易服色",孔颖达疏曰:"谓夏尚黑,殷尚白,周尚赤,车之与马,各用从所尚之正色也。"就是根据五德终始说确定新朝（与前朝不同的）所尚颜色（如秦色尚黑,汉色尚赤之类）,以示变革旧政。所谓"更称号"（"殊徽号"）,孔颖达疏曰:"殊,别也。徽号,旌旗也,周大赤,殷大白,夏大麾,各有别也。"就是新朝确立与前朝不同的旗帜。《三国志》载魏人高堂隆云:"隆又以为改正朔,易服色,殊徽号,异器械,自古帝王所以神明其政,变民耳目,故三春称王,明三统也。"[2] 他点明了新王这类"改制"的目的在于"神明其政,变民耳目",亦即昭示"受命于天"的权力神圣来源,以使老百姓有耳目一新的感觉,实为使老百姓相信他们真的有"天命"。

二、君权须独制独裁,不可分割假借

在君权独制独裁,不可分割、不可假借这一问题上,众多礼

1　《春秋繁露·三代改制质文》
2　《三国志·魏志·高堂隆传》

经的言说高度一致。这些言说，其实是用礼学话语和逻辑，就国家最高权力的集中性、专有性、独行性、绝对性等问题进行法学讨论，其实是关于国家最高权力问题的法理学、宪法学讨论。这些讨论主要集中于以下几个问题，突出表达了以下几个主张。

（一）君权范围：普天之下皆为王土王臣

> 溥天之下，莫非王土；率土之滨，莫非王臣。[1]
>
> 封略之内，何非君土。食土之毛，谁非君臣……天有十日，人有十等，下所以事上，上所以共神也。故王臣公，公臣大夫，大夫臣士，士臣皂，皂臣舆，舆臣隶，隶臣僚，僚臣仆，仆臣台，马有圉，牛有牧，以待百事。[2]

这里强调的是四层意思：第一，王（天子）的统治范围为"普天之下"，就是《礼记·中庸》所说"天之所覆，地之所载，日月所照，霜露所坠，舟车所至，人力所通"，就是整个地上人间世界。第二，天底下所有土地的最终所有权归于王（天子），即使有所谓"私田"，也是在永久使用权意义上的。第三，天底下所有百姓都是王（天子）的臣属。这个"臣属"，主要是指政治管理上的支配和服从关系，不一定是毫无人格的奴役关系。第四，正常的政治社会秩序是"天有十日，人有十等"，上下每一级之间是"臣"（动词）即支配与服从关系。"下"级是"事"（服从、

---

[1] 《诗经·小雅·北山》
[2] 《左传·昭公七年》

服务）"上"级的，最高级的"上"即王，最终是"共神"，即供奉天神、沟通天人的；他向宇宙最高主宰（"天"）"总承包"了人类管理事务，他是人与"天"联系的唯一渠道。

（二）君权地位：唯一独尊，"民无二王"

传统礼经关于君权地位的认识，最大的共同处就是"天无二日，民无二王"。

> 孔子曰："天无二日，民无二王。"[1]
>
> 君者，国之隆也；父者，家之隆也。隆一而治，二而乱，自古及今，未有二隆争重而能长久者。[2]
>
> 天无二日，国无二君，家无二尊，以治之。[3]
>
> 天无二日，士无二王，国无二君，家无二尊，以一治之也。[4]

他们所言，虽然用的是人伦或礼法性话语或逻辑，但实际上是在讨论国家最高权力的单一性、排他性、专属性等宪法学、法理学问题。在这里，他们的最大共同主张不外三点：第一，国家的最高权力只能由一个主体行使，绝不可以由两个及两个以上主体行使；决不允许有并列、分立、互制的平行最高权力。第二，君王作为国家最高唯一代表，就如家长为家庭最高唯一代表一样，必须独尊独制。这实际上是以君王、家长为国、家两级法人代表，

---

1 《孟子·万章上》
2 《荀子·致士篇》
3 《孔子家语·本命解》
4 《礼记·丧服四制》

强调两级法人的对外代表权,强调法人代表对法人成员的支配关系。第三,一旦有两个主体争夺共同体最高领导权、代表权,共同体必将走向乱、灭;甚至两个主体共享最高领导权和代表权也是毁灭之道。

(三)国家最高权力由君王排他行使

在古代中国,国家的最高权力,无非是"礼乐征伐",是"国之大事,在祀与戎"[1],亦即立法权、主祭权、军事权,这是统治权的核心。所以,礼学经典格外强调,这些权力必须独操于君王之手,决不可假借于他人。《尚书·盘庚上》曾记录商王盘庚"听予一人之作猷"的训告,亦即大谋划(规划)和决策,只能出自君王一人。孔子主张"非天子不议礼,不制度,不考文。"[2]"议"和"制"就是"讨论制定","礼"和"度"就是典章制度。"考文"不仅是考据文书典籍,更指考述借鉴先王之礼,仍是讲立法权。这里格外强调:立法权必须独操于君王一人。孔子又说:"天下有道,则礼乐征伐自天子出;天下无道,则礼乐征伐自诸侯出。自诸侯出,盖十世希不失矣;自大夫出,五世希不失矣;陪臣执国命,三世希不失矣。天下有道,则政不在大夫。天下有道,则庶人不议。"[3]除了制定"礼乐"即立法权,还有"征伐"即军事或战争权,也必须独操于君主。若立法权、军事权由诸侯、大夫等窃行(篡夺),

---

1 《左传·成公十三年》
2 《礼记·中庸》
3 《论语·季氏》

国家就要灭亡了。

《左传》以春秋时鲁国君权旁落为例,将"君权决不可假借"的道理阐发得更清楚。本来"天生季氏,以贰鲁侯",但因为"鲁君世从(纵)其失,季氏世修其勤",逐渐使得"民忘君矣",鲁君之权逐渐旁落于大夫季氏家族了。以至于"鲁文公薨,而东门遂杀适(嫡)立庶,鲁君于是乎失国,政在季氏",大夫变成了实际上的国君。"民不知君,何以得国?"意思是百姓不知谁是君,就等于国家灭亡了。所以,《左传》特别提醒为君王者:"是以为君,慎器与名,不可以假人。"[1] 就是提醒君王对待国家最高权力(包括其名号和象征物)要特别谨慎小心,要特别警惕大权旁落,将君主之权牢牢控制在自己手中,千万不可漫不经心地假借或委托给他人。

三、君权监督制约的常态性机制构想

君权虽然被说成是上天所设所授,出任君职者虽然一般被说成是圣人,但如此言说的古代贤哲们大多心里很清楚:君权不过是一种人设制度,出任君职者也是凡人。人设制度,难免有弊,须有防弊制度设计;凡人掌权,难免昏庸腐败,须有监督机制设计。

《礼记》曾就君王需要监督制约机制说明了理由。

> 故天生时而地生财,人,其父生而师教之,四者君以正用之,

---

[1] 以上出自《左传·昭公三十二年》。

故君者立于无过之地也。故君者所明也，非明人者也；君者所养也，非养人者也；君者所事也，非事人者也。故君明人则有过，养人则不足，事人则失位。故百姓则君以自治也，养君以自安也，事君以自显也。[1]

这里说明了君王需要监督的两个理由：一是君王也是人，也需要"师教"的匡正；二是"君者立于无过之地"，要求君王"动而世为天下道，行而世为天下法，言而世为天下则。"[2]亦即要求君王的言行举止不犯错误，那就必须为他们设置全方位的监督和防错机制。所谓"君者所明也"，意思是君王就是用来监督开导的，是促使开明、聪明、明智的对象，不是用以开导别人明智的。

围绕君王监督问题，礼经或儒家有很多讨论。这些讨论，主要可以归结为以下四个方面。

（一）"师""保""史""贰"的职责

为了监督君王，在君王身边必须设置师、保、史、贰之类职员，担负对君王的辅佐、监督、匡救职责，礼经为此设计了很多制度机制。

《周礼》记载，周代国家政治体制中就设置了专门负责"掌以媺（美）诏王"的"师氏"和"掌谏王恶"的"保氏"[3]两个职务。

---

1 《礼记·礼运》
2 《礼记·中庸》
3 《周礼·地官司徒·师氏》《周礼·地官司徒·保氏》

所谓"以媺诏王"[1]就是以美德规范提醒、劝告君王。所谓"谏王恶"就是谏阻君王之过恶。这里的"师氏""保氏",就是"太师""少师"、"太保""少保"之类职务。伪《古文尚书》的《周官》篇说周代"立太师、太傅、太保,兹惟三公。论道经邦,燮理阴阳。官不必备,惟其人。少师、少傅、少保,曰三孤。贰公弘化,寅亮天地,弼予一人",正是指这类对君王及王储进行辅导监督的职官设置。"师"以对君王及王储进行知识教育、辅导、监督为主,"保"以对君王及王储进行道德和生活技能教育、辅导、监督为主。《礼记·王制》也记,周代有"大史"(太史)之官,也负有监督匡正君王的职责:"大史典礼,执简记,奉讳恶,天子斋戒受谏"。史官设置之初衷主要是监督君王。所谓"典礼",即在君王出席各种典礼时,掌管辅佐君王完成各种礼仪并匡正其错谬。所谓"执简记奉讳恶",就是手持简笔记录君王言行并及时指正其错误。

> 天生民而立之君,使司牧之,勿使失性。有君而为之贰,使师保之,勿使过度。是故天子有公,诸侯有卿,卿置侧室,大夫有贰宗,士有朋友,庶人、工、商、皂、隶、牧、圉皆有亲暱,以相辅佐也。善则赏之,过则匡之,患则救之,失则革之。自王以下,各有父兄子弟,以补察其政。史为书,瞽为诗,工诵箴谏,大夫规诲,士传言,庶人谤,商旅于市,百工献艺。故《夏书》曰:"遒人以木铎徇于路,官师相规,工执艺事以谏。"正月孟春,于是乎有之,谏失常也。天之爱民甚矣,岂其使一人肆于民上,

---

[1] 媺,音 měi,意同"美"。

以从其淫,而弃天地之性,必不然矣!¹

这一段话,几乎是一份宣示"有权力必有监督"的政法论纲。我们应特别注意其中的几点主张:第一,从"天子"一直到"大夫",掌握大小公权的任何人都必须有外人加以"补察""匡救",无人例外。第二,对君王的监督机制由三层构成:上层是"贰"(辅佐职官)即公卿(天子之"三公"、诸侯国君之"卿")的匡正("使师保之"),中层是近侍的大夫、史官、盲师、乐工随时规谏,下层是在野(民间)的"士""庶人""商旅""百工"通过"传言"或"诽谤"来批评监督。第三,所有这些监督机制,都是为了防止君王"过度"(即道德败坏或权力滥用)。设置上层的"贰"职"师保"机制,以及中层下层监督机制,归根结底也是"天"的安排。这是爱民如子的"天"不忍"使一人肆于民上,以从(纵)其淫,而弃天地之性"而作出的制度防范设计。第四,自天子至大夫的"贰"(辅佐官),有权"善则赏之,过则匡之,患则救之,失则革之"。从这里解释出对君王、长上的指正匡正权、挽救止损权应无问题,但能否解释出对君王的"革职易位权"?从前后文逻辑看也没有问题,若将《孟子》所言"贵戚之卿"对不听劝谏的国君可以行使"易位权"²的主张结合起来理解就更无误差了。

《荀子》也特别注意卿相的辅佐暨监督作用:"卿相辅佐,人主之基杖也,不可不早具也。故人主必将有卿相辅佐足任者,

---

1 《左传·襄公十四年》
2 《孟子·万章下》:"君有大过则谏;反覆之而不听,则易位。"

然后可……故人主……无卿相辅佐足任使者谓之独……《诗》曰'济济多士，文王以宁'，此之谓也。"[1] 此即认为，卿相辅佐职务是旨在防止君王陷于"独"境（即偏听闭塞且能力不足）的重要制度机制。这里的"辅佐"，实则包括监督、匡正和补救。

《大戴礼记》以周制为例阐明了这一政治制度设计原理："昔者，周成王幼，在襁褓之中，召公为太保，周公为太傅，太公为太师。保，保其身体；傅，傅其德义；师，导之教顺，此三公之职也。于是为置三少，皆上大夫也。曰少保、少傅、少师，是与太子宴者也。"[2] 这里介绍的是周代君王（王储）之监督机制，特别是"师""保""傅"三种监督职务及其具体责任。具体说，为未成年的王（天子）设置"太保""太傅""太师"三职，为王储设置"少保""少傅""少师"三职，其职责都有监督内涵——从身体、德行、知识（德智体）三个方面的保护、辅佐、教导，当然包括监督制约的内容。不过，在君王成年后，仍对某些德高望重的大臣授予太师、太傅之类兼衔以示尊崇，这是周制惯例中的另一个问题。

关于储君（太子、世子）监督机制，《大戴礼记》还有更加具体的讨论阐发。

及太子既冠成人，免于保傅之严，则有司过之史，有亏膳之

1　《荀子·君道篇》。
2　《大戴礼记·保傅》。"是与太子宴者也"，即：平时陪伴太子，随时辅导。"宴"即平时。

宰。太子有过，史必书之。史之义，不得不书过，不书过则死。过书，而宰彻去膳。夫膳宰之义，不得不彻膳，不彻膳则死。于是有进善之旌，有诽谤之木，有敢谏之鼗，鼓夜诵诗，工诵正谏，士传民语；习与智长，故切而不攘；化与心成，故中道若性。是殷周所以长有道也。[1]

这里提到的是体制内外多重监督机制。体制内监督分为上层监督和下层监督，上层监督是"保傅"监督、史官监督、膳宰监督，下层监督是瞽师、乐工等近侍之人的监督。体制外的民间监督，有所谓"士传民语"，即士民还通过进善之旌、诽谤之木、敢谏之鼓向君王提出批评建议。这里所述，最有意思的是史官、膳宰的监督：史官必须记录君王之过，不如实记录则有死罪。膳食官在知君储过错被史官记录后必须撤去膳食，迫使君储停食思过，如果膳食官不照例撤去膳食则有死罪。这不知道是史上曾有过的真实情形，还仅仅是《大戴礼记》作者的天真设想。

《白虎通》也说："天子置左辅、右弼、前疑、后承，以顺。左辅主修政，刺不法。右弼主纠，纠周言失倾。前疑主纠度，定德经。后承主匡正，常考变天。四弼兴道，率主行仁。夫阳变于七，以三成，故建三公，序四诤，列七人。虽无道，不失天下，杖群贤也。"[2]这是说，天子设"前""后""左""右"四大辅弼、监督、匡救职官，以保证君权不被滥用，以督促君主不脱离"仁"的轨道。

---

1 《大戴礼记·保傅》
2 《白虎通·谏诤》

(二）冢宰监督与君权非常摄代

在礼经的言说中，关于君权的监督制约，还有一种特别的机制，即冢宰监督机制。冢宰就是君王之下的最高辅佐职官，具体名号不一。《周礼》称之为"天官冢宰"，但更多的时候是称"相"。伊尹相商王成汤时、傅说相商王武丁时，职务称谓都是"尹"或"相"。按照礼经的构想，"冢宰"或"相"对于君主体制而言，不只是一个最高辅佐职官，也是一个特别监督官职。

冢宰发挥监督作用的典型，莫过于伊尹和周公。关于伊尹监督，《尚书·太甲上》记载："太甲既立，不明，伊尹放诸桐。三年复归于亳，思庸，伊尹作《太甲》三篇"。《孟子·万章上》记载："太甲颠覆汤之典刑，伊尹放之于桐。三年，太甲悔过，自怨自艾，于桐处仁迁义。三年，以听伊尹之训己也，复归于亳。"这里记述的是商初宰相伊尹辅佐、监督商王太甲的故事。作为开国君王商汤选任的开国宰相，伊尹辅佐到第三代商王（商汤之孙）太甲时，发现太甲昏庸"不明"并"颠覆汤之典刑"，于是伊尹将太甲放逐到商汤陵所在地桐宫，责令太甲闭门思过。经过三年训诫及反省，太甲悔过（自怨自艾）了，伊尹将其迎回亳都，归政于太甲。在禁闭反省期间，伊尹所作三篇训诫辞可能对太甲悔过起了关键作用。伪《古文尚书》中的《太甲上》《太甲中》《太甲下》三篇，至少借伊尹训太甲事发表了关于冢宰监督权的制度建设主张。

> 伊尹申诰于王曰："呜呼！惟天无亲，克敬惟亲。民罔常怀，怀于有仁。鬼神无常享，享于克诚。天位艰哉！德惟治，否德乱。

与治同道，罔不兴；与乱同事罔不亡。终始慎厥与，惟明明后。先王惟时懋敬厥德，克配上帝。今王嗣有令绪，尚监兹哉。若升高，必自下，若陟遐，必自迩。无轻民事，惟难；无安厥位，惟危。慎终于始。有言逆于汝心，必求诸道；有言逊于汝志，必求诸非道。呜呼！弗虑胡获？弗为胡成？一人元良，万邦以贞。君罔以辩言乱旧政，臣罔以宠利居成功，邦其永孚于休。"[1]

这里记录的是一篇臣下对君王的训诫书。今天的我们很难想象，在久远的古代，在王（天子）被视为人间神且权力至高的时代，会产生这样一篇训诫书，会有臣下敢如此训诫君上。这篇训诫书，讲的全部是修德之道、治国之道，告诫太甲敬德修身、敬天保民、居安思危，这是一篇有宪法基本国策意义的文告。这一文告，也是冢宰或相的监督职责、监督作用的典型体现，读者通过文告看到的是一个监察官在训诫自己的监察对象。

不管这一故事是真是假，反映了礼学家们的一种宪制构想：第一，冢宰（相）除了身负辅佐职责外，还有对君王监督制约的职责，他也是对君王实行监督的最高监察官；第二，他可以动用"放"（流放）这种行政罚或刑罚，将君王逐出京师，囚禁或监管于外地，责令君王反省思过；第三，在君王受罚期间，冢宰摄代君王职权，决定全部中央政事。

第三点尤其重要。这就涉及一个特别重大而敏感的问题——冢宰（相）作为君权摄代（替补）角色的法律地位问题。作为"封

---

[1] 《尚书·太甲下》

建制"君主制[1]下的根本国宪问题,礼学家们已经考虑到了这一点。在太甲闭门反省思过的那三年,伊尹实际上摄行君权,就是代理天子,古时叫摄行王事。这是冢宰(相)摄行王权的第一种情形,即君王有重大悖德或不堪履职时,冢宰可以决定其停职反省。就君权摄代而言,这是古代礼学家们所能设计的第一种宪法性机制,也许是夏商周时代实际存在的第一种宪法性惯例。

但是我们注意到,如果冢宰(相)动辄以君王有失德失职为由囚禁乃至废黜君王,对"封邦建国"的家天下体制而言将是十分危险的。孟子考虑到了这一危险,所以他强调,实行"冢宰摄代君职"是有严格条件的。这个条件不是客观的,而是主观的,就是摄代者必须有"伊尹之志",即对君王个人及其宗庙社稷绝对忠诚。"公孙丑曰:'伊尹曰:"予不狎于不顺。"放太甲于桐,民大悦。太甲贤,又反之,民大悦。贤者之为人臣也,其君不贤,则固可放与?'孟子曰:'有伊尹之志,则可;无伊尹之志,则篡也。'"[2]孟子的意思是,君王不贤,人臣(冢宰)可以放逐之;但前提是必须有伊尹(辅佐太甲时)那样的绝对忠心。如果没有那样的忠心,那这一行为就是篡位,这个人就是乱臣贼子。但是,这个条件是没有外在尺度或标准的,只能看结果认定动机。[3]

---

1 与秦代以后的"郡县制"君主制相对应。
2 《孟子·尽心上》
3 参考:唐人白居易诗《放言》曰:"赠君一法决狐疑,不用钻龟与祝蓍。试玉要烧三日满,辨材须待七年期。周公恐惧流言日,王莽谦恭未篡时。向使当初身便死,一生真伪复谁知?"

冢宰（相）摄代王权的第二种情形，就是君王守丧期间不得不由冢宰摄代。商朝第二十三任君王武丁，为父守丧三年期间"三年不言"（即：完全不问政事，其职权由冢宰摄代三年）。《论语·宪问》记载，子张问孔子："《书》云：'高宗谅阴，三年不言。'何谓也？"孔子回答说："何必高宗，古之人皆然。君薨，百官总己以听于冢宰三年。"[1]

同一件事，《礼记》记载略有不同。弟子子张问孔子："《书》云'高宗三年不言，言乃欢'，有诸？"孔子回答说："胡为其不然也？古者天子崩，王世子听于冢宰三年。"[2] 关于此事，《史记·殷本纪》记载的事实是："帝武丁即位……三年不言，政事决定于冢宰，以观国风。"[3]

这里所记之事都是商王武丁在正式接过王权之前发生的，曾经"谅阴"（"不言"）三年。孔子说"古之人皆然"，实际上是说这已经成了一个宪法性惯例：因君王守丧三年期间，不便直接履行职责，于是由冢宰（相）摄代王权。所谓百官"总己以听于冢宰"，就是所有官员都只向冢宰请示，听从冢宰指挥，而不必向君王请示报告。

关于"冢宰摄代"之宪制，是在正式即位接过王权后再实行"谅

---

[1] 《论语·宪问》。同一件事，《礼记·檀弓下》记载的是：子张问曰："《书》云'高宗三年不言，言乃欢，'有诸？"仲尼曰："胡为其不然也？古者天子崩，王世子听于冢宰三年。"

[2] 《礼记·檀弓下》

[3] 《史记·殷本纪》

阴",还是延迟正式即位仅仅以王世子身份"谅阴",抑或是在虽已称王但未正式即位前实行"谅阴"?《论语》没有明说,《礼记》说是以世子身份,《白虎通》则说是在虽称王但未正式即位之前。

> 天子大敛之后称王者,明民臣不可一日无君也……《春秋传》曰"天子三年然后称王"者,谓称王统事发号令也。《尚书》曰"高宗谅阴三年"是也。《论语》曰"君薨,百官总己听于冢宰三年",缘孝子之心,则三年不忍当也,故三年除丧,乃即位统事践阼为主,南面朝臣下称王,以发号令也。故天子、诸侯凡三年即位,终始之义乃备,所以谅暗三年,卒孝子之道。[1]

按《白虎通》的解释,前王一入殓,新王就开始称王,但不正式即位,不听理政事,如此守丧三年。这三年,国家政事由冢宰摄代,百官都听冢宰的。守丧三年期满,新王乃正式"即位统事"。

为何需要有这样的宪制?按《白虎通》所释明的理由,一方面是为了完整体现("备")"终始之义"。何为"终始之义"?即前王"终"后王"始"须紧密衔接之义。另一方面,是为了方便新王克尽孝道:既然丧父之痛"昊天罔极",那么按照常人的"孝子之心",三年丧期内哪能分心分身去听理政事?因此干脆设计一个"尽孝休假制"。同时,三年丧期内若让其正式行使王权,就显得像其忘记了哀痛一般,有悖于"孝子之道"。

冢宰(相)摄代王权的第三种情形就是君王年幼无法正常履职之时,不得不由冢宰摄代王权的情形。这一情形之最典型事例,

---

[1] 《白虎通·爵》

就是"周公辅成王"故事。关于这件事,《史记》记载如下。

> 其后武王既崩,成王少,在强葆之中。周公恐天下闻武王崩而畔,周公乃践阼代成王摄行政当国。管叔及其群弟流言于国曰:"周公将不利于成王。"周公乃告太公、召公曰:"我之所以弗辟而摄行政者,恐天下畔周,无以告我先王……武王早终,成王少,将以成周,我所以为之若此。"……成王长,能听政。于是周公乃还政于成王,成王临朝。周公之代成王治,南面倍依以朝诸侯。及七年后,还政成王,北面就臣位,匔匔如畏然。[1]

礼学家们纷纷通过记述或评论这件事,表达了他们关于冢宰摄代王权问题的观点主张。《左传》说周公曾"股肱周室,夹辅成王"[2]"周公相王室,以尹天下"[3],是作为一个值得效法的良性宪法惯例来记载和肯定的。《逸周书·明堂解》:"周公摄政君天下,弭乱六年,而天下大治,乃会方国诸侯于宗周,大朝诸侯明堂之位。位天子之位,负斧依,南面立……七年,致政于成王。"《礼记·明堂位》:"昔者周公朝诸侯于明堂之位:'天子负斧依,南乡而立……武王崩,成王幼弱,周公践天子之位'以治天下。六年,朝诸侯于明堂,制礼作乐,颁度量,而天下大服。七年,致政于成王。"

荀子对此事讲得最清楚,延伸观点判断最多。

> 武王崩,成王幼,周公屏成王而及武王以属天下,恶天下之

1　《史记·鲁周公世家》。匔匔,音 qióng,谨敬貌也。
2　《左传·僖公二十六年》
3　《左传·定公四年》

> 倍（背）周也。履天子之籍，听天下之断，偃然如固有之，而天下不称贪焉；杀管叔，虚殷国，而天下不称戾焉……周公归周，反籍于成王，而天下不辍事周，然而周公北面而朝之。天子也者，不可以少当也，不可以假摄为也。能则天下归之，不能则天下去之……反籍焉，明不灭主之义也。周公无天下矣。乡有天下，今无天下，非擅也；成王乡无天下，今有天下，非夺也；变埶（势）次序节然也。故以枝代主而非越也，以弟诛兄而非暴也，君臣易位而非不顺也。因天下之和，遂文、武之业，明主枝之义，抑亦变化，天下厌然犹一也。非圣人莫之能为，夫是之谓大儒之效。[1]

周公与成王之间这一件事，到底真相为何，是周公以冢宰身份摄代王权，还是周公曾一度直接登上王位做了天子？历史上颇有争议。《左传》说周公是以"相""尹"身份代掌王权，《逸周书》说周公是以"摄政"身份"位天子之位"，《礼记》说周公"践天子之位"，《史记》说周公"践阼摄政当国"，总之是代行王权，并没有正式登基作天子（顶多坐在天子宝座上听理政事）。荀子独不然，他非常肯定地说"周公屏成王而及武王"，就是直接认定周公曾经一度屏除年幼的成王，直接"兄终弟及"继承周武王之位，做过七年的天子。

这一历史事实的真相到底如何已经无法还原，但在礼学家们的话语中似乎更倾向于"摄代"，更不愿周公直接登基做天子，因为那样不符合他们心目中的理想王制。按照礼学家们的意见，

---

[1] 《荀子·儒效篇》

可以总结出，就这一问题他们实际持有的宪法主张大致有三点。第一，在当继位之君王年幼登基难以实际履职的情形下，冢宰（相）只要真正忠心护主护国、为国救乱避祸，就可以暂时自行摄代君王职务，万不得已时甚至可以直接暂时取而代之、自为君王[1]。第二，在当继位之新君王成年后，冢宰（相）必须及时"归政"即将权力交还给新君王，然后自觉退就臣位，继续忠于君王，克尽臣职。第三，冢宰（相）绝对不可以新王年幼或不贤为由直接废黜之并永久夺取王权王位，直接变更王位传承之法统。这一点，不但异姓的冢宰不行，即使是同宗叔父（如周公者）为冢宰也不行；不但一般德行者不行，就是大德为圣人如周公者也不行。除了"汤武革命"的改朝换代之外，甚至对于《孟子》所言"巨室之卿"对有大过经多次劝谏仍不改正的君主可以"易位"的权利[2]也不承认了。

至于《白虎通》还从"金、木、水、火、土"五行内在关系规律来解释"主幼臣摄政"之宪制存在的根本原理或内在机理，有些玄学色彩，暂时存而不论[3]。

---

1 周公辅佐成王的七年，是"摄政"代行君权，还是直接一度取代成王自己为王？历史上一直有争议。参见竺柏松：《周公曾践祚为天子考论》，《贵州师范大学学报》1990年第12期。
2 《孟子·万章下》
3 《白虎通·五行》："主幼臣摄政何法？法土用事于季孟之间也。"所谓"季孟之间"，即指季孙氏与孟孙氏之间。典出《论语·微子》："齐景公待孔子，曰：'若季氏，则吾不能；以季、孟之间待之。'"何晏《集解》："孔曰：鲁三卿，季氏为上卿，最贵；孟氏为下卿，不用事。言待之以二者之间。"后用以借指上等和下等之间。

(三)"争臣"对君王的谏诤监督

礼学家们还将"争臣"谏诤作为君权监督的一种可行宪制设置。"争"通"诤",争臣就是能直言谏诤的大臣。《尚书》记述,商王武丁之相傅说曾有"惟木从绳则正,后从谏则圣"[1]之语,认为对君王的谏诤监督,是保证君王"圣明"、防止君王决策错误的机制。《孝经》记载,孔子曾言:"昔者天子有争臣七人,虽无道,不失其天下;诸侯有争臣五人,虽无道,不失其国。"[2]孔子还说:"昔万乘之国有争臣四人则封疆不削,千乘之国有争臣三人则社稷不危,百乘之家有争臣二人则宗庙不毁……故子从父,奚子孝?臣从君,奚臣贞?审其所以从之之谓孝、之谓贞也。"[3]荀子认为:"昔万乘之国有争臣四人则封疆不削,千乘之国有争臣三人则社稷不危。"[4]"故正义之臣设则朝廷不颇;谏、争、辅、拂之人信则君过不远。"[5]孔子、荀子这些话,表达了传统中国政体最重要的宪制观念之一:敢于直言进谏的争臣,才是国家长治久安、国祚长存的保证,无原则的"臣从君""子从父"并不算"贞"(忠)、"孝"。真正的忠孝,就是"能审其所从",亦即先审查君父命令是否合乎道义,然后再决定是否服从。

---

1 《尚书·说命上》
2 《孝经·谏诤》
3 《荀子·子道篇》。孔子这一段话,《孔子家语·三恕》也有记载。不过问话人从鲁哀公变成了子贡。
4 《荀子·子道篇》
5 《荀子·臣道篇》

这样的"争臣",在礼学家们心目中,是国家良好宪制的重要构成部分,是防止君王失德昏庸、避免决策错误的关键机制。"争臣"职岗(角色)的要害,是在君王威权之外作"道义"载体或"道义"度量衡执掌者,是承认在最高政治权威之外还有"道义"作为平行权威。那么,如何做好"争臣"或"道义"执度者?荀子主张:"为人臣下者,有谏而无讪,有亡而无疾,有怨而无怒。"[1]《礼记·少仪》认为:"为人臣下者,有谏而无讪,有亡而无疾,颂而无谄,谏而无骄,倦则张而相之,废则扫而更之,谓之社稷之役。"这都是说,臣下对君王进行谏诤时,既要坚守道义,还要把握好"度",不要有嘲讽、骄矜或忿怒的态度,尤其在君王怠惰颓废时,臣下更要奋力辅佐和纠正;良臣是在为国家社稷服务,而非仅服侍君王个人;若君王拒谏饰非,臣可逃走("亡")并疾恨。"良臣""争臣"最终服从、忠诚的是道义,而不是君王个人或其家族。关于这一点,荀子进一步申明:"入孝出弟,人之小行也。上顺下笃,人之中行也;从道不从君,从义不从父,人之大行也……故可以从而不从是不子也,未可以从而从是不衷也,明于从不从之义而能致恭敬、忠信、端悫以慎行之,则可谓大孝矣。传曰:'从道不从君,从义不从父'"[2]。"衷",就是合乎道义。荀子强调的要害是:为坚守道义,臣子可以违背君父旨意。"争臣"监督体制就建立在这样的价值理念和操守之上。

---

[1] 《荀子·大略篇》
[2] 《荀子·子道篇》

（四）灾异谴告与君王"罪己"

在礼学家们心目中，监督君王还要靠上天的力量。上天既是天子之父，是天子权力职责的授予者或委托人，那么理所当然也应该是君王的第一监督人。

上天监督君王的观念，早在三代就已形成，并非到汉初董仲舒提出"灾异谴告"说时才有。据《史记·天官书》述，早在三代就形成了"日变修德，月变省刑，星变结和"的观念和制度，把异常天象当成上天对人间政治的批评警告。《尚书·泰誓》将商朝末年天灾归结为"今商王受（纣），弗敬上天，降灾下民"，归结为商纣恶政招致"皇天震怒"。《左传》记述春秋时人们常将天变异象视为天帝警告，设法以人事改变回应上天。如鲁昭公七年"夏四月甲辰朔，日有食之"，晋侯就匆忙命令星象官查明"谁将当日食？"[1]。又如鲁昭公二十六年，"齐有彗星，齐侯使禳之"[2]，齐国国君也匆忙命臣下作法消灾祈福。

"灾异谴告"说经董仲舒的理论发展升华，逻辑更加周密。

> 国家将有失道之败，而天乃先出灾害以谴告之；不知自省，又出怪异以警惧之；尚不知变，而伤败乃至。以此见天心之仁爱人君而欲止其乱也。自非大亡（无）道之世者，天尽欲扶持而全安之，事在强勉而已矣。[3]

1　《左传·昭公七年》
2　《左传·昭公二十六年》
3　《汉书·董仲舒传》

其大略之类，天地之物，有不常之变者，谓之异，小者谓之灾。灾常先至，而异乃随之。灾者，天之谴也；异者，天之威也。谴之而不知，乃畏之以威。《诗》云："畏天之威。"殆此谓也。凡灾异之本，尽生于国家之失。国家之失乃始萌芽，而天出灾害以谴告之；谴告之而不知变，乃见怪异以惊骇之；惊骇之，尚不知畏恐，其殃咎乃至。[1]

董仲舒的理论，可以概括为"上天监督分三阶段实施"论。第一阶段是"先出灾害以谴告之"，就是初示警告；第二阶段是"出怪异以警惧（惊骇）之"，就是严重警告；第三阶段是"伤败（或殃咎）乃至"，就是国家重大祸乱真正发生，即"天罚"或"天刑"的正式执行。按他的解释，上天是仁至义尽的、充满仁爱之心的，很注意给人君预留反思改过的机会。在这里，上天作为一个监督者更加鲜活生动，其执纪执法程序有条不紊。

有学者认为："汉儒处专制之朝，欲伸民权之公理，不得不称天以制君。董子之言曰'《春秋》之法，以人随君，以君随天……屈君而伸天。'[2] 又曰'以天之端正王之政。'[3] 又曰'时编于君，君编于天。天之所弃，天下弗佑。'[4] 夫所谓以天统君者，即言君心当有所惮也。君心有所惮，斯不至以残虐加民。凡汉儒之言灾

---

[1] 《春秋繁露·必仁且智》
[2] 《春秋繁露·玉杯》
[3] 《春秋繁露·二端》
[4] 《春秋繁露·观德》

异者,大抵皆明于此意耳。"[1] 董仲舒所说的"编"大约是"编管"的意思。

与"灾异谴告"监督机制相适应,礼经还设计了一个"君王罪己"的自我监督机制。这一机制,常常是在"灾异谴告"后开始启用。君王罪己之最早先例,大约是大禹"下车泣罪"的故事。汉人刘向所著的《说苑·君道》中记载:"禹出见罪人,下车问而泣之。左右曰:'罪人不顺道使然,君王何为痛之至于此也?'禹曰:'尧舜之民,皆以尧舜之心为心。今寡人为君也,百姓各自以其心为心,是以痛之也。'"这是说大禹王看见路边的罪人,产生自责之心。这一通感叹,虽然不是正式自责文告,但可以视为君王罪己的开始。

《古文尚书》记载,商汤王在黜灭夏桀王后,所发教民诰文《汤诰》中有罪己宣告:"其尔万方有罪,在予一人;予一人有罪,无以尔万方"。这是商汤为百姓在夏朝末期所遭天灾人祸而自责并罪己。

> 昔者汤克夏而正天下。天大旱,五年不收,汤乃以身祷于桑林,曰:"余一人有罪,无及万夫。万夫有罪,在余一人。无以一人之不敏,使上帝鬼神伤民之命。"于是剪其发,郦其手,以身为牺牲,用祈福于上帝。民乃甚说,雨乃大至。[2]

这是说商汤王为国家遭遇大旱灾而自责并下诏罪己,然后"剪

---

1 三民儒家:《汉儒政治伦理(君臣、国家之伦)》,三民儒家的博客 http://blog.sina.com.cn/sanminruji.

2 《吕氏春秋·顺民》

发""枥手"自充祭品为百姓祈雨。《尚书·秦誓》还记录了秦穆公"罪己"的故事。在劳师远征惨遭败绩、牺牲数万将士后，秦穆公自责并罪己："以不能保我子孙黎民，亦曰殆哉。邦之杌陧（困厄），曰由一人。"此外，《尚书·盘庚上》之"邦之不臧，惟予一人有佚罚"语，《尚书·泰誓中》之"百姓有过，在予一人"语，可能都是君王自责和罪己的直接或间接实例。第一个正式的"罪己诏"是在汉文帝二年（公元前178年）因日食而发布的。

> 十一月癸卯晦，日有食之。十二月望，日又食。上曰："……人主不德，布政不均，则天示之菑（灾），以诫不治。乃十一月晦，日有食之，适见于天，菑（灾）孰大焉。朕获保宗庙，以微眇之身托于兆民君王之上，天下治乱，在朕一人，唯二三执，犹吾股肱也。朕下不能理育群生，上以累三光之明，其不德大矣。令至，其悉思朕之过失，及（朕）知见之所不及，白以告朕。又举贤良方正能直言极谏者，以匡朕之不逮。因各饬以职任，务省繇费以便民……"[1]

从此，"罪己诏"成为中国政治史上第一个昭示君王自我监督的重大宪制惯例。历代帝王留下的"罪己诏"很多，仅《唐太宗全集》就收录了28份之多。

---

[1] 《史记·孝文本纪》

四、君权转移：禅让、易位、革命

君权更替问题，是君权合法性问题的重要组成部分，虽然是个敏感问题，但早期的礼学家们还是加以正视并进行初步探讨。这些探讨主要围绕着君权的更替方式和更替理由等核心问题展开，其实是用礼学话语进行的法理学和宪法学探讨。就传统中国君主体制而言，不管是封建制君主体制，还是郡县制君主体制，君权更替或转移主要有三种方式：继承、禅让、革命。继承是家族内部传承，另两种是江山社稷更迭。除这三种方式外，也许还有一种方式应单独考察，即："贵戚之卿易位"，这或许可算是第四种方式。当然，汉代以前礼经讨论得最多的是前三种方式，第四种方式仅先秦时期偶有讨论。

（一）改朝换代的"禅让"理想模式

在礼经话语和礼学家们的设想中，君权转移暨王朝更迭最佳方式，莫过于"禅让"，亦即旧王朝末代君王向新朝开创者和平移交权力。《尚书》中的《尧典》和《舜典》记录了禅让制的第一次正式实践。

> 帝曰："咨！四岳。朕在位七十载，汝能庸命巽朕位。"岳曰："否德忝帝位。"曰："明明扬侧陋。"师锡帝曰："有鳏在下，曰虞舜。"帝曰："俞，予闻，如何？"岳曰："瞽子。父顽、母嚚、象傲，克谐。以孝烝烝，乂不格奸。"帝曰："我其试哉！女于是，观厥刑于二女。"厘降二女于妫汭，嫔于虞。帝曰："钦

哉！"慎徽五典，五典克从。纳于百揆，百揆时叙。宾于四门，四门穆穆。纳于大麓，烈风雷雨弗迷。[1]

帝曰："格，汝舜！询事考言，乃言底可绩，三载。汝陟帝位。"舜让于德弗嗣。正月上日，（舜）受终于文祖……二十有八载，（尧）帝乃殂落。[2]

简要分析《尚书》关于尧舜之间帝位禅让过程的这份记录，就可以发现，礼学家们之所以记录得如此详细，大约是想将此升华为一个关于最高权位和平转移的良善宪制范例。从设计看，这一宪制的程序大约分为先后两个阶段的。

第一阶段：选拔，此阶段分为四个步骤。一是尧命令四岳"明明扬侧陋"，就是发布招聘接班人公告。二是四岳推举舜，认为他品行好，符合条件："瞽子，父顽、母嚚、象傲，克谐，以孝烝烝，乂不格奸"。三是尧帝亲自考察："我其试哉！"其中又分为两方面：一方面是品德考试："女于是，观厥刑于二女。"将自己的两个女儿嫁给舜，以观察他的私德；另一方面是能力测试："慎徽五典，五典克从。纳于百揆，百揆时叙。宾于四门，四门穆穆。纳于大麓，烈风雷雨弗迷。"就是先后在司徒、司空、司马、通神等业务范围内挂职见习。四是考察结论："帝曰：'格，汝舜！询事考言，乃言底可绩，三载。汝陟帝位。'"

第二阶段：上任，此阶段分为三个步骤。一是见习三载期满，

---

[1] 《尚书·尧典》
[2] 《尚书·舜典》

尧决定禅位，舜谦辞不受："舜让于德弗嗣"。只有推辞不受，才显道德高尚。二是尧死后才正式即位："二十有八载，帝乃殂落"。尧退居二线基本不问政事，舜实际主政二十八年后才正式即位。三是在尧之太祖庙（"格于文祖"）彻底完成禅让继位程序。

《论语》曾记录了尧对舜、舜对禹两次禅让的权力移交训词。

> 尧曰："咨！尔舜！天之历数在尔躬，允执其中。四海困穷，天禄永终。"舜亦以命禹。曰："予小子履敢用玄牡，敢昭告于皇皇后帝：有罪不敢赦。帝臣不蔽，简在帝心。朕躬有罪，无以万方；万方有罪，罪在朕躬。"[1]

从这里可以看出，孔子对禅让制是持高度赞许态度的。孟子也十分赞许禅让制。"周公之不有天下，犹益之于夏，伊尹之于殷也。孔子曰：'唐、虞禅，夏后、殷、周继，其义一也。'"[2] 孟子的意思是，伯益、伊尹、周公三人虽然一度摄代天子权力，力足以夺取天下但仍然"不有天下"，这是高尚伟大的圣人之行。他一方面歌颂三人没有以"禅让"模式夺取王位，又借孔子的话申明自己的主张——尧、舜、禹之间的禅让和夏商周之间的革命，其中的"道义"是一以贯之的，那就是以民心为转移，以民心为依归。

（二）贵戚之卿可主导君王"易位"

《左传》说，上天为人民设立君王（天子或诸侯国君），都

1　《论语·尧曰》

2　《孟子·万章上》

会同时配套设置君王之"贰"职——公和卿，负责对君王进行辅佐和监督，以防其失德失职（"勿使过度"）。"贰"职的具体责任除了"善则赏之，过则匡之，患则救之"，还有"失则革之"[1]。这就是说，天子的三公、诸侯的卿，在对君王实施监督时，有权对严重失德失职的君王"革之"。这里的"革"，应该是"革职"的"革"，而不是"革命"的"革"，就是罢黜君职并以他人取代，而不是商汤周武式的改朝换代。这是关于以和平方式纠正君王错误，以实现君权转移的重要构想之一，实际上也是《左传》作者所能设计的一种最高权力更迭之宪制。

《左传》《春秋公羊传》也讨论过这一问题。就鲁文公十四年"晋人纳捷菑于邾，弗克纳"[2]（晋赵盾或郤缺率军八百乘护送邾国公子捷菑回邾夺君位，被邾人劝阻而撤兵放弃）这件事，《左传》《春秋公羊传》作者对赵盾（或郤缺）最终听取劝阻放弃武力废立的态度表达了赞许之意。为什么赞许？因为赵盾（或郤缺）承认"非吾力不能纳也，义实不尔克也"，并"引师而去之"，就是率六万大军围城者终于承认自己率军护送弟弟回国向兄长争君位是不合（嫡长继承）礼法的，于是停止了武力废立。《春秋》记录这件事，就是为了"大其弗克纳也"，肯定（表彰）其能接受礼义、终止错误的做法。既肯定（赞许）其人，且明知是此事主导者，为何只记为"晋人"而不录人名呢？《春秋公羊传》解

---

[1] 《左传·襄公十四年》
[2] 《春秋穀梁传·文公十四年》

释说:"其称人何?贬。曷为贬?不与大夫专废置君也。曷为不与?实与而文不与。文曷为不与?大夫之义,不得专废置君也。"[1]只模糊地称"晋人"就是贬。为何要贬呢?因为赵盾或郤缺违反了"大夫之义不得专废置君"——大夫无权作主废立诸侯国君这一礼法。根据周王朝的"天子建国"之"封建"宪制,只有周天子能决定诸侯国君废立,其他任何人(包括诸侯、卿、大夫)无权决定(专擅)。"实与而文不与"何意?实质上肯定,但文辞上仍要贬低。

《春秋》及其左氏传、公羊传对此事的记录和评议,虽表面上强调了"大夫不得专废置君"这一"春秋之义"或宪制,但实际上对诸侯甚至卿大夫(合乎礼法地)"专"废置诸侯国君是肯定的。比如,在"晋人纳捷菑于邾"这件事上,如果晋人护送回邾国的是哥哥(长公子貜且)而不是弟弟(次公子捷菑),即护送合乎"嫡长继承制"礼法的人选回国夺回君位,那么《春秋》经传一定会是持肯定态度的。也就是说,《春秋》认为外国力量帮助本国废黜不合礼法的国君、扶立符合礼法的国君,是一种合乎礼法精神的行动。

孟子就这一宪制问题谈得更清楚。他曾与齐宣王谈论"卿"的地位和职责。

齐宣王问卿。

---

[1] 《春秋公羊传·文公十四年》

> 孟子曰："王何卿之问也？"
> 王曰："卿不同乎？"
> 曰："不同。有贵戚之卿，有异姓之卿。"
> 王曰："请问贵戚之卿。"
> 曰："君有大过则谏，反覆之而不听，则易位。"
> 王勃然变乎色。
> 曰："王勿异也。王问臣，臣不敢不以正对。"
> 王色定，然后请问异姓之卿。
> 曰："君有过则谏，反覆之而不听，则去。"[1]

在这里，孟子主张建立一种宪制——对犯有"大过"且不听劝谏的君主，"贵戚之卿"有权主导罢黜和另立。这里的"贵戚"，应该指君主的同宗亲戚，孟子确认他们有罢黜昏君、另立新君的权利。这是一种君权在君王家族内部非常转移的模式，是一种不变更国姓、不改朝换代的转移惯例。此外，孟子赞成"伊尹放太甲"，实为承认"异姓之卿"有放逐失德失职君王的权利。这种"放"与汤武式暴力革命不同，有体制内和平执宪的意义。不过，他特别强调执宪者必须有"伊尹之志"[2]（即忠于国家根本利益，而非谋求王位）。

（三）臣下可以"革命"废黜君王

"革命"是礼学家们所能设想的最剧烈的君权转移方式。通

1　《孟子·万章下》
2　《孟子·尽心上》

过"代天行罚"的军事暴力推翻失德的君王和旧王朝,建立新政权,曾经被礼经和礼学家们高度赞美并神化。《周易·下经·革》:"革:已日乃孚,元亨,利贞,悔亡。"《易传·象传》将其作了"革命化"的诠释:"革,水火相息,二女同居其志不相得,曰革。已日乃孚,革而信之。文明以说,大亨以正,革而当,其悔乃亡。天地革而四时成,汤武革命,顺乎天而应乎人,革之时义大矣哉。"[1] 这里将商汤、周武暴力推翻夏桀、商纣及其王朝的行动,解释为如天地变易四季更替般合乎自然规律并顺应民心的正义行动,后世关于政权"革命"的全部理念都来源于此。

"革命"是需要暴力的,这种暴力必须有一种合理性解释,于是就有了"代天行罚"说。《尚书》最早对这种暴力进行了合法性解释。《尚书·甘誓》载夏启讨伐有扈氏就宣称"今予惟恭行天之罚";《尚书·汤誓》:"有夏多罪,天命殛之……夏氏有罪,予畏上帝,不敢不正……尔尚辅予一人,致天之罚。"《尚书·牧誓》:"今商王受惟妇言是用……今予发,惟恭行天之罚。"周公在灭商后曾告诫殷商遗民说:"天惟时求民主,乃大降显休命于成汤,刑殄有夏……乃惟成汤克以尔多方简,代夏作民主。"[2] "我有周佑命,将天明威,致王罚,敕殷命终于帝。肆尔多士,非我小国敢弋殷命……惟天明畏……惟殷先人有册有典,殷革夏命……予一人惟听用德,肆予敢求于天邑商。予惟率肆矜尔,非予罪,

---

1 以上出自《周易·下经·革》。

2 《尚书·多方》

时惟天命……我乃明致天罚。"[1]

这些说法,有四重宪制法理意义:第一,承认前王朝曾经因为大德获得过"天命";第二,推翻旧王朝的暴力行动是"代天行罚",是顺从和执行天意,不是新领袖擅自主张,也不是为了私利;第三,"天罚"暴力行动旨在"革命",革除前王朝"天命",宣告新朝获得新"天命";第四,获得"天命"者就是"民主",是人民的主人、恩人和保护者。

"革命"是一种正义行动,但采取这一行动的权利是不是每个臣民都有呢?起初好像是可以的。

> 师旷侍于晋侯。晋侯曰:"卫人出其君,不亦甚乎?"对曰:"或者其君实甚。良君将赏善而刑淫,养民如子,盖之如天,容之如地。民奉其君,爱之如父母,仰之如日月,敬之如神明,畏之如雷霆,其可出乎?夫君,神之主而民之望也。若困民之主,匮神乏祀,百姓绝望,社稷无主,将安用之?弗去何为?"[2]

就卫国臣民驱逐国君这件事,《左传》通过晋人师旷之口表达了"君王失德失职,臣民就可以驱逐他并另立"的主张。这是在为臣民"革命"做合法性论证吗?至少,在这段话涉及的两种可能性(若驱逐国君后改姓易代,则为革命;若继续扶立原君同族,则为贵室易位或原王朝内部政变)中,有承认"革命"正当的可能性。

---

[1] 《尚书·多士》
[2] 《左传·襄公十四年》

这里的"卫人",当然是卿大夫等贵族主持,但至少没有排斥老百姓积极参加。

《孟子》关于"革命"正当性合法性的论证大有升华并影响巨大。

> 齐宣王问曰:"汤放桀,武王伐纣,有诸?"
> 孟子对曰:"于传有之。"
> 曰:"臣弑其君,可乎?"
> 曰:"贼仁者谓之贼,贼义者谓之残,残贼之人谓之一夫。闻诛一夫纣矣,未闻弑君也。"[1]

孟子认为,商汤、周武造反,是革命行动,而不是"弑君"。理由是,桀纣在被弑之前早已众叛亲离,成了独夫民贼,早已丧失了"天命"即道德合法性。他认为,诛杀恶贯满盈的"一夫",实际上就是正当防卫,为民除害。孟子之言为革命赋予了更多的道德正当性依据。据说正是因为这句话惹怒了明太祖朱元璋,以至于其一度将孟子从孔庙里撤除"配祀"牌位。

在这段话里,孟子似乎只承认汤武这样的圣人有主持革命造反的权利,他并未讨论普通人除了参与新圣人的革命队伍外,还是否单独享有这样的权利。从逻辑上讲,孟子是不允许普通人有主导革命权利的,因为在他的设想中"异室之卿"也只有"反覆(谏诤)之而不听,则去"的权利。"贵室"之外的卿大夫都无权"易位",只有逃走,那么普通人当然就没有单独采取革命行动的权

---

[1] 《孟子·梁惠王下》

利了。这一问题直到荀子才做了一个明确的结论。

> 传曰:"从道不从君。"此之谓也……夺然后义,杀然后仁,上下易位然后贞,功参天地,泽被生民,夫是之谓权险之平,汤、武是也。[1]

他告诉我们,"革命"是一种高风险、高难度的事业,是需要高智商、高道德者主持的伟大事业。这种"功参天地,泽被生民"的伟大事业,做起来就如在刀尖上跳舞,一般人是没有资格和能力去发起或主导的。发起或主导这种"权险之平"的大事,既需要过人的"权变"智慧,又要承担巨大的风险,只有像商汤周武那样的圣人才能做到。这实际上是告诫所有野心家:你们没有这个能耐,不要打这个歪主意。

(四)君权转移取决于天意民心

君权转移,如果能用和平方式,当然成本更低,对人民造成的危害最小。禅让是和平方式的典范,且全过程伴随着尊贤敬德、顺应时势的温馨。"贵戚易位"也是成本较低的方式,但似乎只适用于本宗亲贵,不适用于异姓之间。作为政变,"贵戚易位"的风险要大于禅让。至于"革命",则是成本最高的方式,当然要谨慎使用。礼学家们在讨论这些君权转移方式的时候,当然不仅仅在进行成本核算,更重要的是在考虑天意和民心。他们特别强调的是,决定采用何种方式实行君权转移或王朝更替,最终并

---

[1] 《荀子·臣道篇》

不取决于英雄人物或集团，而取决于天意选择和人民选择。

> 万章曰："尧以天下与舜，有诸？"孟子曰："否。天子不能以天下与人。"
>
> 万章问曰："人有言：'至于禹而德衰，不传于贤而传于子。'有诸？"孟子曰："否，不然也。天与贤，则与贤；天与子，则与子。"[1]

孟子师徒在这里讨论的是，尧、舜、禹之间的传位，为什么有禅贤和传子的不同。孟子的回答很简单："天下"或国家不属于个人或家族，任何个人无权私相授受，传位是传贤还是传子只能听从天意。所以孟子又借孔子"唐虞禅，夏后殷周继，其义一也"申述了这一见解。孔子、孟子所强调的"一以贯之"的"义"是什么呢？就是"天意"（"天"欲"与"谁），当然归根结底是民心民意。因为孟子喜欢引用《尚书·泰誓中》之"天视自我民视，天听自我民听"及《尚书·皋陶谟》之"天聪明，自我民聪明；天明畏自我民明威"的话表达这样的判断。

荀子曾作《正论》篇，更详细周密地讨论了君权转移问题。这篇文章，简直可以称为《君权转移论》。他的讨论，主要有以下几层意思。

第一层是说，道德优劣及民心向背，是政权合法性及"革命"更替的前提。

---

[1] 《孟子·万章上》

> 诸侯有能德明威积,海内之民莫不愿得以为君师。然而暴国独侈,安能诛之,必不伤害无罪之民,诛暴国之君若诛独夫。若是,则可谓能用天下矣。能用天下之谓王。汤、武非取天下也,修其道,行其义,兴天下之同利,除天下之同害,而天下归之也。桀、纣非去天下也,反禹、汤之德,乱礼义之分,禽兽之行,积其凶,全其恶,而天下去之也。天下归之之谓王,天下去之之谓亡。故桀、纣无天下,汤、武不弑君,由此效之也。[1]

第二层是说,"天下"或人间最高最大的政权,是实现正义秩序的根本工具,是不可以寻常人智、人力夺取的,只有圣人才配获上天委任或授权。

> 故可以有夺人国,不可以有夺人天下;可以有窃国,不可以有窃天下也。可以夺之者可以有国,而不可以有天下;窃可以得国,而不可以得天下。是何也?曰:国,小具也,可以小人有也,可以小道得也,可以小力持也;天下者,大具也,不可以小人有也,不可以小道得也,不可以小力持也。国者,小人可以有之,然而未必不亡也;天下者,至大也,非圣人莫之能有也。[2]

这里的"国",仅仅指诸侯国。"天下"是万国之上的共同王国。

第三层是说,历史上并没有什么禅让制。既然是"以贤传贤"地不间断施行仁义,从这一角度来看,政权性质就是连续不间断的,哪里有什么"禅让"或"擅让"。治理"天下"这么至高至大的

---

[1] 《荀子·正论篇》
[2] 同上。

神圣使命，谁有资格受让？谁又有资格擅自让给别人？

> 世俗之为说者曰"尧舜擅让"，是不然。天子者，埶位至尊，无敌于天下，夫有谁与让矣？道德纯备，智惠甚明，南面而听天下，生民之属莫不振动从服以化顺之，天下无隐士、无遗善，同焉者是也，异焉者非也，夫有恶（何）擅天下矣！曰："死而擅之"，是又不然……圣王已没，天下无圣，则固莫足以擅天下矣。天下有圣而在后子者，则天下不离，朝不易位，国不更制，天下厌然与乡无以异也，以尧继尧，夫又何变之有矣？圣不在后子而在三公，则天下如归，犹复而振之矣，天下厌然与乡无以异也，以尧继尧，夫又何变之有矣？唯其徙朝改制为难。故天子生则天下一隆，致顺而治，论德而定次，死则能任天下者必有之矣。夫礼义之分尽矣，擅让恶（何）用矣哉……诸侯有老，天子无老。有擅国无擅天下，古今一也。夫曰"尧舜擅让"，是虚言也，是浅者之传、陋者之说也，不知逆顺之理，小大、至不至之变者也，未可与及天下之大理者也。[1]

这第三层尤其值得注意。荀子所谓"天子无老"，意思是"天子"职岗本质上是应该不间断、不更替的，它更多体现为礼义的连续。传给贤能的三公贤臣也好，传给贤能儿孙兄弟也好，都是"朝不易位，国不更制"的，都是"礼义之分尽"而已。传权的过程"天下厌然"不知不觉，哪里有什么"禅让"或"擅让"？所以，荀子最担心因为权力转移而发生制度变革——"唯其徙朝改制为难"。

董仲舒继承了荀子的理论并有所发展。首先，他也认为，尧

---

[1] 《荀子·正论篇》

舜没有资格也不可能擅让"天下"。父亲传给儿子的至贵至重"传家宝",儿子是没有资格擅自转让给他人的,同理,上天授予天子的"天下",当然也是天子不能擅自转让的。

> 尧舜何缘而得擅移天下哉?《孝经》之语曰:"事父孝,故事天明。"事天与父同礼也。今父有以重予子,子不敢擅予他人,人心皆然;则王者亦天之子也,天以天下予尧、舜,尧舜受命于天而王天下,犹子安敢擅以所重受于天者予他人也。天有不予尧、舜渐夺之,故明为子道,则尧、舜之不私传天下而擅移位也,无所疑也。[1]

其次,董仲舒认为"天下"的得和失,实为上天在"予夺",汤武不过替天行道、代天行罚而已,绝非出于个人野心抢夺天下,对汤武诛桀纣不可否定。

> 且天之生民,非为王也;而天立王,以为民也。故其德足以安乐民者,天予之;其恶足以贼害民者,天夺之。《诗》云"殷士肤敏,祼将于京。侯服于周,天命靡常。"言天之无常予,无常夺也……王者,天之所予也;其所伐,皆天之所夺也……故夏无道而殷伐之,殷无道而周伐之,周无道而秦伐之,秦无道而汉伐之,有道伐无道,此天理也,所从来久矣,宁能至汤、武而然耶!
>
> 夫非汤、武之伐桀、纣者,亦将非秦之伐周,汉之伐秦,非徒不知天理,又不明人礼……今桀、纣令天下而不行,禁天下而不止,安在其能臣天下也!果不能臣天下,何谓汤、武弑?[2]

---

[1] 《春秋繁露·尧舜不擅移、汤武不专杀》
[2] 同上。

他的意思是，汤武革命，放伐暴君，不过是在执行天意而已。因为汤武事先已"臣"天下、得民心，所以其诛杀暴君的行动不能叫"弑"。

五、君位继承法首要原则：以贵不以贤

君王职位在君王宗族内部的传承制度，礼学家们最有共识的是嫡长继承制。在夏商时代，兄弟之间的继承（"兄终弟及"）曾是宪制性惯例，但到周代这一惯例几乎被废止了。"父死子继"模式无可争辩地成为宪制惯例。在礼经中，讨论君权继承时，重申"父死子继"之义，特别是强调"嫡长继承制"者，占有显著的主导地位。

《左传》记述，鲁文公十八年（前609年）冬十月，鲁文公死，随即发生政变。文公之兄弟、权臣襄仲与文公次妃敬嬴勾结，杀文公嫡子姬恶、姬视二人，扶立敬嬴所生庶子姬倭（又名馁或俀）为君，是为鲁宣公。鲁文公夫人（两名嫡子之生母）愤然离开鲁国回齐国（娘家）。《左传·文公十八年》记"夫人姜氏归于齐"，《左传》解释说，这种说法是为了"大归也"，就是赞许夫人归齐之举。"将行哭而过市曰：'天乎！仲为不道，杀適（嫡）立庶！'市人皆哭。鲁人谓之哀姜。"[1] 夫人在回归齐国之前，路过闹市，愤怒地向国人哭诉襄仲"杀嫡立庶"罪行，引起了国人共鸣（"市人皆哭"）。可见在当时，嫡子继承已经成为公认的宪制，襄仲"杀嫡立庶"这一双重犯罪（既杀人，又废嫡立庶）已经引起了国人公愤。《左传》

1　《左传·文公十八年》

还通过另一件君位继承纠纷，记录了"嫡长继承"的君位继承制度。鲁襄公三十一年（前542年），襄公死，群臣合议立襄公庶子（襄公妾敬归之陪嫁"娣"齐归的儿子）公子裯为国君，大臣穆叔不同意。穆叔说："大（太）子死，有母弟则立之，无则长立。年钧（均）择贤，义钧则卜，古之道也。非適（嫡）嗣，何必娣之子？"[1] 穆叔在这里将君位继承法的几条主要宪制都罗列了出来：第一顺位继承人是太子（嫡长子），可惜已经不在了；第二顺序继承人应是其他嫡子（太子同母弟）；第三顺序，如果没有嫡子，就立庶子（先立庶长子，如庶长子不在了，就立其他庶子：年龄相同时就择贤而立）；伦理、地位、条件都一样时，就占卜决定立谁。

前722年，鲁惠公死，惠公庶子息姑继立为君，是为鲁隐公。《春秋》记此事颇有微词。《春秋公羊传》解释说："隐（公）长又贤，何以不宜立？立適（嫡）以长不以贤，立子以贵不以长。桓何以贵？母贵也。母贵则子何以贵？子以母贵，母以子贵。"[2] 公子姬息姑是惠公元妃孟子的陪嫁之娣声子所生，是庶出之子。虽然公子姬息姑年龄最长，也较为贤能，但从礼法上讲，其君位继承权次于嫡子。其异母弟姬轨，是惠公的继娶正妃、宋武公之女仲子所生，地位更高贵；"子以母贵"，所以公子姬轨对君位有优先继承权。所以，鲁隐公在位十年，仅以摄位姿态，而不正式即位；并立公子姬轨为太子，"帅国人奉之"[3]。最后，隐公被太子轨（即鲁桓公）

1　《左传·襄公三十一年》
2　《春秋公羊传·隐公元年》
3　〔晋〕杜预：《春秋经传集解·隐公元年》，上海古籍出版社1978年版，第2页。

的支持者弑杀，其悲惨命运与"庶出"或"不正"之地位身份有关。在这里，《春秋公羊传》特别借鲁国这一君位继承纠纷，深入阐释了"立適（嫡）以长不以贤，立子以贵不以长"[1]的君位继承法原则。具体说就是：君位继承，有嫡子时，就不论贤愚，只论长幼先后；没有嫡子时，所有庶子中，不论长幼，身份更尊贵者优先继承。

《春秋穀梁传》也通过鲁隐公四年（前719年）冬天的"卫人立晋"（卫国国人迎立公子晋为国君）之事申述了君位之嫡长子继承制。

> 卫人者，众辞也。立者，不宜立者也。晋之名，恶也。其称人以立之，何也？得众也。得众则是贤也，贤，则其曰不宜立，何也？《春秋》之义，诸侯与正而不与贤也。[2]

公子姬晋是卫国国君卫庄公的庶子，因为深得国人信任（被视为贤者）而被迎立（不过后来证明并不贤）。当时也许庄公之嫡子还在世，按礼法"与正不与贤"（亦即嫡子优先继承）的原则，公子姬晋（卫宣公）是不当继位的。就是说，君位继承最重要的一条宪制就是同时有嫡子、庶子时，选继承人就只能先考虑"贵"（嫡出）这一条件，而不应考虑"贤"这个条件。

---

1 董仲舒在《春秋繁露·王制》中也重申了这一原则："《春秋》立义……立适以长不以贤，立子以贵不以长，立夫人以适不以妾。"

2 《春秋穀梁传·隐公四年》

六、"王所不臣""存二代后"的宪制意义

传统中国的礼经和礼学认为,虽然君王的地位至高无上,但他不可以目空一切、无所尊礼,应该通过"抗礼"式的自我约束以示有所尊崇,以励进"亲亲尊尊"的人伦秩序。这就是所谓"王所不臣"的问题,这一问题应该是君权性质和地位问题的重要组成部分。

(一)"王所不臣"的设计及理由

虽有所谓"率土之滨,莫非王臣"之政理,但传统礼经仍根据"王者尊贤"原理延伸出了一整套"王所不臣"理论。这一理论,表面上只是在讨论君臣之间的交往礼仪问题,实际上是表达关于君权使用限度、君权监督制约的法理或宪制性主张。

1. 不臣"为师"者

《孟子·万章下》曾记周代有"天子不召师"之礼法。《礼记·学记》曾记周代礼法:"君之所不臣于其臣者二:当其为尸,则弗臣也;当其为师,则弗臣也。"君王对于自己的老师("为师"者),不应简单"以臣视之(待之)",应对其免于"臣礼"以体现尊师重道。具体说,就是所有君臣交接及上书言事场合,师者可免称臣及北面拜君等"臣礼",被给予更显尊贵的"抗礼"礼遇。对师者为何应不臣?因为"大学之礼,虽诏于天子,无北面,

所以尊师也"[1]。"师"者传道授业，"道"尊于君，尊师所以重道，故不能"臣"之。《白虎通》也说，"王者有暂不臣者五，谓祭尸、受授之师、将帅用兵、三老、五更"。不臣"为师"者的理由是："不臣受授之师者，尊师重道，欲使极陈天人之意也。故《礼·学记》曰：'当其为师，则不臣也'。"[2] 至于为什么是"暂不臣"呢？这大约是说，仅在正式担任"师、保、傅"等师职期间"不臣"，解除这些职务后则仍可以臣之[3]。

2. 不臣"为尸"者

《礼记》所记周代礼法："君之所不臣于其臣者二：当其为尸，则弗臣也；当其为师，则弗臣也。"对于祭祀典礼之祭主（"为尸"者），君王也不能以"臣礼"待之，也应豁免其"臣子之礼"以示尊崇。对"为尸"者为何"不臣"呢？因为"尸"代祖先或神灵受祭，而祖或神尊于君，尊尸便是敬祖敬神，故不能"臣"之。《白虎通》也说："王者有暂不臣者五，谓祭尸、受授之师、将帅用兵、三老、五更。"对于为何不臣"祭尸"？《白虎通》的理由是："不臣祭尸者，方与尊者配也。"[4] 因为"为尸"者暂时代尊者（祖先或神灵）之位置，与尊者之尊贵相配，所以王者不能以臣礼待之。

1　以上出自《礼记·学记》。
2　《白虎通·王者不臣》
3　后世律典"十恶"中的"不义"，仅限于"见（现）受业师"也是此理。
4　《白虎通·王者不臣》

3. 不臣"母后之党"

董仲舒曾提及"天子不臣母后之党"[1]之礼法，认为这是"王制"的重要组成部分。这一礼法的要求是，君王对于母亲和妻子娘家的尊亲属，不应以臣礼待之，应允许其在会见交接时不称臣、不北面拜，并免于其他突出"臣子之义"的繁文缛节。为什么应该"不臣母后之党"呢？按汉人何休等注解，君王之母及妻，是君王"与之奉宗庙，传之无穷"的对象，在人伦上与君王"敌体""重莫大焉"[2]。君王妻子娘家的尊亲属，既是她们当孝敬的，自然也是君王当孝敬的。豁免他们与君王交往时的"臣礼"，正可以体现"亲亲尊尊"以弘扬"孝道"。

《白虎通·王者不臣》也说："王者所以不臣三，何也？谓二王之后，妻之父母，夷狄也。"这里提及的"妻之父母"，其实就是董仲舒所云"母后之党"。

"母后之党"王者为何不能"臣"之？《白虎通·王者不臣》的解释是："不臣妻父母何？妻者，与己一体，恭承宗庙，欲得其欢心，上承先祖，下继万世，传于无穷，故不臣也。《春秋》曰：'纪季姜归于京师。'父母之于子，虽为王后，尊不加于父母，加王何？王者不臣也。又讥宋三世内娶于国中，谓无臣也。"这意思是说，正妻（王后）在伦理上与王者是平等的（"与己一体""妻者齐也"），与王者一起承担"恭承先祖""下继万世"的神圣事业。君王对她尚且不能简单以臣视之，何况她的直系血亲尊亲属（父母）呢？

---

[1] 《春秋繁露·王制》
[2] 〔清〕苏舆：《春秋繁露义证》，中华书局1992年版，第115页。

还应注意，董仲舒所言"不臣母后之党"，与《白虎通》所言"不臣妻之父母"，范围似乎不完全相等。一方面，"母后"应含"母"与"后"，"母"包括曾祖母、祖母、母亲。另一方面，"母后之党"亦非仅指"妻之父母"，似应包括其他尊亲属（如母舅等）。

4. 不臣"二王之后"

《白虎通·王者不臣》言"王者所以不臣三"，其中包括所谓"天王之后"。不臣"天王之后"，理由何在？"不臣二王之后者，尊先王通天下之三统也"。如何体现"不臣"？就是要通过允许前朝后裔在与君王会见交接时免于称臣、北面拜等，体现对前二代王朝圣贤天子的尊敬。将这样的尊敬往自然法理上升华，也是为了"通天下之三统"，实现天人在自然秩序中的和谐。

5. 不臣"夷狄"

《白虎通》还阐发了"王者不臣夷狄"的礼法。王者为何必须"不臣夷狄"呢？

> 夷狄者，与中国绝域异俗，非中和气所生，非礼义所能化，故不臣也。《春秋传》曰："夷狄相诱，君子不疾。"《尚书大传》曰："正朔所不加，即君子所不臣也。"[1]

其理由是，"夷狄"既然是未受中国文明教化的落后族群，那么就应该不以臣子之义定位之。一方面是表示不以"中国礼义"

---

[1] 《白虎通·王者不臣》

苛求落后族群[1]，体现的是王者的仁义宽柔；另一方面也是承认，必须正视王者权力通常不及夷狄这一政治现实，不要幻想君王权力万能。

6. 不臣"用兵将帅"

《白虎通·王者不臣》还阐发了"王者不臣用兵将帅"的礼法。"王者有暂不臣者五……将帅用兵。"为何应该"不臣"？《白虎通·王者不臣》："不臣将帅用兵者，重士众为敌国，国不可从外治，兵不可从内御，欲成其威，一其令。《春秋》之义，兵不称使，明不可臣也。"这就是说，给率军征战在外的将帅以"不臣"礼遇，不仅是为了对将帅昭示尊重，更是为了"重士众为敌国"——就是以将士与国家相匹敌（一样重要）者，并遵从"兵不可从内御"（应听从将帅现场指挥，不可听从朝内君臣指挥）的用兵法则。这与"将在外，君命有所不受"的军法同理。《白虎通》所谓"暂不臣"，就是强调仅对率军外出征战期间的将帅"不臣"，对此外一切场合的将帅则一样臣之。

7. 不臣"三老五更"

《白虎通·王者不臣》还阐发了王者"不臣三老五更"的礼法："不臣三老、五更者，欲率天下，为人子弟。《礼》曰：'父事三老，兄事五更。'"所谓"三老""五更"，就是从年高德劭者中选拔几位"样板"老人，在国家某些敬老仪式中代表全国老人接受

---

[1] 这里的"中国礼仪"，或许可以称之为"礼不下夷狄"，与"礼不下庶人"相通。

天子和群臣礼敬,以体现国家敬老弘孝的宗旨。《礼记·文王世子》有在"天子视学"仪式中"设三老、五更、群老之席位"之记载;《礼记·乐记》有"食三老、五更于大学"之记载。其实,所谓三老,并非选三人;五更,并非选五人。为何名之以三五?郑玄说:"三老五更各一人也,皆年老更事致仕者也……名以三五者,取象三辰五星,天所因以照明天下者。"[1] 为何要有此种敬老典礼,《白虎通》说是君王"欲率天下为人子弟"(为了教导天下人如何为人子、弟),也就是郑玄所云"天子以父兄养之('三老''五更'),示天下之孝悌也"[2]。

8. 其他特殊"不臣"情形

《白虎通》还阐发了另外几种"君王不臣"的特殊情形。

第一种是"王者不纯臣诸侯"。就是说,虽然在一般意义上,王(天子)与诸侯是君臣,但二者之间并不是纯粹、绝对、完全的君臣关系。王者"臣"诸侯是有所限制的。

> 王者不纯臣诸侯何?尊重之。以其列土传子孙,世世称君,南面而治。凡不臣异于众臣也。朝则迎之于著,觐则待之于阼阶,升阶自西阶,为庭燎,设九宾,享礼而后归。是异于众臣也。[3]

这就是说,诸侯对王(天子)在朝见礼仪上不同于一般臣下,君王通过"迎之于著""待之于阼阶"等特殊礼遇,对有"山盟

---

1 《礼记·文王世子》汉人郑玄注解。
2 同上。
3 《白虎通·王者不臣》

海誓""带砺山河"之"封建"关系的诸侯表达格外尊重,体现某种"君对君""国对国"之契约意义上的平等,以巩固封邦建国、以为藩屏的"封建制"政治秩序。

第二种是诸侯国君"不臣"其伯叔父、兄弟。首先,是诸侯国始封君应"不臣"诸父、兄弟。"始封之君不臣诸父、弟何?不忍以己一日之功德加于诸父、昆弟也。故《礼·服传》曰:'封君之子不臣诸父,封君之孙尽臣之。'"[1] 其次,这种对诸父、昆弟的"不臣",随世代衍续、亲等降低而递减;到始封君之子为国君时,就仅不臣"诸父"了,对"兄弟"就可臣之了;再到始封君之孙为国君时,就可以"臣"一切本宗旁系血亲了。

第三种是"诸侯不臣寓公"[2]。就是说,对于封国被灭或被政变放逐而流落外国的前诸侯(因寄寓外国,故称寓公),各诸侯国君不得以其为臣,但在礼仪上要给予某种平等礼遇。对落难国君的此种礼遇,今日看来是政治庇护,但古时更多是为体现"尊尊"之义。另外,"古者寓公不继世",就是说虽然他们名义上还是诸侯,但去世时就无须再有名位继承了。

(二)"存二代后"的设计及理由

礼经和礼家们还记录和阐述了"礼乐法"中的"礼"抗议重要宪制——"存二王之后"。《礼记》记述:"天子存二代之后,

---

[1] 《白虎通·王者不臣》
[2] 《礼记·郊特牲》

犹尊贤也。尊贤不过二代"。[1] 这里所记正是这一宪制。何为"二代之后"？就是本朝之前的两代王朝的直系后裔。如夏、商两朝的直系后裔，对于周朝而言就是"二代之后"，其他以此类推。

这一宪制的具体制度内容，大约有三个方面。

一是对"二代之后"给予"不臣"或"宾客"礼遇。前面已经述及，具体内容大约是会见和典礼上可以"赞拜不名"（免于某些繁文缛节的臣礼）。《白虎通》说："王者……不臣二王之后者，尊先王通天下之三统也。《诗》云：'有客有客，亦白其马。'谓微子朝周也。《尚书》曰：'虞宾在位。'谓丹朱也。"[2] 按照《诗经》《尚书》所述，帝尧之子丹朱在虞舜之朝曾享受过"虞宾在位"（宾客专座）的礼遇，商朝后裔微子启在周初曾享受过"白马入朝"的礼遇。

二是象征性保留爵号或封国（邑）。《礼记·郊特牲》所言"天子存二代之后"即指此。《白虎通》说："二王后不贬黜者何？尊宾客，重先王也，以其尚公也。罪恶足以绝之即绝，更立其次。周公诛禄甫，立微子。"[3] 这里所述制度是，允许前两代王朝后裔保留诸侯封号封国，允许其在封域内继续使用原朝正朔、服色、年号之类，允许保留其宗庙社稷即宗祀香火。即使有严重犯罪，也不取消封国使其"灭祀"，这就叫"二王后不贬黜"。就像周

---

1 《礼记·郊特牲》。
2 《白虎通·王者不臣》。丹朱为尧之子，在舜、禹朝被尊为"虞宾"而不臣之；微子，即商纣王庶兄启，在周朝被尊为"客"而不臣之。
3 《白虎通·考黜》。

初安置商朝后裔封建宋国,后来武庚(商纣王子,又名禄甫)叛乱被诛,周公没有取消宋国,仍立商纣王庶子微子启为君,以延续宋国宗祀。

三是在司法审判方面给予某些特权,即犯罪后不受法司审判,须报请君王亲自定夺。后世发展为"八议"之一的"议宾"制度。不过,所谓司法特权,其实也是宾客待遇(礼遇)的组成部分。

为什么必须有这样的宪制,这一宪制意义何在?大致说来有四个方面。

第一,为了体现"尊贤"。《礼记·郊特性》说"天子存二代之后,犹尊贤也";《白虎通》说存二代之后是为了"尊先王""尊宾客、重先王也"。按宗法政治一般逻辑,本朝法统系承继前朝而来。前两代王朝皆为"圣贤"开创,不过因末代昏庸导致灭国而已。为体现对先朝开国圣贤的尊重与"法先王",所以需要"存二代之后"以为象征。"存后"的要害是存其宗祀香火,不过仅限于二代以内;三代以前王朝后裔,就不一定要"存其祀"了。此即《礼记》所谓"尊贤不过二代"。

第二,为了体现"通三统"。《白虎通·王者不臣》说"不臣二王之后者",是为了"尊先王,通天下之三统也"。这是什么意思?就是为了体现"王道通三"或"通三统"的宗法政治文明宗旨。"三统",本指夏、商、周三个朝代之正朔,又称"三正"。古人以为,夏朝历法以春一月为正月,是为"人统";商朝历法以冬十二月为正月,是为"地统";周朝历法以冬十一月为正月,是为"天统"。

所谓"通三统",就是沟通"天""地""人"三个正朔,沟通三个朝代的法统传承,沟通三朝政治合法性。通过"不臣"优待及"存祀"程序,体现本朝创始人与前两朝开创者之间"以圣传圣"的关系,体现本朝与前两朝之间"圣统"传承关系。

第三,为了体现"天下为公"。《白虎通》说:"王者所以存二王之后何也?所以尊先王,通天下之三统也。明天下非一家之有,谨敬谦让之至也。故封之百里,使得服其正色,行其礼乐,永事先祖。"[1]这一解释,阐明了此一宪制的政治伦理意义,彰显了"天下为公"的政治理想。因为"天下非一家之有",所以必须保持前两代王朝后裔之封邑封域,允许其继续在封域里保持原"正朔""服色""徽号",以彰显不以天下为一家一姓之私,以及贤能者对天下政治利益和资源的共享。因此,蒋庆先生认为,"存二王之后"主张具有民主性质:"王者之天下以德为转移,故天下非一姓所独有,而为有德者所共有。正是因为这一原因,公羊家才认为,王者必须存二王之后,以明天下非一姓所独有之义;并且以二王后为鉴,敬畏天命,努力修德以治天下。"[2]

第四,为了保留政治反省之镜鉴。《白虎通》说:"王者监二王之后何法?法木须金以正,须水以润也。"[3]王者为何要存二王之后、不臣二王之后?就是要保留一个反省政治得失的镜鉴。

---

1 《白虎通·三正》
2 蒋庆:《公羊学引论》,辽宁教育出版社1995年版,第308页。
3 《白虎通·五行》

王者以"二王之后"作为自己的参照,以前两朝政治得失作为反省对照的镜子,就像"木须金以正,须水以润"一样,这是一种政治自省机制。同时,让有"宾客"地位的前王后裔作为监督者监督本朝,以防历史上的"颠覆性"错误在本朝重犯,也是这一宪制的隐蔽意义。

(三)"王者不臣""存二王后"的宪制意义

礼经和礼学家们不厌其烦地阐发"王者不臣""存二王后",绝非仅仅为了给予某些特殊人员以礼仪优遇,或仅仅作为"王者尊贤"的表达方式。在那些名目繁多、手续复杂的"礼制"之外,礼学家们其实心照不宣,甚至下意识地思考如何避免君王权力滥用,并建构保障君权理性使用的监督制约机制。

严格地说,"存二王后"其实是"王者不臣"问题的一部分,只是其意义不仅仅限于"不臣"而已。有关"王者不臣"的全部理论思考和制度建构,其实有多方面的宪制追求。除了防范权力变质和滥用,应该还有更多的恒久价值追求。我们可以将这些追求总结为以下几个方面。

第一,王者"不臣"有道德象征身份者,旨在通过对贵者、贤者的"尊礼"示范,促进国民道德水准提升,建构合乎人伦的良善法律秩序。我们看到,所有"不臣"对象,除了"用兵将帅""二王之后""夷狄",其他人都有着特定的人伦身份和道德象征意义。比如"为师"者,他们本是知识和道德的载体,天子敬重老师,正可以示范和督促天下人尊师重道。比如"为尸"者,他们本是暂时"尸代"祖先和神灵受祭者，被视为被祭之灵临时所寄；天子格外礼敬之，正好可以促进"敬天法祖""祭神如神在""慎终追远"的道德秩序。比如"母后之党"，他们本是自己生命之所出，天子礼敬母后之党，正可以示范"亲亲尊尊"，体现"亲爱之仁"。又如"三老五更"，他们本是天下年高德劭老人的代表，天子礼敬之，是为奖励"敬老孝亲"美德，示范"仁孝治天下"之人间正道。

第二，"王者不臣二王后""诸侯不臣寓公"，还有保护失败者或政治宽容与妥协的宪制意义。对于"二王之后"特别是刚覆灭王朝的君王后裔，用"不臣""存祀"的方式做出永久礼遇安排，这有政治宽容与妥协的价值意义。对失败者不赶尽杀绝、保留其形式待遇，这是人道型政治、契约型政治的要求。《白虎通》以"存二王后"为"谨敬谦让之至"，就是以此为政治宽容妥协的典范。蒋庆先生认为："公羊家认为，二王后并非政治上的敌人，而是先圣先贤的后代；新王对先圣先贤应该尊重师法……公羊家这种把政治上的失败者不看作敌人而看作先圣先贤之后从而尊重师法的思想，确实是一种非常宽容的精神……天下为公非一姓独有的思想，与政治宽容精神，是民主政治的基本内容。"[1] 同理，"诸侯不臣寓公"也有类似意义，对于国际或国内斗争中的落难者（失国失位者），诸侯各国有义务予以政治庇护，甚至用"兴师问罪"方式为之主持公道，实行人道主义救援，绝对不能落井下石。这一礼法，当然也有强化宗法封建制的"贵贱不愆"国际秩序之用意。

1　蒋庆：《公羊学引论》，辽宁教育出版社1995年版，第309页。

第三,"王者不臣"制度的"抗礼"设计,初步包含部分身份"平等"理念。所有"王者不臣"对象,除夷狄外,都有某种伦理上的优越或尊贵身份。在身份制时代,身份虽然是尊卑贵贱的标志,但也有别的含义。部分尊贵身份拥有者可在某些场合与君王"抗礼",这种构想显然含有一定的平等观念。这种有限"平等"理念,承认政治权威有限多元而不是绝对一元,不承认绝对单极性、排他性的君王权力,这是很可贵的。这种平等理念与作为法治基石的个人独立、人格平等理念虽然相距仍远,但仍比秦制中君权绝对凌驾于一切权威、君王可奴役一切人的理念超越甚远。

第四,"王者不臣"暗含某种权力监督制约理念,暗含限制君王权力、防止君权滥用的旨趣。所有"不臣"对象,除夷狄外,均为在不同方面(事务)上拥有一定权威(身份)者。不管是教育权威、宗教权威、宗法权威、军事权威,还是门第权威、人伦权威、道德权威,虽然从终极意义上讲都不得不服从政治权威(君权),但这些"非政治权威"的相对独立性、自主性、不可凌夺性,还是得到了礼经和礼学家们的基本承认。对这些相对独立权威的正视和确认,其实含有对君王权力监督、制约的用意。虽然表面上仅是免除"臣礼",但实际上必然使被"免礼"者获得了某种政治优越地位或身份;为他们在部分特殊场合依据君权之上的"道""理"审查"君命"是非,并自主决定对"君命"的从违选择提供了合法依据或条件。虽然仅仅是在以其特殊身份为尊的较小领域里抗衡君权,但毕竟使君权不再被视为"支配一切""铁板一块"的绝对权力,假定部分特殊权力(权威)与君权处于并尊状态，承认通过某种"抗礼"礼遇对"君权"进行有限"分权"，承认有些事务应该在君权支配之外。这种可与"君权"进行身份抗礼暨自主审度是非的权力，正是对君王权力进行监督制约的必要设置。也许，这种"不臣"身份优遇，在历史上真的为许多贤哲对君王进行谏诤或规劝提供了便利。

第五，"王者不臣"含有"公天下"即自治追求。除了前文已经述及的"存二王后"以"通三统"的构思外，其他各项"王者不臣"设计也包含了"公天下"及自治理念。其基本寓意是，对"天下国家"的控制权（治理权），不仅仅属于本朝一家一姓，也不仅仅属于"通三统"之三代（家）国姓，也应该（局部地、有限地）属于某些特殊主体——为师者、为尸者、用兵将帅、为诸侯者、为尊亲属者、年高德劭者。在他们特定身份主导的那些领域（事务范围）内，他们也能超越君权支配自主决定选择取舍，决定行动开始与终止。一句话，在那些事务范围内，他们也能"当家作主"，而君权不宜随便插手。这些设计，就是"公天下"和"自治"理念的潜在体现。

七、臣下对君权的从违原则

君权的直接对象是臣，君权某种意义上讲是由"臣道"来厘定的，臣的权力义务直接决定着君权的范围和程度。因此，传统礼经不能不特别考虑"臣道"问题，特别是臣下对君王权力的服从义务之相关原则问题。关于这一问题，礼学家们是从以下几个方面去讨论和构思的。

（一）臣下应以事父之道事君

礼经和礼学基本上以父子关系定位君臣关系，一般要求臣下以事父之道事君。既然在伦理上将君王比同父亲，那么在职务上的君臣关系被定位为父子式支配服从关系就理所当然。

孔子主张"事君尽礼"，即恭敬地服从、服侍、服务君主，即使被人们误解"人以为谄也"[1]，也仍然当如此。《大戴礼记·曾子立事》："事父可以事君，事兄可以事师长，使子犹使臣也，使弟犹使承嗣也。"戴德认为，君臣如父子，事父之道与事君之道一致，使子之道与使臣之道一致。《孝经·士》："资于事父以事母，而爱同；资于事父以事君，而敬同。故母取其爱，而君取其敬，兼之者父也。故以孝事君则忠，以敬事长则顺。"《孝经·广扬名》："君子之事亲孝，故忠可移于君。"父母子女关系的内涵是爱，君臣关系的内涵是敬，用事父之道事君就是以敬为爱、移孝作忠。

君臣关系比同父子，体现在很多具体礼法制度上。首先是对君王的丧服与对父亲的同重。《白虎通》说："诸侯为天子斩衰三年何？普天之下，莫非王土。率土之滨，莫非王臣。臣之于君，犹子之于父。明至尊、臣子之义也。"[2]这是在丧服制度上，将君王比同至亲。对君王的丧服与对父亲的丧服一样，"斩衰三年"是丧服中最重的一等。

1　《论语·八佾》

2　《白虎通·丧服》

臣下还有为君主复仇的义务，就如子必须为父母复仇一样。鲁隐公十一年（前712年）冬十一月，鲁隐公被大臣羽父派人弑杀，但《春秋》在记录此事时只书"薨"而不书"葬"。为何不书"葬"呢？《左传》说，《春秋》这种笔法表达的"春秋之义"是："君弑，贼不讨（弑君者未被讨伐），（故）不书葬，以为无臣子也。子沈子曰：'君弑，臣不讨贼，非臣也；子不复仇，非子也。'"[1] 意思是，既然弑君者尚未被追责受罚，那就等于国中无人为君复仇。无人为君复仇，就是臣子失职，就等于"无臣子"。这种"春秋笔法"，就是要谴责鲁国臣子们懈怠、堕废为君父复仇职责的行径。

如果事君与事父发生冲突，也就是君命与父命发生冲突，该怎么办？《春秋公羊传》主张"不以父命辞王父命""不以家事辞王事"[2]。就是认为君命高于父命，服从君王优先于服从父亲。《白虎通》主张"不以父命废主命"[3]，也是以"君命"高于"父命"。为何必须如此？是为了效法五行的规律。"不以父命废主命何法？法金不畏土而畏火。"[4] 按照政治五行说，若以臣为"金"，则"火"（君）克金，而"土"（父）不克金。此即认为，将"主命"置于"父命"之前，符合"自然法"。

---

1 《春秋公羊传·隐公十一年》
2 《公羊传·哀公三年》
3 《白虎通·五行》
4 同上。

（二）君须对臣下保持应有礼遇

《论语》记载孔子曾与鲁定公讨论君臣间的职务关系问题。"定公问：'君使臣，臣事君，如之何？'孔子对曰：'君使臣以礼，臣事君以忠。'"[1] 这里将君臣职务关系，定位为"使"（役使、使用）和"事"（服务、服侍）关系。在这一关系定位上，孔子与鲁定公无异。但孔子主张"君使臣以礼"，则是多数君王难以认同的。君主"使"臣时应该遵循（"以"）的"礼"，到底是哪些具体的礼？当然应该是父亲待儿女之礼，亦即能体现"慈"之义的所有礼法。孟子对这一"慈"义务作了一定的注解。"孟子告齐宣王曰：'君之视臣如手足，则臣视君如腹心；君之视臣如犬马，则臣视君如国人；君之视臣如土芥，则臣视君如寇仇。'"[2] 就是说，君臣之间的义务有双向性。君主对臣下要仁爱，要像爱护自己的手脚一样，不能将臣下当成犬马或土芥。这里虽然强调君对臣有双向性，但尚不能算是对等义务，因为"手足"与"腹心"、"犬马"与"国人"、"土芥"与"寇仇"之间还不算完全对等。

（三）臣下责权有相对独立性

礼经和礼学也承认，臣下的权力虽然来自君王，但在受命后具体履行职责时应该有相对独立性。《尚书·君陈》记载，周成王曾对负责监管殷商遗民的大臣君陈发布训词："殷民在辟，予

---

1 《论语·八佾》
2 《孟子·离娄下》

曰辟，尔惟勿辟；予曰宥，尔惟勿宥，惟厥中。"意思是，殷商遗民如果触犯了刑法，我（成王）说要予以处罚，你也不一定就处罚；我说要予以赦免，你也不一定就赦免，你只需要按照"中"（中道、中庸、适中）的原则自行决定。这就等于承认，臣下的职责和权力有一定的独立性，不一定在任何场合都须无条件服从君王旨意。《尚书·盘庚上》还记载，商王盘庚曾要求臣下"听予一人之作猷"（服从君王的唯一决策权），但他同时又宣布："邦之臧，惟汝众；邦之不臧，惟予一人有佚罚"，亦即宣布功归臣下，过归自己，这实际上也间接承认臣下的执行责权有相对独立性，臣下不必为"一人作猷"的君王的错误决策负连带责任。

（四）臣下可以"从道不从君"

荀子多次重申"从道不从君，从义不从父"的臣子之道，这实际上代表了礼学家们关于君臣职务法律关系问题的一般立场。

> 入孝出弟，人之小行也；上顺下笃，人之中行也；从道不从君，从义不从父，人之大行也……明于从不从之义……则可谓大孝矣。传曰："从道不从君，从义不从父。"此之谓也。[1]
>
> 传曰："从道不从君。"此之谓也。故正义之臣设 则朝廷不颇，谏、争、辅、拂之人信则君过不远。[2]

对君王的命令，是从还是不从，臣下可以自主选择。选择的标准就是"道"或"义"，由臣下自己作出判断。"明于从不从之义，

---

1 《荀子·子道篇》
2 《荀子·臣道篇》

而能致恭敬、忠信、端悫，以慎行之，则可谓大孝矣"，对于君王的"大忠"也是此理。若"未可以从而从是不衷（忠）也"[1]，那就不是真正的忠诚。这些说法，实际上主张臣下对君王命令的合理性（或道德合法性）有审查权，主张臣下对君王的非理性命令有拒绝权或抵抗权。

（五）臣下对昏君可谏可逃

礼经虽以君臣关系比同父子关系，但并未将二者完全等同，而是在某些环节有所区分。孔子说："所谓大臣者，以道事君，不可则止。"[2] 所谓"止"，即"事君"之责终止，就是可以辞职逃离。对于无法"以道事之"的昏君，逃离是一种明智的选择。孔子还说："天下有道则见，无道则隐。"[3] 这里的"隐"，也包括辞职逃离。子路曾向孔子请教如何"事君"，孔子回答说："勿欺之，而犯之"。[4] 这里的"犯之"，就是可以犯颜直谏，当然包括臣下在反复劝谏君王仍不被听从时，选择辞职逃离。

孟子也主张，对于君王，臣下有进谏权和辞职权。对于一般"异姓之卿"而言，"君有过则谏，反覆之而不听，则去"，就是有批评权和辞职权。但对于"贵戚之卿"而言，"君有大过则谏，反覆之而不听，则易位"[5]，主张"贵戚之卿"（公族）有发动政变、

---

1 《荀子·子道篇》
2 《论语·先进》
3 《论语·泰伯》
4 《论语·宪问》
5 《孟子·万章下》

推翻昏君、重立新君的权利。对于这种"易位"权利,《春秋公羊传》更做了"大夫之义,不得专废置君也"[1]的补充限定:大夫级的臣工无权主导("专")诸侯国君"废置"之事,即使贵戚大夫也无此权;此权专属于卿级的贵戚。孟子还主张:"无罪而杀士,则大夫可以去;无罪而戮民,则士可以徙。"[2]君王滥杀无辜,臣下就可以逃走。这里的"去"和"徙",就是辞职和逃离的意思。

荀子也主张:"为人臣下者,有谏而无讪,有亡而无疾,有怨而无怒。"[3]所谓"讪"就是讥笑,所谓"疾"就是痛恨。他主张,臣下对君王有谏言权("谏")和辞职权("亡"),但没有讥笑和痛恨的权利。他认为,片面强调"子从父命""臣从君命",不是真正的"孝""贞",只是愚忠。真正的忠贞,就是当"争臣":"昔万乘之国,有争臣四人,则封疆不削;千乘之国,有争臣三人,则社稷不危。"怎样才能当好"争臣"呢?关键是要有理性的、自主的判断力:"审其所以从之之谓孝、之谓贞也。"[4]

《孝经》认为,"昔者天子有争臣七人,虽无道,不失其天下;诸侯有争臣五人,虽无道,不失其国""故当不义,则子不可以不争于父,臣不可以不争于君;故当不义,则争之。"[5]这是说,"争臣"是国家政治清明、国祚永存的保障。面对君主的"不义",

---

1 《春秋公羊传·文公十四年》
2 《孟子·离娄下》
3 《荀子·大略篇》
4 《荀子·子道篇》
5 《孝经·谏诤》

臣下必须匡正与抗争。"争"就是为臣子者的道德义务兼法律义务。

《春秋公羊传》记载过一个"三谏不听则逃"的典型事例，以此阐发了此中君臣关系的宪制。《春秋》记，鲁庄公二十四年（前670年）冬，戎狄入侵曹国，曹国大臣曹羁出奔陈国。《春秋》为何要特别记这件事，并特别录载曹羁的名字？《春秋公羊传》解释说："曹羁者何？曹大夫也。曹无大夫，此何以书？贤也。何贤乎曹羁？戎将侵曹，曹羁谏曰：'戎众以无义，君请勿自敌也。'曹伯曰：'不可'。三谏不从，遂去之。故君子以为得君臣之义也。"[1] 据说，在国君曹伯与戎狄酋长打得火热时，大臣曹羁就曾反复劝阻，提醒国君不要自惹灾祸，经三次谏阻，曹伯仍不接受。不久戎狄果然入侵曹国，曹羁出逃陈国。《春秋》认为曹羁之举合乎"三谏之而不听则逃"的君臣之义，所以大书特书加以表彰。

（六）单方解约权只对君不对父

这里我们应特别注意：对君王可以"三谏之而不听则逃"，但对父亲是不能如此的。孔子主张，"事父母几谏，见志不从，又敬不违，劳而不怨。"[2] 意思是说，向父母进谏的方式要"几"（微），也就是"不显谏"；如果谏言不被接受，那就要服从父母决定，即使劳苦也无怨言。《礼记》主张，"子之事亲也，三谏而不听，

1　《春秋公羊传·庄公二十四年》
2　《论语·里仁》

则号泣而随之。"[1] "号泣"就是为了继续表达不同意,"随之"就是行动上要服从,跟着父母做错误的事。

这种"号泣以随"模式,只适用于父子,不适用于君臣。《史记》记载商贤微子启之语:"父子有骨肉,而臣主以义属。故父有过,子三谏不听,则随而号之;人臣三谏不听,则其义可以去矣。"[2] 这是说,父子关系与君臣关系虽然大体比同,但仍然有差异。父子是骨肉至亲的"天属"关系,血脉相连,不可分离。君臣只是因为"义"才连接在一起的,是"义合"关系,有契约关系属性。父子之间,即使做错事,也不能互相撇清,也要连在一起负连带责任,这就与株连和亲亲相隐的道理内在相通了。而君臣之间不同,"君臣有义则合,无义则离"[3]。君臣结合是共同认可某些"义",这有自主选择、意思自治的契约属性。契约是当事人之间的法律,若一方违背"义"即违反契约义务,则另一方也可以不再履行原承诺义务。所以,"无义则离"其实就是赋予臣下在君王背"义"时单方解除契约的权利。

---

1 《礼记·曲礼下》
2 《史记·宋微子世家》
3 《礼记·曲礼下》

第五章 国家结构和基本政体的礼学建构

礼经和礼学著述中，有很多关于"王道"治理模式特别是三代"封建"治理模式的记述。这些记述，看起来只是对已经逝去的黄金时代及其美好制度的追忆，但实际上远不止此。今天再细品这些记述，我们会发现，他们其实是在讨论国家结构和政治体制问题，是在阐发他们心目中合乎自然法的国体政体，憧憬人世间应有的理想化的典章制度。他们的讨论，虽然全是用"礼""义"语汇和逻辑，但确实在讨论着关于国家基本宪制的法学问题。通过对汉以前礼经和礼学著述的分析，我发现他们关于这一方面问题的讨论，主要围绕以下五个问题展开：一是国家结构形态（即中央与地方关系形态）问题，二是地方和基层组织管理体制问题，三是国家基本政治体制框架问题，四是国家机构的具体组成及职责问题，五是华夷之辨的政治建构及其意义问题。本章拟分别就这五个问题，梳理总结礼经和礼学著作中的主要言论，阐释其中潜藏的宪制构思及其法学意义。

一、国家基本结构的"王制"憧憬

（一）理想国家结构："王者无外"与封建"五服"

传统中国的国家结构形态，数千年来大体上不外封建、郡县两种。此外也包括某种中间或过渡形态，但人们在理解上一般会向两边靠。在礼经和礼学著述中，认同和赞美封建制，将其论证为良法美制，是先秦两汉礼经和礼学的一般旋律或主旋律。至于战国时代即逐渐占主导地位的郡县制，在礼经和礼学著作中很少被提及，赞许郡县制并阐明其理者就更难见到了。

1."王者无外"的"天下国"

按礼经礼学对"天下国家"理想王制的憧憬，天地之间只应有一个最大的政治共同体，即"天下"或"天下国"。这是一个"世界国"，其管辖范围包括全世界。这个世界国的主权范围，是"天之所覆，地之所载，日月所照，霜露所队（坠）"[1]的那个巨大空间。古人认为，苍天如运动的巨大圆形伞盖，大地如静止的巨大方形板块，天覆地载之间只有一个"天下"。将这个政治共同体叫做"国"甚至不恰当，只能叫"天下"，因为其下属二级政治共同体才叫"国"。这里的"天下"，不只是地理概念，还是政治共同体概念。这一政治共同体的最高统治者，就是"王"或"天子"。"溥天之下，莫非王土；率土之滨，莫非王臣"[2]，天底下所有人民，所有土地，都在王的管辖和治理之下。王是上天派来的治理者，"天命"就是上天对他的委托书或任命书。在确认"上天"创建"天下国"并委派"天子"来治理的前提下，才有二级三级政治共同体的建立，此即所谓"天子建国，诸侯立家"[3]。在礼经礼学的国家结构形式理念中，王权、国家就是建立在这一基本架构和逻辑之下的。

---

[1]《礼记·中庸》

[2]《诗经·小雅·北山》

[3]《左传·桓公二年》

在这种"国家"结构形态下,"王者无外"[1]是第一原则。所谓"王者无外",就是说天底下没有在王者权力管辖之外的地方。如果以周王朝为例,那就是"自周无出"[2],亦即对周王室而言没有境外。所以"天子不言出"[3],即坐在王畿中央的宝座之上的天子不存在"出"自己国境的问题。在礼崩乐坏的东周时代,如果周天子及其臣工们不以正当"合礼"事由走出王畿进入诸侯国境内,史官史书就会作出否定评价。

在《春秋》中,为了突出"王者无外",在记录周王室的人出王畿进入诸侯国时,一般都刻意避用"出"字,或者故意用"出"字突出讥讽和否定("非")之意。鲁襄公三十年(前543年),周王室大夫、王子姬瑕因王室政变逃至晋国,《左传·襄公三十年》记为"王子瑕奔晋",故意不言"出"。晋人杜预《春秋左传正义》曰:"不言出。奔,周无外。"[4]昭公二十六年(前516年),周敬王在晋国护送下回京师(成周)复位,篡位者王子姬朝失败携同伙逃亡楚国。此事被《春秋》记为"天王入于成周""尹氏、召伯、毛伯以王子朝奔楚"[5],也刻意不记录为"出"周境。为何要这样记?《春秋穀梁传》解释其理由是:"周,有入无出也。"有时,记录虽然用了"出"字,但那是为了刻意突出讥讽与否定之意。《春秋》

---

1 《春秋公羊传·僖公二十四年》《春秋公羊传·成公十二年》
2 《左传·成公十二年》
3 《礼记·曲礼下》
4 《春秋左传正义·襄公三十年》
5 以上出自《左传·昭公二十六年》。

记,鲁僖公二十四年(前636年)冬,"天王出居于郑"[1]。为何记为"出"?《春秋穀梁传》解释说:"天子无出。出,失天下也。"就是为了凸显天子已经失掉了天下。鲁成公十二年(前579年)周王室正卿周公因政变逃亡至晋国,《春秋》简记为"周公出奔晋"。为何要突出"出"?《春秋穀梁传》解释说:"周有入无出。其曰出,上下一见之也;言其上下之道无以存也。"

天子虽以天下为家,但平时活动范围限于王畿。若无合乎礼法的特定理由,天子也不能随意越出王畿地界。天子出王畿,似乎只有巡狩(巡守)这一法定理由。巡守之外,天子以任何其他理由出王畿之境,似乎都是礼法否定的。《左传》说:"天子非展义不巡守。"[2]意思是说,如果不是为了宣示德义、整兵备武、考察诸侯,天子是不能出王畿之界的。只有"天子五年一巡守"[3],就是每五年一度出巡四方,对诸侯进行督察考核才是天子出王畿之界的正当理由。

2. 封建"五服"制

《尚书·禹贡》记载,最早划分地方管理单位的是大禹。他将全国分为"九州"——冀州、兖州、青州、徐州、扬州、荆州、梁州、雍州、豫州。"禹别九州,随山浚川,任土作贡……九州攸同。""九州"起初可能只是划分的九个治水区域,后来逐渐演变为国家行政区划暨地方政权建制。《左传·襄公

---

1 《左传·僖公二十四年》
2 《左传·庄公二十七年》
3 《礼记·王制》

四年》说:"芒芒禹迹,画为九州。经起九道"。《左传·宣公三年》说夏禹为九州设置了长官曰"九牧"。据此可以推测,"九州"制可能是夏代创立的较为粗简原始的"封建"国家结构形式。与"九州"制伴随的是"五服"制。《尚书·禹贡》所记"五服"疆域管理体制,开始含有国家结构形式的意义。

> 五百里甸服。百里赋纳总,二百里纳铚,三百里纳秸服,四百里粟,五百里米。
> 五百里侯服。百里采,二百里男邦,三百里诸侯。
> 五百里绥服。三百里揆文教,二百里奋武卫。
> 五百里要服。三百里夷,二百里蔡。
> 五百里荒服。三百里蛮,二百里流。[1]

这里的甸服、侯服、绥服、要服、荒服,是央地关系体制,特别是地方向中央"服务"的体制。"服",本义是指"服从""服勤""服役""服务"。这一体制,以中央(王畿)为中心,向全国辐射状扩展来划分地方行政区域或管理单位。其间虽然不一定真以五百里为差并等距延伸,但强调不同"服"的地方单位有不同的服役义务("揆文教""奋武卫"之类)、纳赋义务("纳总""纳粟"之类)。这一设计,的确含有国家结构形式设计构思的含义。

《尚书·酒诰》:"越在外服,侯甸男卫邦伯。越在内服,百僚庶尹惟亚惟服。"有人说这里所记是商代的"五服"制。商代"外服"诸侯之爵级,大致分为侯、伯、子、男几个等级。不过,

---

[1] 《尚书·禹贡》

也有学者认为，殷商已经有了公、侯、伯、子、男五等爵制[1]。天子直属政区叫"内服"或"王畿"；"王畿"之外叫"外服"即"五服"，"五服"分为五等——甸服、侯服、绥服、要服、荒服。"五服"以王畿为中心，同心圆一般向四周扩展，大约以每五百里为一等。根据与周王室关系的亲疏远近不同，王朝在距离不等的广阔地域分别创建（封建）或收服（征服、柔服）许多诸侯国；诸侯们臣服王室，向王室纳贡，并共同拱卫王室。诸侯们的大小轻重等级，用不同爵位加以区分。

周代的外服体制更加完备。《尚书·康诰》记载，营建东都洛邑基本完工时，周公曾召集"侯、甸、男、采、卫"开会训话。这里的"侯、甸、男、采、卫"应该是周王朝"外服"区域的"五服"名称。《礼记·王制》说"王者之制禄爵，公、侯、伯、子、男，凡五等"，也是在追忆周制。《左传》云："诸公者何？诸侯者何？天子三公称公，王者之后称公，其馀大国称侯，小国称伯、子、男。"[2]《礼记》《左传》所言周代实行的"公、侯、伯、子、男"五等封爵（封国）制度，也许就是"侯、甸、男、采、卫"制的另一种表述。或者说，"侯、甸、男、采、卫"制，后来被改名为"公、侯、伯、子、男""五服制"了。荀子忆述的周代"五服制"略有不同："封内甸服，封外侯服，侯卫宾服，蛮夷要服，戎狄荒服。"[3]这似乎

---

1 董作宾：《五等爵在殷商》，《中央研究院历史语言研究所集刊》第6册，1935年。
2 《春秋公羊传·隐公五年》。
3 《荀子·正论篇》。另，《国语·周语上》记述与荀子基本一致："夫先王之制，邦内甸服，邦外侯服，侯、卫宾服，蛮、夷要服，戎、狄荒服。"

是说周代的央地关系体制一共分为"甸、侯、宾、要、荒"这五服，似乎内服外服不分了。[1]

汉人假托的《周礼》对周代五服制的描述有所不同。其一是，"邦畿方千里，其外方五百里谓之侯服……又其外方五百里谓之甸服……又其外方五百里谓之男服……又其外方五百里谓之采服……又其外方五百里谓之卫服……又其外方五百里谓之要服……九州之外谓之蕃国。"[2] 这里的"外服"，除了"侯、甸、男、采、卫"这"五服"之外，还有"要服"和"蕃国"两等，一共是七等。其二是，"方千里曰国畿，其外方五百里曰侯畿，又其外方五百里曰甸畿，又其外方五百里曰男畿，又其外方五百里曰采畿，又其外方五百里曰卫畿，又其外方五百里曰蛮畿，又其外方五百里曰夷畿，又其外方五百里曰镇畿，又其外方五百里曰蕃畿。"[3] "国畿"应是指"王畿"即"内服"，其外都是"外服"。这里的"外服"分为"侯、甸、男、采、卫、蛮、夷、镇、蕃"共九等。总之，不管是五等、七等还是九等，基本的央地关系体制都是一样的。从近到远、从内到外的不同等级的诸侯对天子或中央的服役、纳赋义务渐次减等。

通过对"五服"封建制的追忆或憧憬，礼学家们实际表达了他们关于国家结构形式的一系列基本主张。这些主张可以总结为三点。

第一，"五服制"可能既是早期国家政权控制广大征服地方之实践探索的真实总结，也可能是早期贤哲们关于理想国家制度

1　《国语·周语上》
2　《周礼·秋官司寇·大行人》
3　《周礼·夏官司马·大司马》

（王制）中"央地关系体制"的美好憧憬。早期国家政权具体控制的区域（包括因"慕义"而主动归化的区域），并不一定真的按由近及远、严格而规范的区域单位划分。夏商时按"五服制"等管理的诸侯，更多是被征服者及归顺者，即四方的方国酋邦；到周代则更多为宗法性质的亲戚功臣封国。早期贤哲们对长期坚持的这类政治实践加以总结，再适当加以美化升华，于是就有了"五服"制度及理论。

第二，"五服制"的内在指导原则是"亲亲""报功"。从"亲亲"原则言，一方面，与周王的亲属关系越近，"服"等安排暨封域距离越近；另一方面，"服"事义务，即朝贡、纳赋、勤王等义务也远近有别：越近的封国，义务越重，越远的封国，义务越轻。从"报功"原则言，在王朝建立过程中所建功勋越大，则封国越近，越是土肥民庶；反之，功勋越小，封国越远，越是土瘠人稀。

第三，这种"五服"地方体制，实为地方自治的最高形态。中央与地方关系，实为宗主国与附属国的关系，近似于近世国际组织与成员国之间的关系。双方关系以"海誓山盟""带砺山河"的"封建"契约为纽带，双方之间的权利和义务均以"盟誓"承诺确定。这种央地关系格式，至少形式上部分体现了主体独立、平等互利、契约自由、意思自治的契约法制精神，这样的"封建"制，历史上并无标准化的实施模式，但与礼学家们心目中的良制理想（憧憬）则是相当一致的。

（二）宗法封建制国家结构实践及阐理

《左传》述周初实行"封建"，设"公、侯、伯、子、男"五等封国。其中，"天子之三公""王者之后"的封国最大，称为公国；其余封国，大国称为侯国，小国分别称为"伯""子""男"国。所谓"天子之三公"，即"天子之相"，如太师、太傅、太保[1]之类。他们在分封时期被立为"公国"，代天子分片统辖东、西、中三大区域，统率域内所有封国。"自陕而东者，周公主之；自陕而西者，召公主之，一相处乎内。"[2] 按照这一记述，在周天子之下，三公（三相）同时也是三个最大封国（公国）的国君，太师周公负责管理东方各国，太保召公负责管理西方各国，另外一相负责管理王畿。这些说法，虽然与周代的真实史实不太一致，但在国家结构形式的基本理念上是一致的，分封制确为礼学家们共同憧憬的国家结构形式。

《左传》又记述，为建构"亲亲"宗法政治秩序，在平定管叔、蔡叔、武庚（商纣王子）联合发动的叛乱后，周公主持了大规模的"封邦建国"工程，先后封建了数十个亲戚之国。所谓"故封建亲戚，以蕃屏周"，就是通过分裂疆土创建亲戚功臣的诸侯国，为周王室建构一层层战略安全屏障。

> 管蔡郕霍，鲁卫毛聃，郜雍曹滕，毕原酆郇，文之昭也。邗

---

1 《古文尚书·周官》佚文："立太师、大傅、太保，兹惟三公。"又《尚书·大传》云："天子三公，一曰司徒公，二曰司马公，三曰司空公。"（《周礼·地官司徒·序官》"乡老"条下贾公彦疏引《周官》和《尚书·大传》）。

2 《春秋公羊传·隐公五年》

晋应韩，武之穆也。凡蒋邢茅胙祭，周公之胤也。[1]

在这些封国中，管、蔡、郕等16国，是周文王兄弟的后裔；邢、晋、应、韩这4国，是武王的后裔；凡、蒋、邢等6国，是周公的后裔。"立国七十一，姬姓独居五十三人"[2]，主要是同宗子弟叔侄的封国。除同姓诸侯国外，还分封了姻亲、功臣之国18个，如姜、姒、妫、任等周室姻亲多有受封。通过"封建亲戚"，建成了一种周王统率天下万国、方伯国监察一方诸侯国、"中国"与四方"夷狄方国"和平共处的国家结构。这种格局，部分是周代的政治事实，部分是礼学家们的理想。

周代"封建"制国家结构形式或央地关系体制，还包括"逐级转封"体制。按《左传》记述："故天子建国，诸侯立家，卿置侧室，大夫有贰宗，士有隶子弟，庶人工商各有分亲，皆有等衰，是以民服事其上而下无觊觎。"[3]按这一记述，天子"裂土"为子弟亲戚建立诸侯"国"之后，诸侯们再在自己封国内为子弟亲戚立"家"，实即建立卿大夫"家"制地方政权和政区。在卿大夫的"家"范围内，他们又为子弟分别建立以"侧室""贰宗"为名号的地方政权。这样"逐级转封"，形成了"大宗率小宗，小宗率群弟"的宗法政治秩序格局。大宗就是嫡长子孙衍袭世系，小宗就是嫡次子以下及庶子衍袭世系。就全国而言，天子及其嫡

---

[1] 《左传·僖公二十四年》
[2] 《荀子·儒效篇》
[3] 《左传·桓公二年》

长子孙系列为大宗，其子弟为小宗，被分封到全国各地为诸侯。就诸侯各国而言，诸侯及其嫡长子孙系列为大宗，其他众子弟又被分封到各地采邑为卿大夫，为小宗。在卿大夫采邑复按此原则区分大宗小宗。这样一来，宗族血缘世系秩序与国家政治秩序完全合一，血缘上的嫡庶长幼之辨变成了政治秩序上的中央与地方、上级与下级关系的基础。不过，这里的"逐级转封"，可能需要周天子同意，因为"诸侯之义不得专封"[1]。诸侯擅自再行分封，是违反礼法的。

关于"封建"制之实施细则的细节，如旌旗、礼器、人口、土地的分配，职官的委派，法律典章的授予等，《左传·定公四年》曾有相当详细的记述。

> 昔武王克商，成王定之，选建明德，以蕃屏周。故周公相王室，以尹天下，于周为睦。分鲁公以大路、大旂，夏后氏之璜，封父之繁弱[2]，殷民六族：条氏、徐氏、萧氏、索氏、长勺氏、尾勺氏，使帅其宗氏，辑其分族，将其类丑[3]，以法则周公，用即命于周。是使之职事于鲁，以昭周公之明德。分之土田陪敦[4]，祝、宗、卜、史，备物典策，官司彝器。因商奄之民，命以伯禽，而封于少皞之虚。分康叔以大路、少帛、綪茷、旃旌、大吕，殷民七族，陶氏、施氏、繁氏、锜氏、樊氏、饥氏、终葵氏，封畛土略，自武父以南，

---

1 《春秋公羊传·宣公十一元年》
2 封父：旧诸侯国名。
3 类丑：指宗族内的奴隶。
4 陪敦：以为增厚。陪，赠也。敦，厚也。

及圃田之北竟,取于有阎之土,以共王职。取于相土之东都,以会王之东蒐。聃季授土,陶叔授民,命以《康诰》,而封于殷虚,皆启以商政,疆以周索[1]。分唐叔以大路、密须之鼓[2]、阙巩、沽洗[3],怀姓九宗,职官五正。命以《唐诰》,而封于夏虚,启以夏政,疆以戎索。三者皆叔也,而有令德,故昭之以分物。

这里详细记载的是周成王时(在周公实际主持下)对三位叔叔(周公、康叔、唐叔)实施分封的具体操作细节,包括资源待遇分配、职官委派、法律典章授予等多方面。

首先是礼器或其他器物授予。包括授予专车、旗号、礼器等多种器物。"大路"是诸侯专车;"大旂""少帛""綪茷""旃旌"都是诸侯国专用旗帜。"夏后氏之璜""封父之繁弱""大吕""阙巩""沽洗""密须之鼓"等,都是珍贵的礼器,有些是从前朝承继的礼器,有些是被征服之国的宝物,有些可能是夷狄方国的贡献物。礼法规定不同等级的诸侯,必须有相应配套的玉器、酒器、乐器、兵器之类,所以在建国初必须由中央给予开国基本配置。

其次是人口授予。所谓"殷民六族""商奄之民""殷民七族""怀姓九宗"之类,都是以"族"为单位,整体授给诸侯作臣民。

再次是土地和城池授予。所谓"分之土田陪敦""封于少皞之墟""封畛土略""封于殷墟""封于夏墟"等,都是授予国土。

---

1 索:法也。周索,戎索,指周法和戎人之法。
2 密须:旧诸侯国名。
3 阙巩:甲名。沽洗:钟名。

复次是职官委派。包括委派"祝、宗、卜、史""职官五正"等主要职官，还包括为职官们委派随从职员（"官司"）及祝史业务典籍（"典策"）、祭祀器具（"彝器"）等。

　　最后是颁授诸侯国基本法。这里的《伯禽》《康诰》《唐诰》等，与《尚书》相呼应，其实是向诸侯授予的治理特定地方的基本法或小宪章。这种法律典章授予，还包括一种特别授权：授权诸侯沿用各地原有法律或习惯法，比如"启以商政，疆以周索""启以夏政，疆以戎索"[1]。

　　为何必须分封亲戚？礼学家们也试图阐明制度背后的理由。一方面，亲戚之间血脉相连，婚姻相联，更易于同声相应、同气相求，更易于荣辱与共、一致对外。以这种天然情感（自然取向）为基础（纽带）建构起来的政治秩序，当然更有内在驱动力，更易于稳固持续。另一方面，与亲戚分享成果和资源，也是"亲亲"伦理的基本要求。《孟子》忆述，舜继尧为天子后，立即将自己的异母弟，也是屡屡谋杀自己未遂的恶棍象分封到有庳地方作诸侯。学生万章对此很不理解，认为这对有庳那个地方的人民很不公平。孟子则认为，舜这样做是天经地义的："仁人之于弟也，不藏怒焉，不宿怨焉，亲爱之而已矣。亲之欲其贵也，爱之欲其富也。封之有庳，富贵之也。身为天子，弟为匹夫，可谓亲爱之乎？"[2] 孟子的意思是，自己富贵了就希望亲人也富贵，这是人之常情。天下国家是天子的财富，若不让亲人参与分享，那就是六亲不认、不孝不友，有悖"亲亲"

1　以上出自《左传·定公四年》。
2　《孟子·万章上》

伦理。至于象这个人无德无能且曾犯罪，这对于践行"亲亲"人伦而言都可以忽略不计。

（三）分封诸侯的幅员体制

周代"封建"诸侯国，据说还有与"公、侯、伯、子、男"五等爵级相应的国土面积或幅员等级体制。《孟子》记述："天子之制，地方千里，公、侯皆百里，伯七十里，子、男五十里，凡四等。不能五十里，不达于天子，附于诸侯，曰附庸。天子之卿受地视侯，大夫受地视伯，元士受地视子、男。"[1]这里记述的是分封诸侯国的幅员等级制度。《礼记》在做了基本相同的记述之外，更记述其详："凡四海之内九州。州方千里，州建百里之国三十，七十里之国六十，五十里之国百有二十，凡二百一十国。名山大泽不以封，其余以为附庸、间田。八州，州二百一十国。天子之县内，方百里之国九，七十里之国二十有一，五十里之国六十有三，凡九十三国。名山、大泽不以盼（颁）。其余以禄士，以为间田。凡九州，千七百七十三国，天子之元士、诸侯之附庸，不与。天子百里之内以共（供）官，千里之内以为御。千里之外，设方伯。"[2]

《孟子》和《礼记》关于诸侯国疆域幅员（面积）建制的这些记述，因为太精细复杂，令人难以置信。可能当时并未真正实

---

1 《孟子·万章上》
2 《礼记·王制》

行过，仅是礼学家们的理想宪制构思。按这些记述，全国分为九大"州"，中央之"州"就是"天子之县"，即天子直辖政区；其余地方"州"共有八个。八个地方州，每州各建诸侯国210个，加上中央州建诸侯国93个，全国（九州）共建置1773个诸侯国。这些诸侯国的国土面积或幅员，共分为三等：百里之国（公国、侯国）、七十里之国（伯国）、五十里之国（子国、男国）。这三等加上天子的"王畿千里"，共为四等幅员。还有一种"封建"单位叫"附庸"，封地少于五十里，不能直接联系天子，只能挂靠于别的诸侯。还有部分土地不分封，留作天子之元士（一般官员）的俸禄之田。

（四）诸侯之长与"方伯专征伐"制

周代关于国家结构形式的理想"王制"中，还有"方伯"制度。《礼记》记载："千里之外设方伯。五国以为属，属有长""天子使其大夫为三监，监于方伯之国，国三人""诸侯，赐弓矢，然后征；赐鈇钺，然后杀"[1]。这里所述的就是"方伯"制度。在天子之下、诸侯之上，大约每个方圆千里区域就委任一个较大诸侯兼任"方伯"，负责统辖附近四五个诸侯国（为五国之长）。天子会委派三个大夫作为监察官监督方伯。作为向"方伯"授予权力的标志，赐给弓矢就代表授权征伐，赐给斧钺就代表授权刑杀。

"方伯"制度可能在夏朝就有了。《史记·殷本纪》及裴骃

1　《礼记·王制》

《集解》言，成汤（商汤）在夏时曾为方伯，"使得征伐"。商汤曾以"不祀"罪名征伐葛伯，以试探灭夏之可能。不过，方伯制度正式成型的时间，大约还是周代。《史记·周本纪》说："平王之时，周室衰微，诸侯强并弱，齐、楚、秦、晋始大，政由方伯。"《礼记·王制》说："八伯各以其属属于天子之老二人，分天下以为左、右，曰'二伯'"。这里的"二伯"，就是《左传》所记"自陕而东者，周公主之；自陕而西者，召公主之"[1]之体制。这种天子之三公统辖其他诸侯的制度，可能就是"方伯"制度的起源。史称姬昌（周文王）曾为商朝方伯，曰西伯。《史记》说："西伯出而献洛西之地，以请除炮格之刑。纣乃许之，赐弓矢斧钺，使得征伐，为西伯。"[2]《竹书纪年》也记"王锡命西伯，得专征伐。"[3] 周文王灭密须国，正是利用"方伯专征伐"权力为灭商热身的一次军事行动。

《白虎通》在解释"方伯"制度时，特别强调方伯代天子执法意义。"王法天诛者，天子自出者，以为王者乃天之所立，而欲谋危社稷，故自出，重天命也。犯王法，使方伯诛之。《书》曰：'今予惟恭行天之罚。'此所以言开（夏启）自出伐扈也。《王制》曰：'赐之弓矢，乃得专征伐'，谓诛犯王诛者也。"[4]据此可知，"方伯专征伐"制，实为封邦建国秩序中的维稳机制兼执法机制。

1　《春秋公羊传·隐公五年》
2　《史记·殷本纪》
3　《竹书纪年·帝辛》
4　《白虎通·三军》

本来，"礼乐政法自天子出"，对违法诸侯的制裁应由天子直接进行；但由于国土辽阔，天子鞭长莫及，于是才有了"方伯专征伐"制度，这是一种"代天子行罚"的执法机制。诸侯之长（方伯），由天子在诸侯中委任，诸侯中德望最高、势力最大者便是最好人选。方伯代表天子镇抚一方，这种体制正是后来"春秋五霸""战国七雄"局面形成的法理原由之一。

关于天子向方伯授权的范围和方式，《白虎通》还有更详细的制度构思。按照"三载考绩，三考黜陟"[1]体制，天子定期对诸侯进行考核评绩，绩优者给予奖赏："盛德始封百里者，赐三等，得征伐、专杀、断狱""能退恶者赐虎贲，能诛有罪者赐以鈇钺，能征不义者赐以弓矢""既能进善，当能戒恶，故赐虎贲。虎贲者，所以戒不虞而距恶。距恶当断刑，故赐之鈇钺，所以断大刑。刑罚既中，则能征不义，故赐弓矢，弓矢所以征不义、伐无道也""赐以虎贲，以备非常。喜怒有节，诛伐刑刺，赐以鈇钺，使得专杀。好恶无私，执义不倾，赐以弓矢，使得专征"[2]。这一制度构思，将授予"方伯"职权作为对绩优诸侯的奖赏。对方伯的授权大小，分为"征伐、专杀、断狱"三个等级。最低一等，赐虎贲卫士，表示授予诸侯"戒恶""距（拒）恶"之权，亦即因功晋升为有

1　《尚书·舜典》
2　《白虎通·考黜》

代天子解纷（断狱）之权的方伯[1]。较高一等，赐斧钺刑具，表示授予诸侯"断大刑"之诛杀权（专杀权），亦即因功晋升为有代天子诛杀大夫之权的方伯[2]。最高一等，赐弓箭武器，表示授予诸侯"伐不义""伐无道"的征伐权（专征权），亦即因功晋升为有代天子征伐诸侯之权的方伯。这就是所谓"九锡（赐）"制中的三种"锡"（赐），赐予三类不同器物代表分别授予三种不同权力。

（五）中央对诸侯国人事权及奖惩机制

1. 中央对诸侯国之人事权

"五服"或五等封爵之诸侯国，多为王族的"小宗"，他们对天子或中央负担着多重礼法义务。天子与诸侯之间，通过朝觐、祭祀、巡守、田猎、贡赋、服役、勤王等多重途径进行政治联系，天子对诸侯有定期考核并予以奖惩的权力。为了有效控制诸侯，天子直接给诸侯国委派相辅官、监察官。《礼记》记述："大国三卿，皆命于天子""次国三卿，二卿命于天子，一卿命于其君""小国二卿，皆命于其君"。这是中央（天子）对诸侯国委派相辅官，如宰、尹、相、傅之类。同时，"天子使其大夫为三监，监于方伯之国，国三人"[3]，这是天子向诸侯国委派监察官。仅就大诸侯

---

1 这一点，暂时存疑。在"征伐、专杀、断狱"三等权力中，所赐象征器物与具体授予权力的种类范围之间的对应关系，在"征伐""专杀"两者上对应得很清楚，但在"断狱"上对应得不太清楚。我们暂且假定赐虎贲是授予断狱权（解纷权）的标志。
2 没有天子正式授权，诸侯是不能专杀大夫的，《孟子·告子下》："无专杀大夫"。
3 《礼记·王制》

国而言，天子（中央）委派的职官有三个卿为相职、三个大夫为监察官。也就是说，诸侯国政权中六个最重要高官的任免进退之权操于天子之手。诸侯自己任免辅相的权力很小，次国可以自委三分之一，大国甚至没有自委名额。于此可见，"王制"关于诸侯防范控制机制之设计是十分严苛的。

2. 天子对诸侯考核奖赏机制

《尚书·舜典》说天子对诸侯有"三载考绩，三考黜陟"的制度，即每三年考核一次，根据三次（届）考核的结果决定奖惩的制度。这种考核是为了"重民"，即保护人民，防止诸侯腐化害民。《白虎通》说："诸侯所以考黜何？王者所以勉贤抑恶，重民之至也。"[1] 这种考核评绩，由王或天子亲自主持，或由其他机构进行。主要的考核方式：一是诸侯定期亲自或派人到京师向天子述职汇报，"诸侯之于天子也，比年一小聘，三年一大聘，五年一朝"[2] "诸侯朝于天子曰述职，述职者，述所职也"[3]；二是天子亲自巡视四方，莅临考察诸侯，"天子五年一巡守"[4] "天子适诸侯曰巡狩，巡狩者，巡所守也"[5]；三是定期"大比"，即定期对诸侯国人口土地赋税等进行全面审计，"及三年则大比。大比，则受邦国之比要"[6]；

---

1 《白虎通·考黜》
2 《礼记·王制》
3 《孟子·梁惠王下》
4 《礼记·王制》
5 《孟子·梁惠王下》
6 《周礼·地官司徒·小司徒》

四是派驻监察官或巡回监察官实施监察。

经考核评绩认定为德功兼备的诸侯，天子将依据礼法进行奖赏。《白虎通》设计的理想"王制"中的奖赏制度，可为典型代表。

> 车马、衣服、乐则、朱户、纳陛、虎贲、铁钺、弓矢、秬鬯，皆随其德。可行而次，能安民者赐车马，能使民富者赐衣服，能使民和乐者赐乐则，民众多者赐朱户，能进善者赐纳陛，能退恶者赐虎贲，能诛有罪者赐以铁钺，能征不义者赐弓矢，孝道备者赐以秬鬯，以先后与施行之次，自不相逾，相为本末。[1]

"轺、衣服、乐"等九者就是天子对绩优诸侯的奖赏，这就是所谓"九锡"制度的另一种解说。车马、衣服、乐器、红门、登车阶梯之类，因为"名位不同，礼亦异数"，所以赐予按更高爵级才能享用的新制式物件，就是奖赏。"虎贲"，即守卫王侯宫殿的装备精良之卫士卫队，这是以提高警卫安保待遇级别作为奖赏。"铁钺"，即执行大辟（死刑）之刑具，这是以授予"专杀权"（可以诛杀自己属下的大夫）作为奖赏。"弓矢"，即战争武器，据说是赐以红黑两种颜色的大号弓和箭，此即以授予诸侯"专征伐"（即代天子征伐违礼诸侯）之权作为奖赏。"秬鬯"，音 jù chàng，本指以黑黍和郁金酿造的祭祀用酒，这里应指其享用权和制造权。《礼记·王制》："赐圭瓒，然后为鬯。未赐圭瓒，则资鬯于天子。""圭瓒"，

---

[1] 《白虎通·考黜》。《礼记·含文嘉》："能安民者赐车马，能富民者赐衣服，能和民者赐乐则，民众多者赐朱户，能进善者赐纳陛，能退恶者赐虎贲，能诛有罪者赐鈇钺，能征不义者赐弓矢，孝道备者赐秬鬯。"

即"鬯爵"(御用美酒专用饮器)。汉人郑玄《礼记正义》解释说:"得其器,乃敢为其事。"是说被天子赐予"圭瓒"饮器者才可"为鬯"(制作御用美酒)。如果没有被赐授圭瓒,就只能求天子赐给秬鬯。这九种待遇的赏赐,是有严格的高低先后顺序的,不可逾越。

3. 中央对诸侯制裁机制

"王制"设计中还有诸侯考评制裁系统。当中央发现诸侯有严重违反礼法的行为时,应立即启动制裁机制:"山川神祇有不举者,为不敬;不敬者君削以地。宗庙有不顺者,为不孝;不孝者君绌以爵。变礼易乐者,为不从;不从者君流。革制度衣服者,为畔;畔者君讨。有功德于民者,加地进律。"[1] 这里列举的"削地""绌(黜)爵""流(放)""讨(伐)"四者,就是礼法制裁,近似于刑罚制裁。《周礼》记周制有:"以九伐之法正邦国,冯弱犯寡则眚之,贼贤害民则伐之,暴内陵外则坛之,野荒民散则削之;负固不服则侵之,贼杀其亲则正之,放弑其君则残之,犯令陵政则杜之,外内乱鸟兽行则灭之。"[2] 其实也是对违法诸侯的制裁制度。《国语》说:"序成而有不至则修刑。于是乎有刑不祭,伐不祀,征不享,让不贡,告不王。于是乎有刑罚之辞,有攻伐之兵,有征讨之备,有威让之令,有文告之辞。"[3] 这是对违法诸侯的"刑""罚""征""让""告"五种制裁。孟子关于"一不朝,

---

1 《礼记·王制》
2 《周礼·夏官司马·大司马》
3 《国语·周语上》

则贬其爵；再不朝，则削其地；三不朝，则六师移之"[1]的回忆，也许反映了周初对违制诸侯制裁的大致情形。

对违法诸侯的制裁由谁来执行？既然"礼乐征伐自天子出"，法理上讲当然应由天子直接主持执行。《孟子》所言"六师移之"，就是指天子率领"中央军"直接讨伐违法诸侯。按礼制，只有天子可以建"六师"，诸侯最多只可有"三师"。不过到了王室衰微、礼崩乐坏的东周时代，周天子常因发起"六师移之"而自取其辱。如果"六师移之"确有困难，那么最好方式就是"方伯专征伐"了。天子授权"方伯"，天子省了劳师远征和巨额兵费，诸侯有了扩充力量和影响的机会，双方各得其所。春秋时期，"五霸"借"方伯"之名实施霸业；战国时期，"七雄"借"方伯"名义夺人之国，"代天子行罚"只剩下一个"出师之名"而已。此外，各国之间也常常以对方违反礼法为借口，宣布"代天行罚"，互相攻伐不已。如《左传》记载，鲁隐公九年（前716年）"宋公不王[2]。郑伯为王左卿士，以王命讨之，伐宋"[3]。这件事就是郑国国君假借"王命"攻伐他国的典型例证。

（六）各级诸侯的礼法等级待遇

诸侯有五等，他们的地位和待遇是有等级差别的。这种等差，就是所谓"秩序"。所谓"秩"，就是各种待遇；所谓"序"，

---

1 《孟子·告子下》
2 "王"在这里意为"朝"（朝觐、朝贡）。指宋国国君多年不向周天子行朝觐之礼。
3 《左传·隐公九年》

就是高下顺序。荀子所言"礼"的两大功能之一的"别"功能，主要体现在待遇差别上。

首先是土地占有面积之等差。《孟子·万章上》和《礼记·王制》都记载："天子之田方千里，公、侯田方百里，伯七十里，子男五十里。不能五十里者，不合于天子，附于诸侯曰附庸。天子之三公之田视公侯，天子之卿视伯，天子之大夫视子男，天子之元士视附庸。"这里所述，就是诸侯国封疆面积差等，即不同级诸侯依照礼法可以占有面积土地的等差制度。这既是经济待遇，也是政治待遇。

其次是国都城池建筑规模之等差。《左传》记郑国大夫祭仲之语，反映了周代诸侯之国都城墙规制之等差："都城过百雉，国之害也。先王之制，大都不过参国之一；中五之一；小九之一。"[1] 按照此处所记礼法，诸侯国的都城，其城墙最小者为"百雉"[2]。大夫的都城决不允许超过诸侯都城的最低规格限制。大夫之"都"的城墙大者不能超过国都三分之一、中者不准超过五分之一、小者不准超过九分之一。如孔子主政鲁国时坚持"臣无藏甲，大夫毋（无）百雉之城"的周制，主持拆除鲁国当政三家大夫所建逾越礼制的都邑——郈、费、郕[3]（即所谓"堕三都"），并对逾越礼法限制的三家大夫实施了法律制裁。

第三是享用乐舞规模之等差。《论语》记，孔子曾指斥鲁国

---

1 《左传·隐公元年》
2 古代计算城墙面积的单位，以长三丈高一丈为一雉。侯伯之城，方五里，径三百雉；子男之城，皆不小于百雉。
3 《史记·孔子世家》

权臣季氏违礼:"孔子谓季氏:'八佾舞于庭,是可忍也,孰不可忍也。'"[1] 佾,指乐舞演员行列,一佾指一列八人,八佾即八列共六十四人。按周礼规定,天子八佾,诸侯六佾,卿大夫四佾,士二佾。季氏作为鲁国正卿只能用四佾,他却在家典中用了专属天子的八佾。这种犯上作乱的行为,严重违反礼法,所以孔子说"不可忍"。董仲舒强调"诸侯不得舞天子之乐"[2],也是在维护这一乐舞等级待遇制度所体现的宗法政治秩序。

《春秋》记载,鲁隐公五年(前718年),隐公"考仲子之宫,初献六羽"。这里所记之事是,隐公在莅临庶母仲子祭堂落成典礼时,命人献"六羽"乐舞。《左传》也详记此事经过:"(隐)公问羽数于众仲。对曰:'天子用八,诸侯用六,大夫四,士二……'公从之。于是初献六羽、始用六佾也。"[3] 就是说,鲁隐公用"六羽"乐舞于庶母,违反了诸侯乐舞等级待遇之礼法。《公羊传》认为,《春秋》特记此事旨在表达讥讽:"六羽者何?舞也。初献六羽何以书?讥。何讥尔?讥始僭诸公也。六羽之为僭,奈何?天子八佾,诸公六,诸侯四。"[4] 就是说,作为诸侯之妾,仲子无权享用专属于"公"级诸侯的"六羽"("六佾")乐舞待遇。《春秋穀梁传》也说:"舞《夏》,天子八佾,诸公六佾,诸侯四佾。初献六羽,始僭乐矣。"[5]

---

1 《论语·八佾》
2 《春秋繁露·王道》
3 《左传·隐公五年》
4 《春秋公羊传·隐公五年》
5 《春秋穀梁传·隐公五年》

任何越级使用乐舞规格的行径，都是违反礼法的。

第四是丧祭规模的礼制等差。《礼记》曾记周代丧葬制度："天子七日而殡，七月而葬。诸侯五日而殡，五月而葬。大夫、士、庶人，三日而殡，三月而葬。"[1] 礼制上身份不同，丧葬典礼时间长短不一，即礼仪待遇有差等。《礼记》又记周代祭祀制度，"天子七庙，三昭三穆，与太祖之庙而七。诸侯五庙，二昭二穆，与太祖之庙而五。大夫三庙，一昭一穆，与太祖之庙而三"，"天子祭天地，诸侯祭社稷，大夫祭五祀"[2]，"天子社稷皆大（太）牢，诸侯社稷皆少牢。大夫、士宗庙之祭，有田则祭，无田则荐"[3]。身份贵贱不同，可祭祀祖先的代数、庙数就不同，祭祀自然神祇的等级也不同，祭祀所用牺牲（以牲献祭）的种类也不同。这种复杂的待遇差别规定，也体现了封建宗法政治秩序。

第五是诸侯国军队建制规模等差。《左传》记载："成国不过半天子之军。周为六军，诸侯之大者，三军可也。"[4] 这里记载的是关于诸侯国军队的礼法，反映了周代关于诸侯国常备军规模的法制。最大的诸侯国的常设军队的规模不准超过天子军队（六军或六师）的一半，故最多只能设"三军"。《周礼》记："凡制军，万有二千五百人为军。王六军，大国三军，次国二军，小

---

1 《礼记·王制》
2 五祀：即禘、郊、宗、祖、报五种祭礼。见《国语·鲁语上》。
3 《礼记·王制》。旧时祭礼，其牺牲中，牛、羊、豕俱用叫太牢；只用羊、豕二牲叫少牢。
4 《左传·襄公十四年》

国一军。"[1] 这里记录的是周代中央与地方（诸侯）常备军规模等差之礼法。《春秋》记载，鲁襄公十一年（前562年）鲁国"作三军"。《春秋穀梁传》说，《春秋》特记此事是为了表达对鲁国"作三军"一事的讥贬："古者天子六师，诸侯一军。作三军，非正也"[2]。按周礼的一般制度，诸侯不分大中小国，只能有"一军"，方伯之国才可以有"三军"。鲁国乃一般诸侯，当然只能有"一军"，"作三军"就是僭越。

第六是天子对诸侯赏赐之轻重等差。《左传》记，周惠王元年（鲁庄公十八年，前676年）春，虢、晋两国国君（虢公、晋侯）朝觐周惠王，"王飨醴，命之宥，皆赐玉五瑴[3]，马三匹"。《左传》认为此事"非礼也"。按照周礼，"王命诸侯，名位不同，礼亦异数，不以礼假人。"[4] 虢国国君为公爵，晋国国君为侯爵，二人爵级不等。但周惠王在赏赐时，没有区分高低，竟然份额一样，这就是违反了礼法。天子给诸侯的赏赐，应按诸侯爵级而有差异，对任何人都不能使用与其级别不相当之礼。这里记述时特别用了一个"皆"字，凸显没有"异数"这一要害，这实际上是认定周天子的行为违法并加以指责。

（七）诸侯对中央（天子）的宪制义务

礼学家们关于封建良法美制的描述和构想中，诸侯对中央（天

1　《周礼·夏官司马·叙官》
2　《春秋穀梁传·襄公十一年》
3　瑴：音"角"，又作珏；双玉为瑴。
4　《左传·庄公十八年》

子)的职责与义务及诸侯权利界限的问题,一直是最重要的问题之一。我们先看礼学家们关于诸侯对天子义务的记述或构想。

1. 朝聘觐见及述职之义务

诸侯定期委派卿大夫或亲自朝聘觐见天子,向天子进贡并述职,这是诸侯对天子担负的首要义务。《周礼》说周代诸侯每年要觐见天子四次:"春见曰朝,夏见曰宗,秋见曰觐,冬见曰遇"[1],又说:"春朝诸侯而图天下之事,秋觐以比邦国之功,夏宗以陈天下之谟,冬遇以协诸侯之虑"[2]。按照此说,"朝""觐""宗""遇",都是诸侯觐见天子的礼仪,每季一见。这么频繁的朝觐,显然只是《周礼》作者的构想,在交通不便的先秦显然是不可能的。《礼记·王制》说:"诸侯之于天子也,比年一小聘,三年一大聘,五年一朝。"汉人郑玄注曰:"小聘使大夫,大聘使卿,朝则(国)君自行。"《古文尚书·周官》说:"六年,五服一朝。"这些记载可能更接近真实。诸侯有义务每年派大夫"小聘"天子一次,每三年派卿"大聘"天子一次,每五年自己亲自朝见天子一次。朝聘共分为小聘、大聘、朝三个等级。诸侯定期朝见天子、汇报述职,是一种严格的礼法义务。如果诸侯不依照礼法履行这一义务,就要受到礼法制裁:"一不朝,则贬其爵;再不朝,则削其地;三不朝,则六师移之。"在此之外,天子派大夫访问诸侯也叫"聘",

---

1 《周礼·春官宗伯·大宗伯》
2 《周礼·秋官司寇·大行人》

诸侯派大夫拜访诸侯也叫"聘"[1]，及诸侯见诸侯也叫"朝"[2]，这些上对下的、平行的朝聘，暂不在本节的讨论范围内。

诸侯定期朝聘觐见天子的目的是什么？孟子说："诸侯朝于天子曰述职，述职者，述所职也。"[3]这是以述职为朝聘的主要任务。《左传》引晋国大夫叔向语："是故明王之制，使诸侯岁聘以志业，间朝以讲礼，再朝而会以示威，再会而盟以显昭明。志业于好，讲礼于等，示威于众，昭明于神，自古以来，未之或失也。存亡之道，恒由是兴。"[4]这是以述志业、讲礼、示威等为朝聘的任务。《礼记》说："天子无事与诸侯相见曰朝。考礼、正刑、一德，以尊于天子。"[5]这是以"考礼"（检查守礼与否）"正刑"（考核司法公正）"一德"（考察德行优劣）三者为朝聘的任务，认为朝聘是为了"尊天子"即维护王室的威权和宗法政治秩序。《礼记》还说："朝觐然后诸侯知所以臣。"[6]这是说朝觐旨在促使诸侯重温臣子之义，促使其遵守礼法。这都简明扼要地突出了诸侯定期朝聘觐见天子这一礼仪程序的重要意义。

朝觐述职当然不一定要到王畿，遇到天子巡守（狩）四方时，

---

1 《礼记·王制》唐人孔颖达疏："其天子亦有使大夫聘诸侯之礼。"《礼记·曲礼》："诸侯使大夫问于诸侯曰聘。"《周礼·秋官司寇·大行人》："凡诸侯之邦交，岁相问也，殷相聘也"。
2 《春秋穀梁传·桓公九年》："诸侯相见曰朝。"
3 《孟子·梁惠王下》
4 《左传·昭公十三年》
5 《礼记·王制》
6 《礼记·乐记》

诸侯也可在自己封国境内朝觐天子。《周礼》说："王之所以抚邦国诸侯者，岁遍存，三岁遍覜，五岁遍省……达瑞节，同度量，成牢礼，同数器，修法则；十有二岁王巡守殷国。凡诸侯之王事，辨其位，正其等，协其礼，宾而见之。"[1]《礼记》说："天子五年一巡守……觐诸侯……命典礼考时、月，定日，同律、礼、乐、制度、衣服，正之。"[2] 天子巡察诸侯国时，诸侯须觐见述职。天子巡察审查的事务包括历法、度量衡、音律、礼乐、冠服、法制等，具体要审查其是否合乎礼法规制。诸侯所要"述"的"职"，正是这些方面的工作。

诸侯对天子的"朝""聘""觐"程序，春秋时期开始蜕变，战国时期尤甚。诸侯朝见周天子的越来越少，而朝见五霸、七雄之类"霸主"的越来越多。《左传·昭公三年》载，"昔文、襄之霸也，其务不烦诸侯。令诸侯三岁而聘，五岁而朝，有事而会，不协而盟。"这里说的是晋文公、晋襄公为霸主的时候，令众诸侯向自己行聘朝之礼，或召集诸侯会盟之事。也就是说，某种意义上讲，霸主们获得了天子的权力，享受诸侯的朝聘觐见述职。

2. 贡献珍宝方物之义务

诸侯对天子（中央）还有贡献方物珍宝或纳赋税之义务。《周礼》说："邦畿方千里，其外方五百里谓之侯服，岁壹见，其贡

1　《周礼·秋官司寇·大行人》

2　《礼记·王制》

祀物。又其外方五百里谓之甸服，二岁壹见，其贡嫔物[1]。又其外方五百里谓之男服，三岁壹见，其贡器物。又其外方五百里谓之采服，四岁壹见，其贡服物。又其外方五百里谓之卫服，五岁壹见，其贡材物。又其外方五百里谓之要服，六岁壹见，其贡货物。九州之外谓之蕃国，世壹见，各以其所贵宝为贽。"[2] 按此构想，"侯、甸、男、采、卫"五服及"要服""蕃国"的诸侯，分别要向天子贡献方物——"祀物""嫔物""器物""服物""材物""货物""其所贵宝"。诸侯向天子所贡的物品不同，贡物的用途也不同。诸侯进贡的周期或频率，分别是一年、两年、三年、四年、五年、六年或一世一贡。与天子的距离越近、爵位越高、亲等越近的诸侯的贡献义务就越重。《左传》说："昔天子班贡，轻重以列，列尊贡重，周之制也。"[3] 这里所述的就是这种贡献制度。诸侯向天子所贡物一般叫"方物"，就是本地（国）特产，"古者诸侯时献于天子，以其国之所有"[4]。

如果诸侯不按时履行这种定期贡献义务，就构成违反礼法之罪名，这将成为其他诸侯国兴师问罪的理由。鲁僖公四年（前656年），齐桓公率诸侯之师伐楚。楚人质问齐人为何兴师问罪，齐相管仲回答说，楚国罪在"尔贡包茅不入，王祭不共（恭），无

1　嫔物：古人有两解。一指供王室接待宾客所用之物（嫔，读为宾）；二指"妇女所为（生产）物也"。此外，还可能指嫔妃使用之物。
2　《周礼·秋官司寇·大行人》
3　《左传·昭公十三年》
4　《春秋穀梁传·桓公十五年》

以缩酒",说楚国对周王室未履行应有的贡献义务,包括王室祭祀时未进献祭祀专用酒,对王室不恭敬。这一指控,楚君立即承认:"贡之不入,寡君之罪也,敢不共(供、贡)给。"[1]可见,诸侯纳贡于王室,是不可推诿的义务,连狡辩都不敢。

诸侯对天子或王室的贡献(贡赋),礼法按爵级高低及距离远近的不同,规定了不同的额度或比例。鲁昭公十三年(前529年)秋,晋、齐、鲁、宋、卫、郑等十四国"同盟于平丘"(平丘之盟)。在会商修订各国向王室(天子)交纳贡赋的负担额度时,子产就郑国的负担额提出异议,要求减轻。

> 及盟,子产争承。曰:"昔天子班贡,轻重以列;列尊贡重,周之制也,卑而贡重者,甸服也。郑,伯男也;而使从公侯之贡,惧弗给也。敢以为请。诸侯靖兵,好以为事。行理之命,无月不至。贡之无艺,小国有阙,所以得罪也。诸侯修盟,存小国也。贡献无极,亡可待也。存亡之制,将在今矣!"自日中以争,至于昏,晋人许之。
>
> 既盟,子大叔咎之曰:"诸侯若讨,其可渎乎?"子产曰:"晋政多门,贰偷之不暇,何暇讨国,国不竞亦陵,何国之为?"[2]

郑相子产为减轻郑国贡赋负担而据理力争。按照周制,爵位越高的诸侯贡赋负担越重,也有爵位低的诸侯负担重之例外情形,但仅限于紧邻王畿的"甸服"诸侯。子产说,我们郑国只是"男"爵小国,令我们跟"公""侯"国一样负担那么多贡赋,我们没

---

[1] 《左传·僖公四年》。缩酒,即祭祀专用美酒。
[2] 《左传·昭公十三年》

有能力办到！这些年为了和平事业，摊派贡赋名目多且负担重，小国实在负担不起了，快要破产了。他从中午一直争到黄昏，后来作为霸主的晋国只好让步。这一事例鲜活地反映了周代诸侯向王室贡赋的相关制度及具体实施情形。通过霸主召集的国际会议，定期或不定期对各国贡赋负担额加以修订，也是这一制度在春秋时代的重要内容之一。

3."服事""服役""勤王"义务

诸侯有义务服务于王室，称为"共（供）王职"，包括"服役""服事""勤王"之类，这是周代宗法封建制的重要内容之一。具体说来，大致有三种情形：第一是参与王室的工程之役，第二是参与王室发起的军事之役，第三是在王室遭到入侵时出兵"勤王"。

所谓工程之役，就是为周王室提供人力物力修筑各类城池、道路、宫室工程。如周成王时营建的东都成周，即为天子召集诸侯各国提供民役合力筑造而成，"昔成王合诸侯，城成周，以为东都"[1]。鲁昭公三十二年（前510年）秋，周敬王派遣使臣到晋国，请求晋顷公出面召诸侯合力重修成周，晋国执政魏献子（魏舒）马上同意："天子之命，敢不奉承？以奔告诸侯，迟速衰序，如是焉在。"晋国随即召集了齐、宋、卫、郑、曹、莒、薛、杞、小邾等国会盟于狄泉"且令城成周"。晋国大夫士弥牟（士景伯）担任工程总指挥兼总工程师，"营成周，计丈数，揣高卑，度厚薄，仞沟洫，物土方，议远迩，量事期，计徒庸，虑财用，书餱

---

[1] 《左传·昭公三十二年》

粮,以令役于诸侯,属役赋丈,书以授帅"[1],就是进行现场测量以计算工程所需时间、人力、建材、粮食等,并列出任务单分发给诸侯各国派来的主帅。各国共出人力物力,很快就修好了城墙。如诸侯不肯提供人力物力,就构成"不供王职"之罪。在此役中,宋国大夫仲几不肯承担工程任务,触怒了士弥牟和晋国,立即被晋人捕送京师治罪。[2]

所谓军事之役,主要指天子召集诸侯共同讨伐违法诸侯的军事行动。《春秋》记,鲁桓公五年(前689年)秋,"蔡人、卫人、陈人,从(周桓)王伐郑。"《左传》记:"(桓)王以诸侯伐郑,郑伯御之。王为中军;虢公林父将右军,蔡人、卫人属焉;周公黑肩将左军,陈人属焉。"[3]因郑庄公与周桓王之间的矛盾激化,桓王黜夺郑庄公兼任的王室卿士之职,郑庄公因而怨怒多年不朝。于是周桓王乃亲率王师,并征召陈、蔡、卫三国出兵协助,共同讨伐郑国。虽然结果是王师大败,但此事能大概反映诸侯奉天子征召出兵参加周王军事之役的周制。此外,鲁隐公九年(前714年),"宋公不王。郑伯为王左卿士,以王命讨之,伐宋"[4],即郑国国君以天子左卿士资格,奉王命讨伐宋国;鲁桓公十年(前684年)春,周王室大夫詹父"以王师伐虢"[5]。这两次军事行动,也算是

---

1 参见《左传·昭公三十二年》。

2 《左传·定公元年》

3 《左传·桓公五年》

4 《左传·隐公九年》。关于兵役方面的诸侯义务,参见瞿同祖:《中国封建社会》,上海人民出版社2005年版,第65—68页。

5 《左传·桓公十年》

以周王名义发起的军事之役，可能也召集了其他诸侯国参与。

所谓"勤王"之役，主要指周天子召诸侯前来为王室抵御外敌入侵或平定内乱政变。前一种情形，如鲁僖公十六年（前644年）秋，"狄侵晋，取狐厨、受铎，涉汾，及昆都，因晋败也。（周）王以戎难告于齐，齐征诸侯而戍周。"[1] 北方戎狄入侵晋国，攻占了狐厨、受铎等地，并渡汾河兵临昆都（今山西临汾等地），接近周王王畿。于是周王乃告急于齐国，授权齐国征召诸侯各国派兵到京师守备王城以防御戎狄入侵。后一种情形，如鲁定公六年（前504年），"周儋翩率王子朝之徒，因郑人将以作乱于周。郑于是乎伐冯、滑、胥靡、负黍、狐人、阙外。六月，晋阎没戍周，且城胥靡。"[2] 此事原委是，周景王崩，其庶子姬朝率党羽儋翩等借郑国力量发动政变，杀景王嫡长子（周悼王）夺取王位。霸主晋国不承认姬朝为王，乃扶立景王另一嫡子姬匄为王（周敬王），并马上以王命征召诸侯各国派兵戍守王城以抵抗叛军。这也是一次典型的"勤王"之役。晋国大夫阎没，就是奉晋侯之命率领晋军参与戍守，并为周王修筑胥靡城。

4. 丧葬祭祀之参助义务

诸侯对天子或王室还担负有丧葬祭祀方面的参助义务。从丧葬方面义务而言，诸侯须参助天子的丧葬事宜，为天子服斩衰重丧，

1　《左传·僖公十六年》
2　《左传·定公六年》

这在周代是重要的礼法制度。"天子七月而葬,同轨毕至"[1],所有"中国"(华夏)诸侯都须亲自或派使者参加天子葬礼。所谓"天子之丧动四海,属诸侯"[2],是说天子之丧四海人民都须哀戚,诸侯们则须参助丧葬。诸侯参助天子丧葬,必须贡献财物。《白虎通》说:"天子崩,赴告诸侯何?缘臣子丧君,哀痛愤懑,无能不告语人者也。诸侯欲闻之,又当持土地所出以供丧事,故《礼》曰:'天子崩,遣使者赴告诸侯。'"[3]这是说,天子崩薨时,国家财计官员须马上通知诸侯准备助葬物资,诸侯须马上准备本国产品"以供丧事"。

诸侯为天子服丧的礼与为父亲服丧的规格相同,都是斩衰重丧。周礼规定"诸侯为天子斩衰三年"[4],《白虎通》解释说:"诸侯为天子斩衰三年何?普天之下,莫非王土。率土之滨,莫非王臣。臣之于君,犹子之于父。明至尊、臣子之义也。"[5]

诸侯为天子哭丧奔丧,也形成了系列礼法制度。孔子学生曾子问老师:"诸侯之祭社稷,俎豆既陈,闻天子崩、后之丧……如之何?"孔子回答说:"废。自薨比至于殡,自启至于反哭,奉帅天子。"[6]意思是,在参与祭社稷典礼时,一听闻天子或王后

---

1 《左传·隐公元年》
2 《荀子·礼论篇》
3 《白虎通·崩薨》
4 《白虎通·丧服》引《丧服经》。
5 《白虎通·丧服》
6 《礼记·曾子问》

丧讯，诸侯必须立即停止祭仪，马上号哭以示哀痛。诸侯还必须为天子奔丧。"王者崩，诸侯悉奔丧何？臣子悲哀恸怛，无不欲观君父之棺柩，尽悲哀者也。"但考虑到诸侯们"守土有责"，故具体奔丧方式可分三种："又（诸侯）为天子守蕃，不可顿空也，故分为三部：有始死先奔者，有得中来尽其哀者，有得会丧奉送君者。"[1] 不过也有人认为，天子之丧，诸侯可以不亲奔，或不越境而奔[2]。天子崩薨时，诸侯即使正在为父母服丧，也必须立即为天子奔丧："诸侯有亲丧，闻天子崩，奔丧者何？屈己，亲亲犹尊尊之义也。"[3] 这是说为天子奔丧的义务大于为父母治丧守丧义务。

从祭祀方面义务而言。诸侯首先有祭祀（与天子）共同宗庙（祖先）之义务。《礼记·王制》所谓"天子七庙""诸侯五庙"，也是强调诸侯有祭祀与天子共同的祖先宗庙之义务。《左传》记，周时各同姓诸侯国都为共同祖先设有宗庙，以祭祀共同远祖。"秋，吴子寿梦卒。临于周庙，礼也……是故鲁为诸姬，临于周庙。为邢、凡、蒋、茅、胙、祭，临于周公之庙。"[4] 这里的"周庙"，就是"宗庙"，即祭祀曾祖以上至远祖之庙。吴国、鲁国皆为姬姓，故都有"周庙"以祭祀共同祖先。如果不祭祀共同祖先，就有"王法天诛"制裁之，

1　以上参见《白虎通·崩薨》。
2　〔宋〕魏了翁《春秋左传要义》卷二《隐公元年》："天子之丧诸侯不亲奔。天王之丧，诸侯不得越境而奔，修服于其国。卿共吊葬之礼。鲁侯无故，而穆伯如周吊。此天子崩，诸侯遣卿共吊葬之经传也。是言礼天子之丧，诸侯不亲奔也。"
3　《白虎通·丧服》
4　《左传·襄公十二年》

"于是有刑不祭，伐不祀，征不享"[1]。鲁僖公四年（前656年），齐桓公率诸侯联军伐楚，齐国指控楚国的罪状之一就是"尔贡包茅不入，王祭不共，无以缩酒"[2]，即指控楚国逃避为周王宗庙祭祀贡献物资特别是专用美酒的义务。

（八）诸侯自治权利的礼法界限

虽有系统完备的中央监督控制机制，诸侯各国仍然有很大的自治权。诸侯各国可以仿照中央政体设官分职，组成诸侯国小朝廷；可以有自己的社稷、宗庙和常备军；可以自行铸造并发行货币；可以征收赋税并煮盐开矿等。但这些自治权利，包括其他礼仪荣誉权利，都是有明确而严格的礼法边界的。理论上讲，诸侯不可越礼法雷池一步。《春秋》及其三传所记很多事例，大致反映了诸侯自治权力的这种边界，至少是名义上的边界。

1. 不得擅自封授土地

既然"普天之下莫非王土"，那么任何土地包括被封授给诸侯的土地，都属于天子所有，任何人就无权擅自处置，包括擅自裂土分封、赠与、买卖等。此即《春秋繁露》所言"有天子在，诸侯不得专地，不得专封"[3]。这是一条重要礼法，也是诸侯自治权力的重要边界。

《春秋》及《左传》记载，鲁桓公元年（前711年）初，"郑

---

1 《史记·周本纪》
2 《左传·僖公四年》
3 《春秋繁露·王道》

人请复祀周公,卒易祊田,公许之。三月,郑伯以璧假许田,为周公祊故也"。这里所记的是郑国用玉璧跟鲁国交换田产,用于建祠祀周公之庙一事。所谓"假",就是"借"。但此事的真相不是借而是交易;"许田"实为鲁国之田;"祊"本指庙门,借指祠庙。《春秋穀梁传》解释说:"假不言以,言以非假也。非假而曰假,讳易地也。礼,天子在上,诸侯不得以地相与也。"[1]《春秋公羊传》认为,春秋特记此事,旨在凸显其"非礼":"有天子存,则诸侯不得专地也。"[2] 这块土地在王畿之内,本是天子之地,后来天子将其划归鲁国,作为鲁国"朝宿之邑"(即鲁国驻京师办事处用地)[3]。这里特别阐发的礼法是:诸侯所获土地都是"王土",无权擅自转让给别人。

鲁僖公元年(前659年),齐桓公率齐、宋、曹三国联军救援邢国,抗击狄人入侵,又建造夷仪新城安顿亡国的邢国君臣。关于此事,《春秋》仅记为三国之"师"(军队)所为,故意不提三国之"君"所为。为何这样记?《春秋公羊传》说,这是为了申明"诸侯之义不得专封"之礼法。意思是,若将建夷仪城安置邢国君臣、存续邢国祚祀的行为记录为齐桓公等三位诸侯("君")所为,那就等于承认诸侯也可以擅自封建新诸侯国。"君则其称师何?不

---

[1] 《春秋穀梁传·桓公元年》
[2] 《春秋公羊传·桓公元年》
[3] 既然那是周田或王田,为何不明说是周田呢?《公羊传》说,因为《春秋》忌讳诸侯擅取周田,所以不能称之为周田。虽不称周田,为何一定要称之为"许田"呢?因为以此地邻近许国,故称之为许田。

与诸侯专封也。曷为不与？实与而文不与。文曷为不与？诸侯之义不得专封也。"[1]齐桓公等共建新城存留邢国国祀（社稷宗庙）之行为，有力维护了宗法封建政治秩序，实质上是对的，是应该肯定的（"实与"）；但其擅自"专封"行为又违反了礼法，所以记录笔法应体现贬讽。这就是所谓"实与而文不与"，这是为了强调诸侯自治权力的礼法边界。

鲁僖公二年（前658年）春正月，齐桓公率多国诸侯"城楚丘"，也被《春秋》所讥。楚丘本是卫国城邑，因狄人部落入侵，卫国君死国灭。桓公率诸侯联军赶走狄人后，在楚丘主持重建（封）卫国，修筑楚丘城就是为了安置卫国君臣。卫国既是为狄人所灭，为何《春秋》不提狄人呢？《春秋公羊传》认为此乃"为桓公讳也"。为什么要为桓公讳呢？"曷为为桓公讳？上无天子，下无方伯，天下诸侯有相灭亡者，桓公不能救，则桓公耻之。"就是说，桓公作为霸主，却没有尽到霸主的救援义务，当自耻。但是，修建楚丘城、重建卫国的不也是桓公吗？这对于"封建"秩序是功勋呀，《春秋》为何仍不提及桓公呢？"曷为不言桓公城之？不与诸侯专封也。曷为不与？实与而文不与。文曷为不与？诸侯之义，不得专封。诸侯之义不得专封，则其曰实与之何？上无天子，下无方伯，天下诸侯有相灭亡者，力能救之，则救之可也。"[2]《春秋公羊传》的意思是，桓公率诸侯共同重建卫国，实际是合乎礼

---

1 《春秋公羊传·僖公元年》
2 《春秋公羊传·僖公二年》

义而值得肯定的，此即所谓"实与"。但是在史书记录之文上又不能予以肯定，因为桓公毕竟违礼了——未经天子授权，他就擅自在楚丘重新建城"封卫"，这就是僭越行径。所谓"诸侯之义不得专封"，就是说除了周天子，任何诸侯无权处分"王土"。

鲁僖公十四年（前646年）春，"诸侯城缘陵"，此事又被《春秋》所讥。此事原委即徐国、莒国等合伙攻灭杞国，齐桓公率诸侯联军救援杞国，帮杞国迁都缘陵，重建杞国。《春秋》为何不直书"徐莒灭杞"？《春秋公羊传》说这又体现了"为桓公讳"的用意，即对贤者齐桓公作为"方伯"（霸主）未及时制止徐莒侵略的失职责任故意加以隐讳。这样说来，桓公修成重建杞国不就是大功一件吗？为何又不直书为"桓公城杞"呢？因为如果那样写，又等于承认诸侯（桓公等）有"专封"之权。这种"实与而文不与"的笔法，也是要强调"诸侯之义，不得专封也"[1]之自治权力界限。

鲁昭公四年（前538年）秋七月，楚国国君率蔡、陈、许等八国的联军"伐吴，执齐庆封，杀之"。[2] 关于此事，《春秋》仅记述为"伐吴"，《春秋公羊传》认为这一笔法实含讥贬。庆封是齐国大夫，曾"胁齐君而乱齐国"。失败后，他逃到吴国寻求庇护，吴国将其封于"防"城。关于此事，《春秋》为何不直书楚、蔡、陈、许等八国的联军"伐防"，而是曲书为"伐吴"呢？《春秋公羊传》说，因为庇护并封"防"地给庆封的是吴国，吴国此举严重违反了"不

---

1 《春秋公羊传·僖公十四年》
2 《春秋公羊传·昭公四年》

与诸侯专封也"¹之礼法。如果史书记为"伐防",就等于承认吴国"封"庆封于防地是合法的,就等于承认诸侯有(不经天子授权的)"专封"之权。所以这一记录是为了突出吴国行为的"非礼"(违法)属性。

《春秋》记载,鲁庄公二十四年(前670年)冬,"戎侵曹。曹羁出奔陈。赤归于曹。郭公(以下疑有阙文)"。由于阙文,这里所记之事不甚明了。事实可能是,郭公(名赤)乃郭国国君,将郭国(前身或为虢国)擅自赠与逃亡来投的曹君²。关于《春秋》的记载,《春秋穀梁传》解释说:"郭公赤,盖郭公也。何为名也?礼,诸侯无外归之义,外归非正也。"记录时称郭公之名,不言其国君身份,就是为了讥讽。《春秋公羊传》解释说:"赤者何?曹无赤者,盖郭公也。郭公者何?失地之君也。"³两传都说,这种曲折笔法就是为了凸显郭公赤不算国君,并凸显"诸侯无外归之义"。郭国国君(郭公赤)擅自将郭国"归于"曹君,轻率放弃了天子授予的国家社稷,这是严重违反礼法的。诸侯没有擅自转让"王土"的权利,必须遵守"诸侯之义不得专封"⁴之礼法。

2. 不得非礼越出国境

诸侯出境必须有合乎礼法的正当事由,无正当事由不得出境。

---

1 《春秋公羊传·昭公四年》
2 晋人范宁《春秋穀梁传注》引徐乾曰:"郭公,郭国之君也。盖不能治其国,舍而归于曹君。"因为郭国被赠与(归于)曹君,故郭国亡。所以,清人毛奇龄《春秋毛氏传》认为,《春秋》经文"赤归于曹"之后"郭公"二字应为"郭亡"。
3 《春秋公羊传·庄公二十四年》
4 《春秋公羊传·僖公元年》

这是诸侯们必须遵守的又一义务。《春秋》记述，鲁桓公三年（前709年）九月，"齐侯送姜氏于讙"。这里所记，是齐桓公送女出嫁一事。女儿嫁鲁，齐桓公亲自送嫁，出齐境至鲁国讙城。这件小事为何要写入《春秋》？因其违礼必须讥讽。《春秋公羊传》说："何以书？讥。何讥尔？诸侯越竟（境）送女，非礼也。"[1]《左传》则也解释："齐侯送姜氏，非礼也。凡公女嫁于敌国，姊妹则上卿送之，以礼于先君；公子则下卿送之；于大国，虽公子亦上卿送之；于天子，则诸卿皆行。公不自送。"[2] 就是说，齐桓公的行为，除了违反诸侯不得无正当理由出境的礼法，也违反了"嫁女当派卿护送（诸侯不得亲自送）"的礼法。

《春秋》又记，鲁庄公二十三年（前671年），"公如齐观社，公至自齐"，此即鲁庄公越境到齐国看庙会事。《左传》认为，《春秋》所记旨在讥讽："公如齐观社，非礼也。"并引大夫曹刿语曰："不可。夫礼所以整民也，故会以训上下之则，制财用之节，朝以正班爵之义，帅长幼之序，征伐以讨其不然。诸侯有王，王有巡守，以大习之。非是，君不举矣。君举必书，书而不法，后嗣何观？"[3] 曹刿之言阐明了周礼关于诸侯出境的正常事由。除了"会"（诸侯间会同会盟）、"朝"（诸侯朝觐天子或诸侯互朝）、征伐、从王巡狩等礼法许可的正常事由外，诸侯以其他任何事由出境都是违反礼法的。《春秋公羊传》也说："公如齐观社。何以书？讥。

1　《春秋公羊传·桓公三年》
2　《左传·桓公三年》
3　《左传·庄公二十三年》

何讥尔?诸侯越竟(境)观社,非礼也。"[1]《春秋穀梁传》说:"常事曰视,非常曰观。观,无事之辞也,以是为尸女也。无事不出竟。"[2] 所谓"尸女",可能指通淫于社女[3],即庄公此行可能有三重非礼:一为擅自越出国境,二为出境不为正事,三为淫乱于倡女。

《春秋》还记了一件与此有关的事。鲁庄公二十七年(前 667 年)春,"公会杞伯姬于洮"。此即鲁庄公到邻近杞国的洮邑看望女儿一事。《左传》认为,这一记载体现了《春秋》的贬讽:"公会杞伯姬于洮,非事也。天子非展义不巡守,诸侯非民事不举,卿非君命不越竟。"[4] 庄公之女,嫁与杞国国君杞成公位姬后,庄公出都城到边境去看望女儿,在《春秋》看来不是正事("非事")。所谓"诸侯非民事不举",就是说诸侯外出就只能是为百姓办正事。这虽不是出境,但其被讥讽的理由与前几件事相通。

3. 不得擅主讨伐

《春秋》记述,鲁文公十四年(前 613 年)冬十月,"楚人杀陈夏征舒"。此处所记,是楚庄王率军攻伐陈国,捕杀弑君自立的陈国大夫夏征舒之事。《春秋公羊传》认为,《春秋》在讥贬楚庄王:"此楚子也,其称人何?贬。曷为贬?不与外讨也。"[5] 就是说,

---

1　《春秋公羊传·庄公二十三年》
2　《春秋穀梁传·庄公二十三年》
3　郭沫若先生解为:"尸,陈也,像卧尸之形。尸女即通淫之意"。闻一多也认为"郭说极是"。清人俞正燮《癸巳类稿·燕祖齐社义》:"则此,如齐观社,实为观女人"。
4　《左传·庄公二十七年》
5　《春秋公羊传·宣公十一年》

楚庄王作为诸侯，未得周王授权，擅自讨伐别的诸侯国是违反礼法的。诸侯非但不被允许擅自"外讨"，即使仅在国内擅自讨伐也不合礼法，即"虽内讨亦不与也"。道理何在？因为征伐大权属于天子，"诸侯之义不得专讨也"，诸侯擅自决定讨伐就是违反礼法。《春秋公羊传》认为，尽管楚庄王此举违反了礼法，但《春秋》"文不与而实与之"——字面上不肯定，实际上肯定。为何如此？"上无天子，下无方伯，天下诸侯有为无道者，臣弑君，子弑父，力能讨之，则讨之可也。"[1]《春秋》实际上赞许楚庄王讨伐乱臣贼子的正义行动。不过，这赞成肯定不能公开表达，因为楚庄王毕竟僭越了专属于天子的征伐权。《白虎通》的解释更清楚："诸侯之义，非天子之命，不得动众起兵诛不义者，所以强干弱枝，尊天子，卑诸侯也。"[2] 这与孔子所言"礼乐征伐自天子出"的礼法大义正相呼应。

4. 不得非礼朝会诸侯

《春秋》记述，鲁隐公元年（前722年）冬十二月，"祭伯来"。祭伯为祭国国君，兼任周王卿士，服务于天子左右。作为诸侯的祭伯来鲁国，本应记载为"朝"，但《春秋》只记为"来"，《左传》认为这一笔法体现了讥贬。为什么贬？因为"祭伯来，非王命也"[3]，即他不是奉周王之命出境的。《春秋穀梁传》也解释说："寰内诸侯，非有天子之命，不得出会诸侯。不正其外交，故弗

1　《春秋公羊传·宣公十四年》
2　《白虎通·诛伐》
3　《左传·隐公元年》

与朝也。聘弓、镞矢，不出竟场，束修之肉，不行竟中。有至尊者，不贰之也。"[1] 所谓"不正其外交"，就是不承认这是正当外交；"弗与朝也"，就是不承认此行为"朝"。关于此事，可以有两种理解：其一，诸侯不得擅自非礼会见，亦即在朝聘、会盟、征伐等事由以外，诸侯擅自会见即为违反礼法；其二，王畿内的诸侯，非经天子同意，不得擅自出会其他诸侯。"寰内"应指王畿千里之内。这里似乎应以第二种意思为主。

《春秋》又记，鲁桓公六年（前706年），"春正月，寔来"。此所记何事？《左传》补充说："六年春，自曹来朝。书曰'寔来'，不复其国也。"[2]《春秋公羊传》解释说："寔来者何？犹曰是人来也。孰谓？谓州公也。曷为谓之寔来？慢之也。曷为慢之？化我也。"[3]《春秋穀梁传》也解释说："寔来者，是来也。何谓是来？谓州公也。其谓之是来，何也？以其画我，故简言之也。诸侯不以过相朝也。"[4] 这里所记之事，是州来国[5]国君（州公）来"朝"鲁国一事。为何不直接记为"州公"及其"来朝"呢？这就是春秋笔法的微言大义所在。据说，州公是在"朝"曹国后途经鲁国时顺便"朝"鲁，鲁人认为这是对鲁国无礼[6]，所以故意记为"是人来"（"那个人来了"）以示轻慢之。

---

1 《春秋穀梁传·隐公元年》
2 《左传·桓公六年》
3 《春秋公羊传·桓公六年》
4 《春秋穀梁传·桓公六年》
5 州来国是商周至春秋时期的江淮部族方国。其疆域大致包含今安徽淮南市区及凤台、寿县等。前529年，州来国为吴国所灭。后又复国，并被楚国所灭。
6 "化我""画我"，据说是齐鲁地区方言，意思是"对我无礼"。

这些解释旨在阐申"诸侯不以过相朝"的礼法——诸侯不得在"朝"甲国途中顺便"朝"乙国。也就是说，诸侯之间互朝必须只是"专访"。不过，据说在出访期间，州来国灭国（"不复其国"）了，州公无国可回了，于是顺便来"朝"鲁国。果真如此，《春秋》以如此轻慢无礼的笔法将此事入国史，则就有失厚道，甚至是落井下石了。

5. 不得擅自捕杀大夫（"专执""专杀"）

　　礼法对诸侯自治权力的限制，包括不得擅自捕杀卿大夫这一限制。前651年齐桓公主持葵丘之盟，盟约有"无专杀大夫"之禁条，就是重申这一限制。《春秋》记述，鲁定公元年（前509年）三月，"晋人执宋仲几于京师"。这里所记，是霸主晋国逮捕宋国大夫仲几押送京师一事。《春秋公羊传》认为，《春秋》记录这件事的笔法体现了"实与而文不与"——实际上肯定，字面上不肯定。为何要肯定？因为仲几此人确实有罪，"仲几之罪何？不蓑城也"，就是在率领民夫为周王修筑王城时疏忽怠惰，暴雨时不用茅草席盖住未完工的城墙。晋人逮捕仲几，确有方伯代天子行罚（"伯讨"）的属性，所以《春秋》实际上予以肯定（"实与"）。既然承认为"伯讨"，为何又要"文不与"——记为"晋人"加以讥贬呢？那是为了申明"不与大夫专执也"的礼法："大夫之义，不得专执也。"[1]这里强调的礼法是，非经周王授权，诸侯是没有权力逮捕卿大夫的。《春秋繁露》也说："有天子在，诸侯不得专地，不得专封，

1　《春秋公羊传·定公元年》

不得专执天子之大夫。"[1] 这更清晰地阐释了这一礼法。

6. 不得擅自弃国逃亡

诸侯代天子镇守一方，则守土有责，不得擅自弃国逃亡；遭遇外敌入侵时应死守国土，不惜牺牲自己。这是礼法规定的诸侯重要义务之一。《礼记》所谓"故国有患，君死社稷谓之义，大夫死宗庙谓之变"[2]，正阐释了诸侯的这一礼法义务。"社稷"即国家代称。诸侯与国家共存亡才合乎道义。

> 国君去其国，止之曰："奈何去社稷也！"大夫，曰："奈何去宗庙也！"士，曰："奈何去坟墓也！"国君死社稷，大夫死众，士死制。[3]

对打算弃国逃亡的国君、大夫、士，士人应该如何谏阻他们？这里设计了恰当有力的谏阻之言。对于打算逃亡的诸侯国君，就应该以不要丢弃社稷来劝阻。对于打算逃亡的大夫，就应该以不要丢弃祖先宗庙来劝阻。对于打算逃亡的士，则应以不要遗弃先人坟墓来劝阻。国君应与国家共存亡，卿大夫应该与国人共存亡，士人应该与法制共存亡。其实，对国君而言，若弃国逃亡，就是三者全抛弃了，这既是最大的失职，也是最大的不孝，还是个人的最大失败。

---

1 《春秋繁露·王道》
2 《礼记·礼运》
3 《礼记·曲礼下》

二、关于国家政体和职能机构的礼学建构

关于国家基本政体,即国家政权组织架构及其职能问题,礼经礼著也有很多记述或构想。就基本政体而言,礼经大致记述了"云火水龙鸟官""三公六卿九牧""天地春夏秋冬六官"等多种体制。这些记述,部分为历史事实,更多为礼学家们的构想。这些言论,其实是早期贤哲关于国家政体问题的法学讨论,略加法学解读是很有意思的。

(一)"则天""法天"的政治体制及其理想

《左传》记述,鲁昭公十七年(前525年)秋,郯国国君郯子来朝,鲁昭公设宴招待。席间,鲁国大夫叔孙昭子趁机请教博学的郯子:"少皞氏鸟名官,何故也?"郯子回答说:"吾祖也,我知之。"他的答复,可能在一定程度上反映了上古国家政体的某些实情。

> 昔者黄帝氏以云纪,故为云师而云名。炎帝氏以火纪,故为火师而火名。共工氏以水纪,故为水师而水名。大(太)皞氏以龙纪,故为龙师而龙名。
> 我高祖少皞挚之立也,凤鸟适至,故纪于鸟。凤鸟氏,历正也。玄鸟氏,司分者也。伯赵氏,司至者也。青鸟氏,司启者也。丹鸟氏,司闭者也。祝鸠氏,司徒也。雎鸠氏,司马也。鸤鸠氏,司空也。爽鸠氏,司寇也。鹘鸠氏,司事也。五鸠,鸠民者也。五雉,为五工正,利器用,正度量,夷民者也。九扈,为九农正,

扈民无淫者也。自颛顼以来，不能纪远，乃纪于近。为民师而命以民事，则不能故也。

郯子这通话，引起了孔子的高度注意。"仲尼闻之，见于郯子而学之。既而告人曰：'吾闻之，天子失官，学在四夷，犹信。'"[1]

《汉书·百官公卿表》的记述可以与《左传》互参。

> 《易》叙宓羲、神农、黄帝作教化民，而《传》述其官，以为宓羲龙师名官，神农火师火名，黄帝云师云名，少昊鸟师鸟名。自颛顼以来，为民师而命以民事。

这一通追忆或构想，大致告诉我们以下三点。

第一，在历史上或在古人构想中，有以云、水、火、龙、鸟之名来命名中央机构各职官或各部门之事，这是一种特殊的政权架构或政治体制。这种命名理念，古来注家多以为与君王即位时天降瑞应有关[2]，但实质上也许是上古多部落联合后在图腾上的反映。不同部落本有不同的图腾，在多部落联合为联盟后，为体现团结统一，就用各部落的图腾分别作为联盟职官体制符号。

第二，从"云师云名"到"火师火名""水师水名""龙师龙名""鸟师鸟名"，进而"民师民事"的国家政权体制变化发展过程，也

---

[1] 《左传·昭公十七年》

[2] 注家说，"黄帝受命有云瑞，故以云纪事，百官师长皆以云为名号"；炎帝受命时"亦有火瑞，以火纪事、名百官"，共工"亦受水瑞，以水名官"，太昊"有龙瑞，故以龙名官"。见〔晋〕杜预：《春秋经传集解》，上海古籍出版社1978年版，第1421页。

许正是真实政治进化历程的观念投影——从代表天人沟通桥梁的祭司主政,进化到作为部落血脉和精神象征的酋长主政,再进化到作为道德和知识权威的君王主政,这一实际历史进化历程,用一种反转投影的方式映入人们的观念中。

第三,云、水、火代表天地自然的魔力,谁通晓之,即可为师为官。龙、鸟约为部族图腾,谁作为图腾守护者,谁最懂图腾意志,谁就是师,就可为官。到最后,谁最懂"民事",即为"民师",就应为官。这种先有"为师"资格然后才可"为官"的理念,正是先贤们关于国家政权本质及合法性的基本理念。与《尚书》《诗经》关于君王为人民"作之君""作之亲""作之师"理念正好内在相呼应。

这里的"以鸟名官"最值得我们注意。有学者认为:"黄帝以云纪、炎帝以火纪、共工以水纪、太皞以龙纪、少皞以鸟纪为基础建立起来的官秩系统,突出的是瑞应,也就是天子与天命之间的积极互动。天子根据天降瑞应设官置爵,正是这种积极互动的重要组成,也是人们想象中的理想的五帝治国之关键所在。"他认为,"'凤鸟适至'就是天之瑞应。为积极响应天命,少皞便以四鸟官司理分、至、启、闭,以五鸠官聚民,五雉官平民,九扈官节民。在孔子的评论所提供的语境下,少皞以鸟名官,是远古圣君遵从天命治国的典范。"[1]以"瑞应"为符号建构职官体

---

1 张瀚墨:《语境、修辞与过度阐释:"非爵勿□""我有好爵"以及以鸟名官的政治神话》,《东方论坛》2017年第1期。

系或政治体制,其要害正是人类政治与上天的积极互动,也即汉人董仲舒所谓"天人感应"——主动迎合上天秩序,建构天人和谐的政治。

郯子这一通话,其实也展现了礼家们关于最早国家机构体系的追忆,或他们对理想国家机构体系的构思。按照晋人杜预对《左传》注解可知:

1.因为"凤鸟知天时",故设"凤鸟氏"为历正,即国家历法大臣。以下设四大属官:玄鸟就是燕子,"以春分来,秋分去",故设"玄鸟氏"官;"伯赵"就是伯劳鸟,"以夏至鸣冬至止",故设"伯赵氏"官;青鸟,即鸧鹢,"以立春鸣立夏止",故设"青鸟氏"官;丹鸟,即鷩(上敝下鸟)雉,"以立秋来立冬去",故设"丹鸟氏"官。

2.设"五鸠"之官,管理民事。一是设"祝鸠氏"为司徒官,祝鸠,就是鹪鸠,"鹪鸠孝,故为司徒,主(掌)教民"。二是设"雎鸠氏"为司马官,"雎鸠"就是"王雎","鸷而有别,故为司马,主法制"。三是设"鸤鸠氏"为司空官,"鸤鸠平均,故为司空,平水土"。四是设"爽鸠氏"为司寇官,"爽鸠"就是鹰,鹰"鸷,故为司寇,主盗贼"。五是设"鹘鸠氏"为司事官,"春来冬去,故为司事"。以上"五鸠"之官,取"鸠聚"之义,"治民上(尚)聚,故以鸠为名"。

3.设"五雉"之官,"为五工正",主掌百工管理之事。五雉,就是五种野鸡,不知为何跟百工标准有关系。

4. 设"九扈"之官,"为九农正",管理农民农业。扈,也是鸟名,有九种,叫声不同,各为劝农之号。

这里一共有四种官。以四种"鸟官"分掌管分、至、启、闭(城邑门、村间门的安全保卫),以五种"鸠官"主掌聚民,以五种"雉官"为民掌百工及其标准,以九种"扈(鸟)官"掌管农民、农业及其技术。这里最重要的是"五鸠"之官,直接与司徒、司马、司空、司寇、司事联系起来,似乎就是传说中的"周礼六官"的来源了。

董仲舒将这种协和天人的政体建构设想发挥到了极致。董仲舒认为"王者制官"应该"官制象天",也就是主张政治体制应该"则天""法天",与天地自然秩序谐和。他认为,周代政治体制,如《礼记·王制》所记"三公、九卿、二十七大夫、八十一元士,凡百二十人"之类,其中的数字都不是随意的,都是与天地秩序一致的。三、九、二十七、八十一、一百二十都是天地秩序的特殊代码,人类社会的政治体制或治理机构建置,必须与这个代码保持一致。

> 吾闻圣王所取,仪金天之大经,三起而成,四转而终,官制亦然者,此其仪与!……三公者,王之所以自持也。天以三成之,王以三自持。立成数以为植,而四重之,其可以无失矣……是故天子自参以三公,三公自参以九卿,九卿自参以三大夫,三大夫自参以三士。三人为选者四重,自三之道以治天下;若天之四重,自三之时以终始岁也。一阳而三春,非自三之时与!而天四重之,其数同矣。天有四时,时三月;王有四选,选三臣;是故有孟、

有仲、有季，一时之情也；有上、有下、有中，一选之情也；三臣而为一选，四选而止，人情尽矣。人之材固有四选，如天之时固有四变也；圣人为一选，君子为一选，善人为一选，正人为一选，由此而下者，不足选也；四选之中，各有节也；是故天选四堤十二而人变尽矣；尽人之变，合之天，唯圣人者能之，所以立王事也……由此观之，三而一成，天之大经也，以此为天制。[1]

董仲舒所言，欲阐明为何"公""卿""大夫""元士"的编制数必须是三、九、二十七、八十一，总职数必须是一百二十之天人关系原理。这虽然有些神秘主义的色彩，但其谐和天地自然秩序的制度建设追求并非没有意义。协和自然法的政治，当然是成本最低的政治。要协和、谐和自然，当然必须尽可能对自然规律有更多认知。在科学思维不发达的古代，人们通过臆断和猜测来获得一些对规律的认知，自是情理之中的事。

（二）"三公六卿九牧"体制

关于周代政治体制或礼经所憧憬的政治体制，《礼记》曾记载："天子建天官，先六大，曰大宰、大史、大祝、大士、大卜，典司六典。天子之五官，曰司徒、司马、司空、司士、司寇，典司五众。"[2] 这里的"天官"是执掌宗教和祭祀的官职系列，属于主掌宗教祭祀和文书册命事务的太史寮系列；"五官"是治民之官，

1　《春秋繁露·官制象天》
2　《礼记·曲礼》

属于主掌一般政治事务的卿士寮系列。[1] "天官"与"五官"合起来，就是"六官"。

这样的六官，在疑为伪作的《古文尚书》里就被描述成了"三公六卿九牧"的周代政治体制或国家机构体系。

> 立太师、太傅、太保，兹惟三公。论道经邦，燮理阴阳。官不必备，惟其人。少师、少傅、少保，曰三孤。贰公弘化，寅亮天地，弼予一人。冢宰掌邦治，统百官，均四海。司徒掌邦教，敷五典，扰（安）兆民。宗伯掌邦礼，治神人，和上下。司马掌邦政，统六师，平邦国。司寇掌邦禁，诘奸慝，刑暴乱。司空掌邦土，居四民，时地利。六卿分职，各率其属，以倡九牧，阜成兆民。[2]

在这一追忆或构想中，在天子之外，国家中央政体及地方最高长官由几种职官共同构成。第一类是"三公三孤"：三公即太师、太傅、太保，为天子师傅，职责为探讨治国理念，沟通天人；三孤即少师、少傅、少保，职责为协助三公保傅天子。第二类是"六卿"，即冢宰、司徒、宗伯、司马、司寇、司空，就是《周礼》所谓"六官"体系。第三类是"九牧"，就是天下九州的最高地方长官，这当然是指封邦建国制下诸侯性质的牧民官，不是后世郡县制下守令性质的牧民官。

---

1 杨宽：《西周中央政权机构剖析》，《历史研究》1984 年第一期。
2 《古文尚书·周官》

（三）"天地春夏秋冬"六官体制

在周制基础上不断理想化、体系化，礼经逐渐完成了周礼六官体制构想。这一构想代表了早期贤哲们的政治理想和价值追求，也体现了他们的认知局限。

首先，《周礼》把国家政治事务分为治、教、礼、政、刑、事六大类。中央公职体系，也相应分为治职（一般治理）、教职（人民教化）、礼职（祭祀教育）、政职（军事管理）、刑职（司法治安）、事职（工程建设）六类。国家中央政权设置"六官"（天官冢宰、地官司徒、春官宗伯、夏官司马、秋官司寇、冬官司空）体制[1]。这里包含着一个宪法性原则，即按照天、地、春、夏、秋、冬这种农业文明规律建构国家基本政体，以"人事"政体因应"天时"。后世历代中央政权的吏、户、礼、兵、刑、工六部体制乃至州县衙门中的"六房"体制，显然都有着这一周礼架构的影响。

其次，六官各有特定职责，并有各自职官系列。比如天官冢宰，"乃立天官冢宰。使帅其属而掌邦治，以佐王均邦国"，其总职责是"掌邦治"。这一职官体系，以大宰为首，下有小宰、宰夫、宫正、宫伯、甸师、内宰等一个庞大的属官系列。比如地官司徒，"乃立地官司徒，使帅其属而掌邦教，以佐王安邦国"，其总职责是"掌邦教"。这一职官体系，以大司徒为首，属官有大司徒、小司徒、乡师、乡老、乡大夫、遂大夫等一个庞大职官系列。比如春官宗伯，

---

[1] 《周礼·天官冢宰·小宰》

"乃立春官宗伯,使帅其属而掌邦礼,以佐王和邦国",其总职责是"掌邦礼"。这一职官体系,以大宗伯为首,属官有小宗伯、肆师、典瑞、典命、司服、典祀等庞大属官系列。比如夏官司马,"乃立夏官司马,使帅其属而掌邦政,以佐王平邦国",其总职责是"掌邦政"。这一职官体系,以大司马为首,属官有小司马、军司马、舆司马、司勋、司疆等一个庞大系列。比如秋官司寇,"乃立秋官司寇,使帅其属而掌邦禁,以佐王刑邦国",其总职责是"掌邦禁"。这一职官体系,以大司寇为首,属官有小司寇、士师、乡士、县士、朝士、司刑等一个庞大系列。至于冬官司空,《周礼》没有职官系列记述或构思,只有《考工记》记录的一些工程标准暂时充替。

复次,为六种国家职事配备了六种基本典章制度,作为所有国家机关的活动规范和职务执行标准,这叫做"六典"。《周礼》:"大宰之职,掌建邦之六典,以佐王治邦国:一曰治典,以经邦国,以治官府,以纪万民;二曰教典,以安邦国,以教官府,以扰万民;三曰礼典,以和邦国,以统百官,以谐万民;四曰政典,以平邦国,以正百官,以均万民;五曰刑典,以诘邦国,以刑百官,以纠万民;六曰事典,以富邦国,以任百官,以生万民。"[1] 这里多少体现了依照法制规章使用权力、执行职务的观念,与后世的"依法行政"有某种意义上的近似之处。这六典,正是唐玄宗时代制定《唐六典》以及明清时代制定《明会典》《清会典》的历史渊源。

---

[1] 《周礼·天官冢宰·大宰》

（四）国家基本职岗体系及职责构想

《荀子·王制篇》中以"序官"（官制总论）为题，发表了他关于国家政治体制暨公共职岗职责体系的基本构想。

> 宰爵知宾客、祭祀、飨食、牺牲之牢数，司徒知百宗、城郭、立器之数，司马知师旅、甲兵、乘白之数。修宪命，审诗商，禁淫声，以时顺修，使夷俗邪音不敢乱雅，大师之事也。修堤梁，通沟浍，行水潦，安水臧，以时决塞，岁虽凶败水旱，使民有所耘艾，司空之事也。相高下，视肥硗，序五种，省农功，谨蓄藏，以时顺修，使农夫朴力而寡能，治田之事也。修火宪，养山林薮泽草木鱼鳖百索，以时禁发，使国家足用而财物不屈，虞师之事也。顺州里，定廛宅，养六畜，间树艺，劝教化，趋孝弟，以时顺修，使百姓顺命，安乐处乡，乡师之事也。论百工，审时事，辨功苦，尚完利，便备用，使雕琢文采不敢专造于家，工师之事也。相阴阳，占祲兆，钻龟陈卦，主攘择五卜，知其吉凶妖祥，伛巫、跛击之事也。修采清，易道路，谨盗贼，平室律，以时顺修，使宾旅安而货财通，治市之事也。抃急禁悍，防淫除邪，戮之以五刑，使暴悍以变，奸邪不作，司寇之事也。本政教，正法则，兼听而时稽之，度其功劳，论其庆赏，以时慎修，使百吏免尽而众庶不偷，冢宰之事也。论礼乐，正身行，广教化，美风俗，兼覆而调一之，辟公之事也。全道德，致隆高，綦文理，一天下，振毫末，使天下莫不顺比从服，天王之事也。故政事乱则冢宰之罪也，国家失俗则辟公之过也，天下不一、诸侯俗反则天王非其人也。[1]

---

[1] 《荀子·王制篇》

荀子关于职官体制的这一通构想，至少表达了三方面的判断和主张。

第一，关于国家公共政治的重要事务有哪些种类，荀子作出了自己的判断。他列举了祭祀、筑城、用兵、音律、教化、水利、百工、占卜、市场、治安与司法、综政等多个方面，认为作为公共权威的国家，把这几类事做好了就基本称职了。他的设想是一个宗法封建制农业国政府格局下的公共职能设想，是前民主法治时代的"小政府"职能构想。

第二，荀子构想的政治机构及职能分为三个层次，上为天王、冢宰、辟公（诸侯）之全国或诸侯国统综治理层次，中为司徒、司马、司寇、司空、宰爵（宗伯）等大类政事治理层次，下为大师（乐师）、治田、虞师、乡师、工师、巫觋、治市等具体政事治理层次，三个层次共同构成一个政治机构体系。这一政治体制，既是中央王朝政体，也是诸侯国政体。荀子将辟公（诸侯）放在统综治理地位，那么冢宰、司徒、司马、司寇、司空等，当然也包括诸侯国内小朝廷之政体及职官体系建构。

第三，荀子还表达了统综治理职岗必须承担政治责任的观念。荀子在这里特别强调天子、辟公（诸侯）等统综治理职岗的政治责任，也许是认识到此前政治学说中关于君王职岗的责任设计存在着巨大弊端。他在考虑"冢宰之罪""辟公（诸侯国君）之过"的责任追究同时，特别思考了"天王非其人"的责任问题，他的理论至少接近了对天子"问责"这一问题，这是非常了不起的。

再往前一步，就得考虑依法弹劾罢免君王的问题了。

（五）封建政制的原始民主遗存

礼经关于封邦建国政制的记述或构想，有着相当明显的原始民主遗迹。比如周代国家政治体制中的"外朝"制度，也许就是这种遗存的典型。《周礼》记载："小司寇之职，掌外朝之政，以致万民而询焉。一曰询国危，二曰询国迁，三曰询立君。"[1] 还有"朝士掌建邦外朝之法"的记载。《周礼·地官司徒》："小司徒之职……凡国之大事致民，大故致余子。"又说："乡大夫之职……国大询于众庶，则各帅其乡之众寡而致于朝。"这里所记的"外朝"公众大会决策情形，或许就是原始公社氏族民主制的孑遗。国家有重大危机、国都迁移、君主选立等大事时，要在王宫外的广场即"外朝"召集"国人"（自由平民）大会来寻求公意。

还有"国人公选"和"国人公审"制度。"国君进贤，如不得已，将使卑逾尊，疏逾戚，可不慎与？左右皆曰贤，未可也；诸大夫皆曰贤，未可也；国人皆曰贤，然后察之；见贤焉，然后用之。左右皆曰不可，勿听；诸大夫皆曰不可，勿听；国人皆曰不可，然后察之；见不可焉，然后去之。左右皆曰可杀，勿听；诸大夫皆曰可杀，勿听；国人皆曰可杀，然后察之；见可杀焉，然后杀之。故曰，国人杀之也。"[2] 孟子这一通话，可能是在追忆西周的实际礼法制度，也可能是在借题发挥自己的王制构想。按他所述，国

---

[1] 《周礼·秋官司寇·小司寇》
[2] 《孟子·梁惠王下》

家高级公务员的任命、罢免，重大刑事犯罪的死刑判决，最后都要听取"国人"公意。《周礼·秋官司寇·司刺》："司刺掌三刺、三宥、三赦之法，以赞司寇听狱讼。壹刺曰讯群臣，再刺曰讯群吏，三刺曰讯万民……以此三法者求民情。"这就是说，国家重大案件要经过全民公决的方式作出最后判决。这种情形，有些像古希腊、古罗马的"人民大会"或"公民大会"进行重大事项表决或审判（如陶片放逐法之类）。

关于到广场出席国人大会的各类人员的席位布局，《周礼·秋官司寇·朝士》有记载："朝士掌建邦外朝之法。左九棘，孤、卿、大夫位焉，群士在其后。右九棘，公、侯、伯、子、男位焉，群吏在其后。面三槐，三公位焉，州长、众庶在其后。"《周礼·秋官司寇·小司寇》也记载："其位：王南乡，三公及州长、百姓北面，群臣西面，群吏东面。小司寇摈以叙进而问焉，以众辅声明而弊谋。""众庶"即国人大众，被安排在最高级、最重要的官员（三公、州长们）的身后，面向北方出席外朝大会，这有些像后世国家议会殿堂的席位安排。

正因为有原始民主制及观念孑遗，所以在早期贤哲们心目中，"天子"只是被一个国人认可（并可选择是否投奔）的最高公务职级而已，将天子职位神圣化、极端化是没有必要的。在孟子看来，"天子一位，公一位，侯一位，伯一位，子、男同一位，凡五等也。君一位，卿一位，大夫一位，上士一位，中士一位，下士一位，凡六等。"[1] 天子不过就是一个职岗（"位"）而已。就封邦建国的"天下"政治秩序而言，国家政治体制不过就是由"天子、公、侯、伯、子（男）"五等爵级共同构成。就天子大朝廷、诸侯小朝廷的内部建构而言，国家政治体制不过就是由"君（王）、卿、大夫、上士、中士、下士"六等职级构成。国家政治体制不过就是没什么神秘性的人设秩序建构，这些设置都是为人们的公共福利服务的。

（六）地方和基层组织管理体制

关于地方和基层的组织管理体制，礼学家们通过《周礼》《礼记》发表了很多看法。《礼记·王制》："天子百里之内以共官，千里之内以为御。千里之外设方伯。五国以为属，属有长；十国以为连，连有帅；三十国以为卒，卒有正；二百一十国以为州，州有伯。八州八伯，五十六正，百六十八帅，三百三十六长。八伯各以其属、属于天子之老二人，分天下以为左、右，曰'二伯'。千里之内曰甸，千里之外，曰采、曰流。"这些记述，可能反映了周代地方组织管理体系，也可能只是构想。在天子之下，设左右"二伯"（"天子之老"，即方伯）和全国"八伯"，管理地方最高级政区和（九州）。每个州之内，设"卒""连""属"三级地方单位，分别设"卒正""连帅""属长"三级长官管辖，共同构成一个地方组织管理体系。"州"内最小管理单位为"国"。四方八州每州下辖 210

---

[1] 《孟子·万章下》

国，王畿州（中央州）只设 93 国，全国九州共设 1773 个国。其中，5 个国合成一"属"，10 个国合成一"连"，30 个国合成一"卒"。于是，四方八个州共设 56 个"卒"（正）、168 个"连"（帅）、336 个"属"（长）。王畿千里之内大致也是"卒—连—属"三级体制。不过因为要"共（供）官"（供王官俸禄）"为（供）御"（供王室开支），其地方和基层管理体制或许不同于外八州。这一体制设计，大概是想将军事防卫联盟、治安管理单位、赋税徭役单位等多重性质的地方管理单位合而为一。

《周礼》所记载周代地方基层组织管理体制有好几种。第一是"令五家为比，使之相保。五比为闾，使之相受。四闾为族，使之相葬。五族为党，使之相救。五党为州，使之相赒。五州为乡，使之相宾"[1]的体制。在这六个管理层级，分别设置"乡大夫""州长""党正""族师""闾胥""比长"（邻长）等基层乡官以督率百姓。第二是关于"五家为比，十家为联；五人为伍，十人为联；四闾为族，八闾为联"[2]的体制。第三是关于"五家为邻，五邻为里，四里为酇，五酇为鄙，五鄙为县，五县为遂"[3]的体制。第四是关于"乃会万民之卒伍而用之。五人为伍，五伍为两，四两为卒，五卒为旅，五旅为师，五师为军，以起军旅，以作田役，以比追胥，以令贡赋"[4]的体制。

---

1 《周礼·地官司徒·大司徒》
2 《周礼·地官司徒·族师》
3 《周礼·地官司徒·遂人》
4 《周礼·地官司徒·小司徒》

关于地方基层管理的这四种体制，性质各有不同，但也有相通。"比—闾—族—党—州—乡"的编制，是以户口数为出发点进行编制的，像军队之旅团营连编制一般，旨在"兵民合一""寓兵于民"，亦即管仲所谓"作内政而寄军令"[1]的体制。"联比""联伍""联族"的编制，主要是从居民互相监视、联保连坐的角度出发的管理体制。至于"邻—里—酂—鄙—县—遂"的编制，则主要是从地域角度进行编制，如后世之县、乡、村、庄行政组织一般，其目的大约在于征派赋税、徭役和治安管理。

前三种地方基层编制单位中，有两个是六层级的编制单位，它们并非一一对应，但最基层组织竟都统一于"五家"定制。因此，我们或许可以推定："遂"大约与"乡"相当、"县"大约与"州"相当。这就是说，在周代，地方和基层管理单位可能有双轨制或多轨制：一方面，从军事征调和治安需要出发编制为自"乡"到"比""伍"的组织，后世以"比伍"指代基层百姓即源于此；另一方面，从地域和土地赋税管理需要出发编制为从"遂"到"邻"的地方基层组织。因此，在周代，真正相当于后世"县"以下之乡里什伍单位的，大概只有"比、闾、族、党"（从军事和治安管理角度言）或"邻、里、酂、鄙"（从地域和土地管理角度言）。真正的县以下（不含县）基层乡治管理层级，可能仅仅是"鄙、酂、里、邻"。因为《周礼》中直接规定了长官巡察治安、断决狱讼、催征赋役的责任。当然，"比、闾、族、党"（乃至"州、乡"）

---

1 《国语·齐语》

不仅仅具有居民间相互约保、相互扶助、相互监督的协团性质，又是国家"兵民合一"的一种全民皆兵的军事编制。

第四种地方管理编制，即"伍—两—卒—旅—师—军"，表现上更像军事单位，但其实也是军民合一（亦兵亦农）的。因为它们的管理职责除了"以起军旅"外，还有"以作田役"（狩猎、军训）"以比追胥"（徭役）"以令贡赋"（赋税）等多方面。

（七）国家监察体制的构成及职责

礼经还有一些关于国家监察体制的记述或构思。《礼记·王制》曾述及两种体制，一是"天子使其大夫为三监，监于方伯之国，国三人"的监督体制，这是天子对诸侯长的监督体制。二是"大国三卿，皆命于天子……次国三卿，二卿命于天子"的人事体制，是天子对所有中等以上诸侯国人事权的控制机制，也有监察功能。

《周礼》对监察机制体系设计甚多。首先是"掌治朝之法，以正王及三公六卿大夫群吏之位，掌其禁令"，并"考百官府、群都鄙县之治"[1]的"宰夫"监察系统设计；其次是"掌邦国、都鄙及万民之治令，以赞冢宰"[2]的"御史"监察系统；再次是在各具体衙门中的专职或兼职监察职官，如地官司徒之下的"师氏"职务，有监督君王的职责，"师氏掌以美诏王"[3]；又如地官司徒

---

1 《周礼·天官冢宰·宰夫》
2 《周礼·春官宗伯·御史》
3 《周礼·地官司徒·师氏》

之下的"保氏"职务,也有监督君王的职责,"保氏掌谏王恶"[1];再如夏官司马之下,有"匡人"之职官,专掌监察:"匡人掌达法则,匡邦国,而观其慝,使无敢反侧,以听王命。"[2]

《周礼》构思的监察体系,上可以"正王"即监督天子,下可以监督中央地方所有官吏。这样一种宪制性设计,正是后世御史(都察)监察体制的灵魂。

三、华夷之辨的礼法观念及相关法制建构

在礼经礼学建构的礼法体制及法理观念体系中,基于"中央帝国"立场的"华夷有别""内诸夏而外夷狄"立场,是最为重要的内容之一。在礼学理念看来,"天下"有"万国","万国"的中心是"中国"(华夏),即"中央帝国"。"中央帝国"的君王即"天子",是"天下之王"或"万王之王"。整个"中国"(华夏)都可以视为天子的"王畿"或"内服",其核心地区就是天下的"京师",此外世界万国都是"中国"的"外服",是四方诸侯。"中国"之义,一方面在于它为天下地理中心,"地必待中,是故三代必居中国。法天奉本,执端要以统天下,朝诸侯也"[3];另一方面在于它为文明的渊薮,"中国者,盖聪明徇智之所居也,万物财用之所聚也,贤圣之所教也,仁义之所施也,《诗》《书》礼乐之所用也,

---

1 《周礼·地官司徒·保氏》
2 《周礼·夏官司马·匡人》
3 《春秋繁露·三代改制质文》

异敏技能之所试也，远方之所观赴也，蛮夷之所义行也"[1]。

古人强调这样的"中国"概念，一方面是要强调天子代表"中国"应负担的基本使命——"惠此中国，以绥四方……惠此京师，以绥四国"[2]。靖绥"四方"或"四国"的方式就是"因俗而治"，承认"中国"以外的蛮夷戎狄各有自己的风俗习惯，不将华夏文明强加于他们。《礼记》说："中国戎夷五方之民，皆有性也，不可推移。东方曰'夷'，被发文身，有不火食者矣。南方曰'蛮'，雕题交趾，有不火食者矣。西方曰'戎'，被发衣皮，有不粒食者矣。北方曰'狄'，衣羽毛穴居，有不粒食者矣。中国、夷、蛮、戎、狄，皆有安居、和味、宜服、利用、备器。"[3]孔子说："夷狄之有君，不如诸夏之亡也。"[4]《白虎通》说："夷狄者，与中国绝域异俗，非中和气所生，非礼义所能化，故不臣也。"[5]这些说法，都应该从"因俗而治"的立场上加以理解。其实就是主张，不要像要求"中国"一样要求夷狄地区。所谓"不臣"，就是说不强迫他们臣服"中国"，不要把华夏礼乐文明强加于蛮夷戎狄，要注重教化施行的种族边界，不强行在华夏文明传统区域外"用夏变夷"。

据说，孔子作《春秋》，其本意就是要强调"夷狄入中国，

---

[1] 《史记·赵世家》
[2] 《诗经·大雅·民劳》。此处以"中国"和"京师"互称，正表明其涵义相同。西汉《诗经毛传》释云："中国，京师也。四方，诸夏也。"
[3] 《礼记·王制》
[4] 《论语·八佾》
[5] 《白虎通·王者不臣》

则中国之;中国入夷狄,则夷狄之"[1]。他主张,对于已入"中国"范围的夷狄,可以用华夏礼乐开化之("用夏变夷");但在夷狄自己的地域内,我们要"入境随俗",尊重他们的特殊文明。这里虽然多少带有华夏民族的文明优越感[2],但我们也须注意到其中包含一种非常宝贵的宪制理念——异质文化区域虽是"王道天下"政治秩序的有机组成部分,但不是华夏礼法文明的强制实施区域,对四夷(四裔)地区可以实行"一个天下国家,多种治理制度"之基本国策。

因为秉持这样的"一天下多制"的国策,礼学才要特别强调"华夷之辨"或"夷夏之大防"。对已进入华夏区域的夷狄可以实行"用夏变夷",但绝不允许夷狄的文化反过来在华夏文明境内"用夷变夏",不允许其落后文化风俗冲击中国的礼乐秩序。孔子强调"裔不谋夏,夷不乱华"[3],孟子强调"吾闻用夏变夷者,未闻变于夷者也"[4],都是强调捍卫两种文化(文明)模式共存的政治宪制疆界。

《春秋》及其三传典型地阐发了华夷之辨的礼法体制及观念。据说,《春秋》记述历史,有一个"内诸夏而外夷狄"的总原则。

---

1 这话是否孔子所说,难以肯定。唐人韩愈《原道》最早说"孔子之作《春秋》也,诸侯用夷礼,则夷之,进于中国,则中国之。"清帝雍正《大义觉迷录》则将韩愈的话理解为"中国而夷狄也,则夷狄之;夷狄而中国也,则中国之"。
2 如孔子敬仰的管仲曾说"戎狄豺狼,不可厌也。诸夏亲昵,不可弃也。"(《左传·闵公元年》)。
3 《左传·定公十年》
4 《孟子·滕文公上》

为什么要坚持这一原则呢？《春秋公羊传》说："《春秋》内其国而外诸夏，内诸夏而外夷狄。王者欲一乎天下，曷为以外内之辞言之？言自近者始也。"[1]《春秋繁露》说："《春秋》立义……故内其国而外诸夏，内诸夏而外夷狄，言自近者始也。"[2]这意思是说，王者或王政的目标是天下一统即"春秋大一统"，这个大一统并不是指政治权力支配遍及天下，而是指全天下在道德文明普遍升华的前提下和谐共存。在道德文明升华工程尚未及于四夷之前，对四裔地区较低层次的异质文明应采取怀柔（包容）态度，道德礼义升华建设先从中国（华夏）区域做起。所谓"自近者始"，就是说对华夏中心区域在礼法秩序建设上要从严要求，从我做起。这里的"内""外"，实际上主要是强调"对内从严，对外从宽"，并不完全是歧视。因为《春秋》的"华夷之辨"，并不总是从种族或血缘出发作判断，有时候是从礼乐文明程度出发作判断。就是说，即使是夷狄部落，其言行合乎礼义，则视为"中国"；即使是"中国"诸侯，言行严重非礼者，同样可视为夷狄。

为了落实这一"华夷有别""内外有别"的政治原则，《春秋》及三传很注意以"微言大义"来为后世"立法"，制定或阐发一些礼法重要则例。

一是"不与夷狄主中国"。鲁昭公二十三年（前519年）秋

---

[1] 《春秋公羊传·成公十五年》
[2] 《春秋繁露·王制》

七月某日,吴国军队在楚国的鸡父地方打败了顿、胡、沈、许等七国联军,"吴败顿、胡、沈、蔡、陈、许之师于鸡父。胡子髡、沈子楹灭,获陈夏啮"。因为战胜方吴国被视为"夷狄"[1],战败诸国属于"中国",所以《春秋》记载时对吴国有所贬低。如何贬?《春秋公羊传》说:"此偏战也,曷为以诈战之辞言之?不与夷狄之主中国也。然则曷为不使中国主之?中国亦新夷狄也。其言灭、获何?别君臣也。君死于位曰灭,生得曰获,大夫生死皆曰获。不与夷狄之主中国,则其言获陈夏啮何?吴少进也。"[2]《春秋穀梁传》说:"中国不言败。此其言败何也?中国不败,胡子髡、沈子盈其灭乎?其言败,释其灭也。获陈夏啮。获者,非与之辞也,上下之称也。"

鲁哀公十三年(前482年),"(哀公)会晋侯及吴子于黄池"。此即著名的"黄池之会",本是吴国发起并主持的(吴、晋、鲁三国参加),但《春秋》记述硬是将属于"中国"的晋国国君(晋侯)放在吴之前,且故意贬低吴国国君的爵级(吴本已称"王",但仍贬记为"子")。为何如此?《春秋公羊传》说,这也是为

---

1 吴国,在《春秋》中一般被视为夷狄。若从种族或血缘因素讲,吴国系周文王叔父太伯(泰伯)之后,自应视为华夏。但因其长期僻居东部沿海地区,与当地土著夷人长期杂处,生活方式粗野,好强尚武,故被中原国家视为夷狄。也有人说,吴国本与周王室无血缘联系,是吴人自己利用"太伯奔吴"传说编造了与华夏的文明亲缘故事,为自己加入"中国"集团制造依据。
2 《春秋公羊传·昭公二十三年》

了体现"不与夷狄之主中国"[1]的原则。

　　这两条历史记录对吴国的态度很有意思。一方面，从"华夷之辨"礼法立场出发，《春秋》要贬低一般被视为"夷狄"的吴国之地位，突出"不以夷狄主中国"之原则，亦即不能反客为主让夷狄在历史记录中当主角。鸡父之战，本来是一场合乎礼法的"偏战"[2]，但《春秋》却用了"诈战之辞"（指以"败""灭""获"等有贬义的字词），对吴国加以贬低。"黄池之会"亦然，《春秋》故意降低吴国的地位。另一方面，从维护"封建天下"礼治秩序目标出发，又必须适当肯定吴国的正面作用。吴国以霸主身份主持公道，有利于维护宗法封建秩序，所以适当肯定之。于是，在前一条中，《春秋》记述中暗含"吴少（稍）进也""中国亦新夷狄也"[3]的判断，即实际承认吴国败（"中国"之）七国并制裁胡、沈、陈三国国君或主政大夫——杀胡、沈两国国君（名髡、楹）并俘获陈国大夫夏啮，是有利于宗法封建礼治秩序的。在后一条中，也突出"重吴"之意，"重吴也。曷为重吴？吴在是，则天下诸侯莫敢不至也"[4]。

1　《春秋公羊传·哀公十三年》
2　《春秋公羊传·桓公十年》："此偏战也，何以不言师败绩？"汉人何休注曰："偏，一面也。结日定地，各居一面，鸣鼓而战，不相诈。"《春秋繁露·竹林》："《春秋》之书战伐也，有恶有善也。恶诈击而善偏战，耻伐丧而荣复仇。奈何以《春秋》为无义战而尽恶之也？"
3　《春秋公羊传·昭公二十三年》
4　《春秋公羊传·哀公十三年》

二是"不以中国从夷狄"。鲁襄公十年（前563年）夏五月甲午，鲁、晋、宋、卫、曹、莒、吴等十三国联军灭偪阳（傅阳）国[1]。《春秋》记述此事，故意记为十二国先"会"，然后再去"会吴"，"遂灭偪阳"。本来这一次"会盟"及讨伐，吴国是主持国之一，但《春秋》故意记为"中国"十二国先"会"再一起"会吴"，《春秋穀梁传》认为这种"会又会"的笔法，是为了"外之也"，吴国属于"外"，是夷狄；是为了突出"不以中国从夷狄"[2]。意思是，不能在历史记述中造成"中国"的诸侯追随夷狄（吴国）的错觉。

三是"不与夷狄之执中国"。《春秋》记载，鲁隐公七年（前716年）冬，周王派卿士凡伯（凡国国君）来聘鲁国，途经卫国楚丘时被戎人劫捕。此事被《春秋》记录为"戎伐凡伯于楚丘以归"。为何要这样记录呢？《春秋公羊传》解释说，记为"伐……以归"而不直记为"执"，并突出"楚丘"地名，都是为了"大"（即彰显）凡伯的天王专使地位，突出他"单使无众"被戎人军队"伐"而被捕的悲怆，突出"不与夷狄之执中国"[3]的礼法。所谓"不与夷狄之执中国"，意思是不能对夷狄捕捉"中国"大臣这种事稍有肯定（"与"意即肯定），不能承认夷狄有擅自捕捉"中国人"

---

1. 偪阳国为妘姓国，又称傅阳国，为祝融的后裔所建，始封君为祝融之孙（或言其第四子）求言。夏商时期有存，周时相沿。因其亲楚，鲁襄公十年（前563年）为"中国"诸侯十三国联军所灭，并将其地转而封赠给宋国大夫向戎作封邑，以打开伐楚的通道。
2. 《春秋穀梁传·襄公十年》
3. 《春秋公羊传·隐公七年》

的权力。

四是"不使夷狄为中国"。《春秋》记载,鲁宣公十一年(前598年)冬十月,楚军攻破陈国,捕杀(弑君自立的)陈国大夫夏征舒。关于此事,《春秋》记为"楚人杀陈夏征舒",而没有直记楚军攻入陈国。为何不记为"入"?《春秋穀梁传》认为,这是为了"外徵舒于陈也"(刻意将夏征舒与陈国区分开来),是为了彰显"楚之讨有罪也"(肯定楚军讨伐夏征舒是正义行动)。但《春秋》随后又记"丁亥,楚子入陈",为何这时又要特别突出记为"入"呢?《春秋穀梁传》又解释说,这是要突出"内弗受也"或"恶入者也",也就是为了突出楚国国君率师入陈国是不正当的,为了突出"不使夷狄为中国也"[1]——不应该肯定夷狄来调解斡旋"中国"内部事务之行径。

五是"不正其与夷狄交伐中国"。鲁昭公十二年(前530年)冬,"晋伐鲜虞"。关于此事,《春秋》在记录时不称晋国或晋侯,仅仅简称"晋",原因何在?《春秋穀梁传》认为,"其曰晋,狄之也",就是将晋国比同夷狄。为何如此?就是要"不正其与夷狄交伐中国也"[2]。就是说,在此次伐鲜虞前后,晋国曾联合夷狄部落国家进攻"中国"的某些小国;对于晋国这种联手"外人"夷狄伐"中国"之内诸侯的恶行,决不能予以认可("正")。所以,用"晋"简称(而不称晋侯、晋人),就是为了体现贬低("不正")。

---

1 《春秋穀梁传·宣公十一年》
2 《春秋穀梁传·昭公十二年》

在这一事例中，通常被视为"中国"的晋国，这次也被评价为夷狄了。

六是"不使夷狄之民加乎中国之君"。鲁襄公七年（前566年）十二月，鲁、晋、宋、陈、卫等"中国"诸侯会盟抗楚，郑国国君（郑伯）在参加盟会途中被其手下亲楚大臣雇贼人弑杀。但《春秋》记录此事，没有记为"弑"，只记为"卒于鄵"。为何这样记？《穀梁传》解释说，这是为了"不使夷狄之民加乎中国之君也"[1]，就是说，在史书中不能凸显夷狄之民（指为楚国卖命的凶手）加害"中国"之诸侯国君这件事，不能给人们造成夷狄之民也可犯上作乱的错觉。

---

1 《春秋穀梁传·襄公七年》

第六章

宗法礼治秩序的宪制宏纲和基本国策

阅读礼经和礼学著作，若没有相当的法学眼光和透视力，就常常会对实际涉法的史料内容视而不见。前几章的讨论已经初步说明了这一点，本章讨论将更进一步展现这一事实。

一般说来，礼经和礼学著作所关涉的主题，除了天道、人道、天人关系外，别无他事。就天道和天人关系而言，礼经礼学很少像西方哲学家们那样单独讨论宇宙观、世界观、万物本源论等，更喜欢从人事人理出发去阐发天理天道，更关注天人之间的伦理性和谐互动问题。就人道而言，礼经礼学也很少单独讨论生命哲学、人生哲学、政治哲学、社会哲学、认识论和方法论等问题，更喜欢讨论人的社会身份、伦理义务及道德修炼升华问题，以及对人民进行教化、使用和治理的基本策略问题。这些讨论，用近世法学概念体系去衡量，大多似乎与法律问题无关。但是，从礼法学的特有视角来看，本着近世法学的内在旨趣去分析，会发现这些讨论大多与法学有关，特别是与法理学和宪法学有关。可以说，礼经礼学用中国礼乐文明的特有话语体系，就政治社会生活不可避免的具体问题，不经意中表达了自己独有的法律观念和主张。无论礼经礼学具体谈论的是何种对象或话题，只要其立足点和追求目标是人类政治社会生活秩序的建构和维护，那么就当然是在直接或间接讨论法律法学问题。

本章我将对礼经和主要礼学著作中关于政治社会生活秩序建构暨维护问题的主要言论做一个法学梳理分析，旨在大致梳理阐明传统礼学话语中潜藏的关于理想政治社会基本宪纲（国策）的主要认知。对礼学话语体系中的基本宪纲、基本国策观念进行总结和体认，有利于我们更进一步了解礼学思想体系中的法律（"礼乐法"和"律令法"）任务论和目的论。就是说，在礼学话语中，整个法系统的产生和存在到底所为何事？到底要为具体政治社会生活的哪些事业服务？当我们对他们的基本宪纲（国策）观有了全面了解后，就会对这些问题有更加清晰的认识。

一、"王制"政治秩序的国策总纲讨论

（一）孔子"礼治"国策总纲论

作为"素王"或"春秋大一统"政治秩序的"立法者"，孔子就封建制"天下国家"秩序发表了很多主张。这些主张体现了孔子的法律观念和法律理想，特别是关于"封建制"政治之基本宪纲、基本国策问题的重要主张。

身处春秋末期乱世，通过忆述周代良法美制，孔子阐发了他心目中的理想法政秩序。

> 谨权量，审法度，修废官，四方之政行焉。兴灭国，继绝世，举逸民，天下之民归心焉。所重：民、食、丧、祭。宽则得众，信则民任焉，敏则有功，公则说。[1]

---

[1] 《论语·尧曰》

在这一段话里，孔子总结阐发了周初政治的六大宪纲或国策。前三条是关于"四方之政"的纲领。所谓"谨权量"，就是校订和统一全国度量衡标准；所谓"审法度"，就是整理完善礼乐制度和法律典章；所谓"修废官"，就是恢复某些废弃已久的国家机构以适应礼治需要。这三条旨在完善全国的地方行政制度。后三条是关于"收罗民心"的。所谓"兴灭国"，就是恢复某些早已亡灭的诸侯国；所谓"继绝世"就是为黄帝、尧、舜、夏、商等帝王后裔重建封国以传国祚；所谓"举逸民"，就是重用正直贤能的隐逸之士（如商末的箕子、商容等）。这三条旨在迎合民意、收拢人心。

孔子认为，武王、周公在周初实施的这六条基本国策，也是重建理想政治秩序的基本国策。只要秉持六大国策，并特别重视民生、粮食、丧葬、祭祀，秉持"宽"（宽厚）、"信"（诚信）、"敏"（快捷）、"公"（公平）四大原则，那么"为国以礼""天下归仁"的政治秩序就可以建立起来。

孔子还曾将国家治理的基本宪纲国策归纳为"尊五美""屏四恶"。

> 子张问于孔子曰："何如斯可以从政矣？"子曰："尊五美，屏四恶，斯可以从政矣。"子张曰："何谓五美？"子曰："君子惠而不费，劳而不怨，欲而不贪，泰而不骄，威而不猛。"子张曰："何谓惠而不费？"子曰："因民之所利而利之，斯不亦惠而不费乎？择可劳而劳之，又谁怨？欲仁而得仁，又焉贪？君

子无众寡,无小大,无敢慢,斯不亦泰而不骄乎?君子正其衣冠,尊其瞻视,俨然人望而畏之,斯不亦威而不猛乎?"子张曰:"何谓四恶?"子曰:"不教而杀谓之虐;不戒视成谓之暴;慢令致期谓之贼;犹之与人也,出纳之吝谓之有司。"[1]

孔子所言,表面上仅是谈从政技巧,实际上表达了关于治国方略或基本国策的系列主张。"尊五美"表达了孔子心目中良法善治应遵循的五大原则。

一是"惠而不费",即主张顺应人民正当利益欲求,尽可能实行惠及百姓却无需多费官钱的利民政策。这包含了尊重百姓的"自为"本性,容忍百姓自利自治,公权不必过分干预百姓生活的政治法律理念。

二是"劳而不怨",即主张有节制、有选择地使用民力,不过度使用民力[2]。这包含了爱惜民力、体谅民生、减少徭役、减轻百姓负担,适当约束公权力的政治法律理念。

三是"欲而不贪",即主张国家政治应以公益为追求,不图私利。这体现了公权力应以仁义为目的,不应谋求私利的政治法律理念。"不贪",既指官员个人不谋私利,也指官府整体不谋私利。

四是"泰而不骄",即主张对任何人——不管地位高低、人数多寡——都诚挚有礼,不敢怠慢轻侮。这包含了公权使用应有

---

[1] 《论语·尧曰》
[2] 可直译为"用百姓之劳而不被百姓埋怨"。但孔子自己解释为"择可劳而劳之",则应既包括选择可劳之事而劳之,选择可劳之人而劳之。其实,若解释为"为百姓辛劳而无怨言",更符合前后文的逻辑。

所谦抑,不得违背公权设置初衷、不要轻侮百姓的政治法律理念。

五是"威而不猛",即主张对百姓态度严肃但不苛求。这里强调国家的行政和司法应当严肃而公正,反对滥用国家暴力特别是滥用司法权威。

"屏四恶"亦即孔子认为亟待摈弃四种丑恶的施政方式。

一要摈弃"不教而杀"的"虐政"。孔子反对不重视对百姓教化,仅恃刑杀以威慑百姓的国家治理模式,主张建立更注重教育预防、司法仁政的治理模式。

二要摈弃"不戒视成"的"暴政"。孔子反对不事先明确发布禁戒法令,只管事后处罚既成(既遂)行为的国家治理模式。这里多少包含了近世法律学说中"法无明文规定不为罪,法无明文规定不处罚"的"罪刑法定主义"诉求。

三要摈弃"慢令致期"的"贼政"。孔子反对制法颁令时轻慢拖延,却又苛求百姓如期完成官方要求的治理模式。这主要是反对法令滞后、法出多门并毛举细故苛求老百姓,以"慢令"的陷阱"陷民于罪"的治理模式。

四要摈弃"出纳之吝"的"吝政"[1]。孔子主张国家应平均而丰沛地施惠于百姓,反对舍不得施惠或口惠而实不至的吝啬行径。所谓"有司",就是仓储财管部门专责官吏,他们一般惯于"出

---

[1] "犹之与人也,出纳之吝,谓之有司",朱熹《论语章句》注云:"犹之,犹言均之也。均之以物与人,而于其出纳之际,乃或吝而不果。则是有司之事,非为政之体也。"朱熹:《四书章句集注》,中华书局1983年版,第194—195页。就是指应该向百姓布施赈济时却吝啬不舍的行为。

纳之吝"（舍不得施放）。孔子认为，主政长官千万不要像"有司"那样小里小气，因为那样最容易失去民心。

上述原则，一共九条。前五条是关于正面积极追求的原则，后四条是关于负面积极戒备的原则。这九条原则，就是孔子心目中实行"王制"或"礼治"不可忽视的法律原则，是理想国家体制应该秉持的基本宪纲和基本国策。

（二）《周礼》《礼记》国策总纲论

关于"礼治"秩序的基本国策，《周礼》和《礼记》中有相当全面的纲领性表述。

1. "治国九经"说

关于封建制"天下国家"的治理，《礼记·中庸》曾有"治国九经"说："凡为天下国家有九经，曰：修身也，尊贤也，亲亲也，敬大臣也，体群臣也，子庶民也，来百工也，柔远人也，怀诸侯也。"

在先秦文辞中，"经"常常等于"法"[1]。因此，"九经"就是"九法"，亦即治理国家应遵循的九条根本大法。这九条大法，将国家最紧要事务，以天子暨王庭为中心，向四周延伸扩展，作了一个轻重缓急排序，表达了关于"王制"政治秩序的基本宪纲和国策的系统认知。

第一层"修身"，系就最高领导核心自身而言，强调天子暨

---

[1] 《周礼·天官冢宰·大宰》："以经邦国。"汉人郑玄注："经，法也。王谓之礼经，常所秉以治天下者也。"

权力中枢的道德修炼。这里强调天子暨最高领导层必须格外加强个人品性修炼和德行升华,认为这是建成理想政治秩序的最高动力和最后保证。孟子所言"君仁莫不仁,君义莫不义,君正莫不正。一正君而国定矣。"[1] 正表达了同样的认知,阐明了君王个人道德修炼对国家理想秩序建构的决定性意义。这种将国家良善秩序的建成寄托于君王个人道德修养的观念,与先秦法家"法治"观有异,与近世"法治"思想迥异,实为极端"人治"主张。

第二层"尊贤",系就国家人事任用原则而言,强调任用贤良执掌公务是国家良善治理的根本保障。这也就是主张尊重贤能、任用贤能,发挥其为民表率作用。孟子所言"尊贤使能,俊杰在位,则天下之士皆悦而愿立于其朝矣"[2] "惟仁者宜在高位"[3],也正阐释了这一国策判断。

第三层"亲亲",系就国家政治秩序纽带而言。重视"亲亲",一方面是强调建设"亲亲尊尊"(家国一体)的政治秩序。主张在分授土地人民(封邦建国)、分配各级公务职岗时,以"亲其亲,长其长"为分配原则。另一方面是强调,按照"亲疏有别""尊卑有别"原则建构民间社会的宗法制秩序。

第四层"敬大臣",系就君王对重臣的态度而言,强调君王要尊重"公卿"(师、保、傅、冢宰、尹、相等)这些负有"捍卫体制"(辅佐匡正君王)职责的重臣,充分尊重他们的伦理地

---

1 《孟子·离娄上》
2 《孟子·公孙丑下》
3 《孟子·离娄上》

位和规谏权威,尽可能尊重、采纳他们的批评建议(谏言)。

第五层"体群臣",系就君王对一般臣工的态度而言,强调君王要体谅、爱护群臣,发挥他们的积极作用,不要苛待侮慢他们。孔子所言"君使臣以礼"[1],孟子所言"君之视臣如手足"[2],也正好阐释了这一原则。

第六层"子庶民",系就君王与人民的关系而言,强调君王要爱民如子,不仅要支配人民,还要养育和教导人民。将君民关系视同父母子女关系,当然不是为了强调君父可支配子女,而是强调君王对人民负有伦理责任。这种认知也阻绝了君王与人民间社会契约关系及契约伦理观念的发生。

第七层"来百工",系就君民关系而言。"百工"本是庶民的一部分,本来就在"子庶民"范畴内。这里之所以单独列出并特别强调,意在"通商惠工"(即招徕商贾活跃市场,发展国家经济)。

第八层"柔远人",系就与四夷关系而言。在强调"华夷之辨"的同时,主张对华夏文化(礼义教化)之外的人民实行怀柔政策,尊重其文化传统和风俗习惯,并以各种恩惠加以羁縻。

第九层"怀诸侯",系就中央对诸侯关系而言,强调建构"宗主"(大宗)统率"诸侯"(小宗)的宗法封建制"天下"秩序。"怀"就是"怀柔",有尊重自主、和平交往、友好互助的意思。

---

1 《论语·八佾》
2 《孟子·离娄下》

将"诸侯"与"远人"都作为"怀柔"对象同等对待,就是不将诸侯与一般地区臣民同等看待,而是将其视为宗法封建制天下秩序中的"友好附属国"。之所以把这一条放在最后,或多或少还有将这一政策视为"外交政策"的意味。

2. "人道五先"说

《礼记》还阐发过"治国五先"的政治纲领。

> 圣人南面而听天下,所且先者五,(而)民不与焉:一曰治亲,二曰报功,三曰举贤,四曰使能,五曰存爱。五者一得于天下,民无不足,无不赡者;五者一物纰缪,民莫得其死。圣人南面而治天下,必自人道始矣。[1]

圣王治理天下国家,最宜优先、最紧要的纲领性大事,就是这"所且先者"五条。"且"此处可解为"宜","民不与焉"是说这五件事是治民理政的先决条件。先做好了这五件事,然后才可以谈如何治理老百姓。

一是"治亲",就是依礼法端正亲属关系,强调天子要根据"亲亲"原则妥善安排好亲族们的宗法政治地位和礼法待遇,努力建成"家国一体""亲贵一体"的宗法政治秩序[2]。这件事被视为宗法封建制"天下国家"政治秩序建构的头等大事。

---

[1] 《礼记·大传》

[2] 关于"治亲",元人陈澔认为:"治亲,即上治下治旁治也。"似乎泛指"亲近",并无注明"亲亲"之对象"亲属""亲戚"之意。见陈澔:《礼记集说》,上海古籍出版社1987年版,第189页。

二是"报功",就是对功臣授以爵位、官职、民户、疆土,以为功勋酬报或奖赏。因为宗法封建制本质上就是以"亲亲""报功"为灵魂的分封制政治体制,所以"报功"就被视为仅次于前一头等大事的准头等大事。

三是"举贤",就是推举贤人主掌对人民教化引导之事。突出国家尊贤、重贤、用贤方针,旨在以贤人为道德典范去督率百姓,促进建设和谐的政治社会秩序。这当然不只是谈人事任用,更是强调以贤者出掌清要之任,主掌教民、导民事务,建成贤人主导的道德教化机制。因为此事关系到社会生活的道德基础建设,所以被认为比治民理政本身更重要。

四是"使能",就是任用有道德、有能力的人执行国家公务,建设廉洁高效的治理体制与机制。与"举贤"不同,"使能"主要强调任用有学识和能力的人为百姓办理公事,建设廉能高效的国家公务机关。

五是"存爱",就是要心怀仁爱,在所有政治举措中体现合乎礼义的大爱。"存"就是省察和审慎,就是"所爱者一出于公"[1]。这就是强调,国家治理机制和典章制度建设,都要以仁爱为本,只有在"治亲""报功""举贤""使能"中都体现合乎礼义的"仁爱",才能建成理想的宗法封建制政治秩序。

这五条纲领也被称为"人道",就是被当成人类政治社会生活秩序的根本道理。《礼记》认为,五条之中,只要做好了任何一条,

---

[1] 见〔元〕陈澔:《礼记集说》,上海古籍出版社1987年版,第189页。

老百姓的安全幸福就有保障；只要有一条没有做好，老百姓就有生命危险。

3."驭民八统"说

《周礼》的"驭民八统"说，更是宗法封建制政治秩序的基本纲领。"以八统诏王驭万民：一曰亲亲，二曰敬故，三曰进贤，四曰使能，五曰保庸，六曰尊贵，七曰达吏，八曰礼宾。"[1]这八条，阐发的是王者统治人民应注重的基本国策或方略。

这个"驭民八统"说，与前文"人道五先"说相似。其中"亲亲""进贤""使能"三条，与"五先"中的三条直接重叠；"保庸"[2]一条，实际上就是"五先"中的"报功"。除这四条外，"驭民八统"还强调了另外四条新方略。

所谓"敬故"，就是不忘故旧、尊重故旧，就是强调君王腾达后要礼遇微时故交旧友，要将此作为国家政治伦理建设的一部分，作为国家道德秩序建设的重要标志性工程之一。

所谓"尊贵"，就是有较高伦理地位和道德身份的重臣（及其家族）。这里的"贵"，大约就是孟子所言"贵戚之卿"。这一条，与《中庸》"九经"说所言"敬大臣"应该是一个意思。

所谓"达吏"，就是要让勤勉能干的小吏有升迁（腾达）机会，就是主张重视对一般官吏的考绩、举荐、升迁的相关制度建设。

1　《周礼·天官冢宰·大宰》
2　汉人郑玄注谓："保庸，安有功者。"唐人贾公彦疏谓："保，安也；庸，功也。有功者上下俱赏之以禄，使心安也。"

所谓"礼宾",就是要对"二王之后"保持尊敬和礼遇。将前两代王朝君王后裔视为圣王之后,恢复其宗庙社稷,给予其政治待遇,尊其为国宾,以体现"王道通三"。

(三)荀子的国策总纲论

荀子也就宗法封建制政治的基本宪纲或国策问题发表了自己的见解。"请问为政。曰:贤能不待次而举,罢不能不待须而废,元恶不待教而诛,中庸民不待政而化。"[1]这四条就是荀子心中的四大基本政纲。他认为国家政治的要害,关键在于"人事",在于给予不同的人不同对待。他认为社会生活中的各色人等,粗分不外"贤""愚""恶""庸"四类,只要分别采取不同政策,就能达到天下大治。只要因材施教、因人施政,举用贤能、罢黜不肖、惩处元恶、教化庸愚,国家治理就可以化繁为简。

在这四条基本国策中,荀子最强调任用贤能、惩处奸恶这两条,他将这两条视为"王者之政"的最重要纲领。关于任贤,他主张:"虽王公士大夫之子孙也,不能属于礼义则归之庶人;虽庶人之子孙也,积文学,正身行,能属于礼义则归之卿相士大夫。"[2]这就叫做"贤能不待次而举",就是要打破论资排辈用人的旧体制。关于惩奸,他主张:"奸言、奸说、奸事、奸能、遁逃反侧之民,职而教之,须而待之,勉之以庆赏,惩之以刑罚""才行反时者死无赦"。

---

[1] 《荀子·王制篇》
[2] 同上。

这就叫做"元恶之人不待教而诛"。荀子认为,"以善至者待之以礼,以不善至者待之以刑",建设廉政公务员队伍、打击思想言论危险之人,国家的安定和谐才有保障。他心目中的"听政之大分"(分,本也,纲也)正在于此。区别对待"善""恶"两者,是四大基本政纲的灵魂。"两者分别,则贤不肖不杂,是非不乱。贤不肖不杂则英杰至,是非不乱则国家治。若是名声日闻,天下愿,令行禁止,王者之事毕矣。"[1] "王者之事",就是"天下归仁"的王道政治秩序。

二、"仁政""慎杀""祥刑"基本国策主张

(一)实施"仁政",注重"爱人"

"仁"是礼学体系的核心价值,是儒家政治的最高追求。"仁"的本质是什么?孔子认为就是"爱人"[2],其核心是"亲亲"[3],扩展之就是"泛爱众"[4]。在孔子看来,在政治中贯彻"爱"之宗旨,以"爱"为政治的最后本质,这就是"仁政",实施"仁政",是王者的根本使命和最高责任。"如有王者,必世而后仁"[5],尽管难以自始施"仁",但应尽快实现"仁","民之于仁也,甚

1　以上出自《荀子·王制篇》。
2　《论语·颜渊》:"樊迟问仁。子曰:'爱人'。"《论语·学而》:"节用而爱人"。
3　《中庸》:"子曰:……'仁者,人也,亲亲为大。义者,宜也,尊贤为大。'"《孟子·尽心上》:"亲亲,仁也。"
4　《论语·学而》:"泛爱众,而亲仁。"
5　《论语·子路》

于水火"[1]。百姓渴求仁政，比生活中需求水火还迫切。

孟子学说以"仁政"为主题。在回答梁惠王"何以利吾国"之问时，孟子简明道出了王道政治的根本宗旨——"何必曰利？亦有仁义而已矣"[2]。孟子认为，王者应该"亲亲而仁民，仁民而爱物"[3]，国家政治应是"爱亲—爱民—爱物"即"仁爱"的渐进扩展深化过程。圣王之道关键在仁政，"尧、舜之道，不以仁政，不能平治天下"[4]。实行仁政的国家才能真正强大，"王如施仁政于民，省刑罚，薄税敛"，就能战胜不行仁政徒恃坚甲利兵的强国（使百姓"制梃以挞秦楚之坚甲利兵"），所以"仁者无敌"。行仁政的前提，是仁者主政，"是以惟仁者宜在高位。不仁而在高位，是播其恶于众也"[5]。仁者在高位，是实行仁政的保障。

"仁政"的具体指标是什么？在孟子心目中，"仁政"的要求并不算高，其最低底线不过就是"不嗜杀人"而已。孟子曾忆述他跟"望之不似人君"的梁襄王之间的一席对话：

> （王）卒然问曰："天下恶乎定？"吾对曰："定于一。""孰能一之？"对曰："不嗜杀人者能一之。""孰能与之？"对曰："天下莫不与也。王知夫苗乎？七八月之间旱，则苗槁矣。天油然作云，沛然下雨，则苗浡然兴之矣。其如是，孰能御之？今夫天下之人

---

1 《论语·卫灵公》
2 《孟子·梁惠王上》
3 《孟子·尽心上》
4 《孟子·离娄上》
5 同上。

牧，未有不嗜杀人者也。如有不嗜杀人者，则天下之民皆引领而望之矣。诚如是也，民归之，由水之就下，沛然谁能御之？"[1]

孟子所言"不嗜杀人"，并非真指杀人之事，其本意大约是指"不滥用暴力"。或者说，他认为仁政的底线在于不滥用（谨慎使用）国家暴力，包括军事杀伐暴力和司法刑杀暴力。

（二）强调"慎刑"，追求"祥刑""无刑"

"仁政"的底线是不滥用国家暴力，关键在于哀矜而谨慎地使用刑罚。在礼学话语体系中，"恤刑""祥刑""省刑""慎刑""轻刑""义刑义杀""无刑"等主张，都旨在限制国家滥用暴力，都体现了"仁政"追求。

《周易·豫卦》"彖传"："圣人以顺动，则刑罚清而民服。"《周易·旅卦》"象传"："君子以明慎用刑，而不留狱。"所谓"刑罚清"和"明慎用刑"，都是指司法应公开、公正而谨慎。

《尚书·尧典》："钦哉，钦哉，惟刑之恤哉。"首次提出了恤刑慎杀的刑事原则。《尚书·立政》："庶狱庶慎，惟有司之牧夫是训用违……兹式有慎，以列用中罚。"《尚书·吕刑》："故乃明于刑之中……哀敬折狱，明启刑书胥占，咸庶中正。"这两语强调，"慎狱"关键在于"中"——"中罚""中正""刑中"。《尚书·康诰》："罚蔽殷彝，用其义刑义杀。"《尚书·吕刑》："有邦有土，告尔祥刑。在今尔安百姓，何择非人，何敬非刑"，这都是强调刑罚应符合道义或人道，"义刑""祥刑"本质上就

---

1 《孟子·梁惠王上》

是"仁刑"。《尚书》逸文还有"与其杀不辜,宁失不经"[1]语,首次提出了宁可错放也不可错杀的刑事原则。《古文尚书·大禹谟》也有"明于五刑,以弼五教。期于予治,刑期于無刑,民協于中"之语,也强调了"无刑""祥刑"追求。

礼经还记述了周代"恤刑""慎刑"司法程序。《礼记·文王世子》载周法,在司寇行刑之日,"公(国君)素服不举,为之变;如其伦之丧,无服,亲哭之"。《韩非子》说周代"司寇行刑,君为不举乐;闻死刑之报,君为流涕"[2],可为旁证。

荀子以"仁道"司法为"礼治"的根本保障:"絜国以乎礼义而无以害之。行一不义、杀一无罪而得天下,仁者不为也……之所以为布陈于国家刑法者,则举义法也"。[3] "絜"就是提举,"絜国"就是治国,治国的要害在不行不义、不杀无罪,在于"仁道"司法。有这样的司法,仁政就基本实现了。

三、"法天无为""法先王因旧章"基本国策主张

(一)"法天""顺天","无为而治"

《诗经》最早表达了顺天法天的无为政治方略。"天生烝民,有物有则。民之秉彝,好是懿德。"[4] 上天创造万物和人类,同时赐予了相应法则,顺从上天"彝则"应为人类的最根本道德。"帝

---

1 《左传·襄公二十六年》引《夏书》。此语又见《古文尚书·大禹谟》。
2 《韩非子·五蠹》
3 《荀子·王霸篇》
4 《诗经·大雅·烝民》

谓文王：予怀明德，不大声以色，不长夏以革。不识不知，顺帝之则。"[1] 政治的最高方略，就是"顺"上帝之法则；上天法则要求人类崇尚仁德之治，崇尚无为而治；不要仗着疾言厉色治民[2]，不要在诸夏地区动辄变更法制[3]。孔子认为，先圣大舜是"顺天无为"的典范："无为而治者其舜也与？夫何为哉？恭己正南面而已矣。"[4]

上天"彝则"的要义是什么？董仲舒认为就是"仁义"，四时、五行、阴阳之道，都是上天"仁义"之体现。人类政治，必须效法天意。"天志仁，其道也义。为人主者，予夺生杀，各当其义，若四时；列官置吏，必以其能，若五行；好仁恶戾，任德远刑，若阴阳。此之谓能配天。"[5] 国家的刑赏，归根结底是效法"予夺生杀，各当其义"的天志之仁。

（二）"法先王""仍旧贯""由旧章"

"法天无为"国策的具体要求之一就是注重对前代法制的继承因袭，注重效法古圣王的良善法制，反对轻易进行法制改革。孔子认为，夏商周三代之间的礼义法度主要是因袭继承，即或有所"损益"，也是少量的，未来礼义法度也应以因袭为主。"殷

---

1 《诗经·大雅·皇矣》
2 《中庸》："诗云'予怀明德，不大声以色'。子曰'声色之于化民，末也。'"
3 "不长夏以革"，汉人郑玄注为"不长诸夏以变更王法"。将"长夏"理解为治理诸夏地区没有问题，但将"革"理解为"皮革"（皮鞭），整句理解为"不要仗着鞭扑刑罚治民"，似乎也合乎前后文逻辑。
4 《论语·卫灵公》
5 《春秋繁露·天地阴阳》

因于夏礼，所损益，可知也；周因于殷礼，所损益，可知也。其或继周者，虽百世可知也。"[1] 应谨守传统优良法制和习惯，不要轻易改变，"仍旧贯，如之何？何必改作？"[2]《诗经》有"不愆不忘，率由旧章"[3]语，孟子认为就是倡导法制继承或因袭的。"诗云'不愆不忘，率由旧章'，遵先王之法而过者，未之有也。"[4]《诗经》还赞颂周初谨守先王法制的做法，"仪式刑文王之典，日靖四方"[5]。礼义法度的因袭，包括习惯法的因袭，被视为良法善治的保障，而轻率变更法制则是政治失败之因。

在关于因袭圣王礼义法度的问题上，荀子表达了更加丰富而深入的见解。他提出了"法后王"的主张。

> 王者之制，道不过三代，法不贰后王。道过三代谓之荡，法贰后王谓之不雅。衣服有制，宫室有度，人徒有数，丧祭械用皆有等宜。声则凡非雅声者举废。色则凡非旧文者举息，械用则凡非旧器者举毁。夫是之谓复古，是王者之制也。[6]

> 辨莫大于分，分莫大于礼，礼莫大于圣王。圣王有百，吾孰法焉？故曰：文久而息节，族久而绝，守法数之有司极礼而褫。故曰：欲观圣王之迹，则于其粲然者矣，后王是也。彼后王者，

1　《论语·为政》
2　《论语·先进》
3　《诗经·大雅·假乐》
4　《孟子·离娄上》
5　《诗经·周颂·我将》
6　《荀子·王制篇》

天下之君也。舍后王而道上古,譬之是犹舍己之君而事人之君也。[1]

这两段话,乍一听好像是主张"法后王"。不过荀子所言"后王",并不是指"当世之王",而仍然是指商汤以降历代圣王[2]。他强调效法的仍是"三代之法",他认为"王者之制"的要害就是"复古"。

其实,荀子更看重的是"法先王"。根据在礼义法度应否复古("法先王"还是"法后王")问题上的态度不同,荀子将儒者分为俗儒、雅儒、大儒三个层次。他的褒贬十分明显——只有真正的"法先王"才是大儒。

> 有俗儒者,有雅儒者,有大儒者……
> 逢衣浅带,解果其冠,略法先王而足乱世术,缪学杂举。不知法后王而一制度,不知隆礼义而杀《诗》《书》[3]……其言议谈说已无异于墨子矣,然而明不能别;呼先王以欺愚者而求衣食焉……人人偲然[4]若终身之虏而不敢有他志,是俗儒者也。
> 法后王,一制度,隆礼义而杀《诗》《书》,其言行已有大法矣。然而明不能齐法教之所不及、闻见之所未至,则知不能类

1　《荀子·非相篇》
2　俞荣根先生说:"要之,对荀子的'后王'要作比较宽泛和灵活的理解,范围大致包括三代以降的圣王和贤人,如汤、文、武、周公、伊尹、孔子等。我们不必一定要局限于某一人或某几人。"俞荣根:《儒家法思想通论》,广西人民出版社1998年版,第366页。
3　"杀诗书"的"杀",梁启雄先生注为"差也,省也",意即"降低关注"。见《荀子简释》,中华书局1983年版,第93页。
4　原文为"偲(左'亻'右'惠')然"。梁启雄先生认为应是"偲然"之误。"偲然",本意是安然。见《荀子简释》,中华书局1983年版,第93页。

也,知之曰知之,不知曰不知,内不自以诬,外不自以欺,以是尊贤畏法而不敢怠傲:是雅儒者也。

法先王,统礼义,一制度,以浅持博,以古持今,以一持万,苟仁义之类也,虽在鸟兽之中,若别白黑,倚物怪变,所未尝闻也,所未尝见也,卒然起一方则举统类而应之,无所儗;张法而度之,则晻然若合符节,是大儒者也。[1]

荀子认为最低层次的是"俗儒"[2]。他们的"法先王"肤浅而拘泥,只知道效法遥远古代的圣王和玄谈崇古,在衣服、冠饰、礼仪、言辞上装腔作势、装模作样地"法先王",以欺骗百姓、混吃混喝。所谓"不知法后王而一制度",就是不懂远古圣王之法与近世圣王之法的内在相通。所谓"不知隆礼义而杀《诗》《书》",就是只拘泥于诗书表面文章而盲然于其内在精神(礼义)。荀子认为,这种俗儒,与"大俭约而僈差等"[3]的墨子之流已经没有差别了。

荀子认为中间层次的是"雅儒"。他们虽然也懂得"法后王",克服了"俗儒"的上述弊端,但仍不能超越"法教不及""闻见未至"的局限,仍只知迷信圣王、拘泥礼法("尊贤畏法"),不能触类旁通地理解礼义法度的沿袭因革之道,因而其见识仍是非常有局限的。

荀子认为最高层次的是"大儒"。真正"法先王"的"大儒"

---

[1] 《荀子·儒效篇》
[2] 其实荀子还提到"腐儒"这个层次,但并不是就其在礼义法度因袭问题上的态度而言的,所以在这里不必列出。《荀子·非相篇》:"鄙夫反是,好其实不恤其文,是以终身不免于埤污佣俗,故《易》曰'括囊,无咎无誉',腐儒之谓也。"
[3] 《荀子·非十二子篇》

才能超越前两者的局限。他们能够"以浅持博,以古持今,以一持万",超越"闻见未至"的局限;他们能够"举统类而应之,无所儗(疑)",在礼义法度的沿袭因革问题上能够无拘无蔽、出神入化、高屋建瓴。

在儒者的这三个认知层次中,荀子最赞许"大儒"层次,即真正的"法先王"层次。俞荣根先生认为:"荀子的'法后王'绝不与'法先王'对立。他提出了'法后王'的主张,但并没有提出反对'法先王'的思想。恰恰相反,他极称先王,主张'法先王'。"又说:"荀子倒是真诚地'法先王'的。在他的眼里,'后王'是'先王之道'的传承者、彰明者、弘扬者;'法后王'正是'法先王'。"[1]不管"法先王"还是"法后王",荀子的根本主张不外是,继承或因袭历代圣王的礼义法度,弘扬其"礼治""德治""人治"精神,才是天下国家的真正治理之道。

四、"敬畏天命""敬德保民"基本国策主张

(一)敬天修德,保续"天命"

《尚书·召诰》表达了关于"敬天""修德"以保续"天命"的基本国策主张。灭商之初,以武王、周公为首的统治集团认识到,夏商两朝本来有"天命"("服天命惟有历年"),但因道德衰败被褫夺了:"惟不敬厥德,乃早坠厥命"。因此,"我不可不

---

[1] 俞荣根:《儒家法思想通论》,广西人民出版社1998年版,第366页、第368页。

监于有夏，亦不可不监于有殷"，必须以夏商两朝亡国事为前车之鉴。"今王嗣受厥命，我亦惟兹二国命，嗣若功"。既然我朝获得了新天命，那就必须"敬天""修德"，不可自骄和放纵，要继续完成前两代王朝因德衰而未尽的事业，争取永保天命。因为"天命靡常"[1]，因为"皇天无亲，唯德是辅"[2]，所以统治者必须"永言配命，自求多福"，必须"宜鉴于殷，骏命不易""克配上帝"[3]。这一反省结论，为中国数千年政治哲学奠定了基础。

（二）尊重民意，必得民心

"礼治"政治秩序也强调重视民意、得民之心。《尚书·泰誓中》："天视自我民视，天听自我民听。"《尚书·皋陶谟》："天聪明，自我民聪明。天明畏，自我民明威。"人民的视听和威力代表上天，这是强调民心、民意在国家政治中的根本地位，国家政治好坏优劣必须以人民的意见为评价标准，政权合法性归根结底来自人民意志。"人，无于水监，当于民监。"[4]要以人民为政治的镜鉴，时刻防止公权力蜕化变质。

孟子强调，"天下"或国家政权的得和失，最后决定于民心："桀、纣之失天下也，失其民也；失其民者，失其心也。得天下有道，得其民，斯得天下矣；得其民有道，得其心，斯得民矣；得其心

---

1 《诗经·大雅·文王》

2 《尚书·蔡仲之命》

3 《诗经·大雅·文王》

4 《尚书·酒诰》

有道，所欲与之聚之，所恶勿施尔也。""是故得乎丘民而为天子，得乎天子为诸侯，得乎诸侯为大夫。"[1]在这里，人民被当成天子之上的政治权威，天子职位是人民授予的，就像诸侯职位是由天子授予、大夫职位是由诸侯授予的一样。从这个意义上讲，孟子认为"民为贵，社稷次之，君为轻"[2]。这种轻重排序，不是三者的礼法等级秩序排序，而是三者终极权威或本质的轻重排序。既然政权获得或转移决定于民心向背，那么引而申之，政治合法性决定于民意应该是孟子的本意。

怎样才能得到民心呢？孟子认为很简单，就是国家全力让百姓享有安全和幸福："尊贤使能，俊杰在位，则天下之士皆悦而愿立于其朝矣。市廛而不征，法而不廛，则天下之商皆悦而愿藏于其市矣。关讥而不征，则天下之旅皆悦而愿出于其路矣。耕者助而不税，则天下之农皆悦而愿耕于其野矣。廛无夫里之布，则天下之民皆悦而愿为之氓矣。信能行此五者，则邻国之民仰之若父母矣……如此，则无敌于天下。无敌于天下者，天吏也。然而不王者，未之有也。"[3]

《左传》甚至将人民放到了"神之主"的崇高地位。

> 季梁止之曰："……所谓道，忠于民而信于神也。上思利民，忠也；祝史正辞，信也。今民馁而君逞欲，祝史矫举以祭，臣不

---

1 《孟子·离娄上》
2 以上出自《孟子·尽心下》。
3 《孟子·公孙丑上》

知其可也。"公（隋侯）曰："吾牲牷肥腯，粢盛丰备，何则不信？"对曰："夫民，神之主也。是以圣王先成民，而后致力于神。"[1]

隋国贤人季梁规劝隋国国君要重民爱民，因为人民就是神灵之托体，就如在祭祀中尸代神灵受祭的人一样，地位非常重要。只有敬民爱民，才是真正的敬神。不要只知讨好神灵，或为讨好神灵而虐待人民。讨好神灵，不如讨好人民；神灵保佑，不如人民保佑；因为神的意志决定于民意民心。

荀子更从"得民力""得民死""得民誉"三个方面阐发了"得民"的具体内涵，强调了"得民心"对于国家的极端重要性。"用国者，得百姓之力者富，得百姓之死者强，得百姓之誉者荣。三得者具而天下归之，三得者亡而天下去之。天下归之之谓王，天下去之之谓亡。汤、武者，循其道，行其义，兴天下同利，除天下同害，天下归之。"[2]荀子认为，只有三者兼得，大约才能算是"得民心"，才是"王道"或"王者之政"，只得到前两者仍只是"霸道"。"天下归之"就是人民用投奔行动投信任票、赞成票，"天下去之"就是人民用叛逃行动投不信任票、否决票。

（三）以民为本，爱民保民

《诗经》有"皇矣上帝，临下有赫。监观四方，求民之莫"[3]之语，强调君王必须体察民众疾苦。既然"皇天上帝"时刻在"监

---

1 《左传·桓公六年》
2 《荀子·王霸篇》
3 《诗经·大雅·皇矣》

观四方""求民之莫"（莫，即"瘼"，疾苦），那么承受"天命"的君王必须代上天履行关心民瘼、为民纾苦的天职。

《尚书》要求，君王应时刻关心百姓疾苦，"若有疾，惟民其毕弃咎。若保赤子，惟民其康乂"[1]，要把老百姓当成病人或婴儿一样来照料。国家政权必须"用保乂民""用康保民"[2]，要"怀保小民，惠鲜鳏寡"，要"知稼穑之艰难……知小人之依"。[3] 国家必须像父母爱子女一样爱护小民，"天子作民父母，以为天下王"[4]。

孔子说："道千乘之国，敬事而信，节用而爱人，使民以时。"[5] 认为治理大国的首要国策就是爱民、减轻人民负担、不过分役使百姓、让人民得以休养生息。"且丘闻之，君者舟也，庶人者水也，水则载舟，水则覆舟，君以此思危，则危将焉而不至矣？"[6] 孔子转述这句古代政治格言，也表达了他自己的民本主义主张。君王为何要以民为本？因为人民既有拱托之力量（"载舟"），也有湮灭之力量（"载舟"），决不可藐视人民的巨大力量。孟子以"土地""人民""政事"为国家之"三宝"，强调"以民为宝"

1　《尚书·康诰》
2　同上。
3　《尚书·无逸》
4　《尚书·洪范》
5　《论语·学而》
6　《荀子·哀公篇》

才能使国家长治久安,而只知道"宝珠玉者,殃必及身"[1]。这是孟子对"以民为本"基本国策的最佳注解。

"爱民""保民"的政治有哪些具体要求?荀子讲得比较仔细。"故厚德音以先之,明礼义以道之,致忠信以爱之,赏贤使能以次之,爵服赏庆以申重之,时其事、轻其任以调齐之,潢然兼覆之、养长之如保赤子。生民则致宽,使民则綦理,辩政令制度,所以接天下之人百姓,有非理者如豪末,则虽孤独鳏寡必不加焉。是故百姓贵之如帝,亲之如父母,为之出死断亡而不愉者,无它故焉,道德诚明,利泽诚厚也。"[2] 荀子的意思是,所谓"爱民""保民",不要空谈仁义、口惠实不至,要真心实意地"利民"。除了用礼义忠信加以教导、用赏罚加以督促之外,关键是要落实到"时其事、轻其任"(减少徭役、不夺农时)、"兼覆""养长"、对鳏寡孤独(弱势群体)也丝毫不加非理待遇。总之,真正的"爱民",归根结底是"利泽诚厚"。

汉儒董仲舒也曾强调:"五帝三王之治天下,不敢有君民之心,什一而税。教以爱,使以忠,敬长老,亲亲而尊尊,不夺民时。"[3] 王者治国,不敢有役使百姓之心,只有爱民利民之心。具体做法不外是减轻赋税徭役、不夺民时、加强仁爱教化、使百姓亲其亲长其长。"君民之心"的"君",可以理解为控制、支配、役使。

---

1 《孟子·尽心下》
2 《荀子·王霸篇》
3 《春秋繁露·王道》

董仲舒也许是要强调,国家权力的使命不在于"君",而在于"利"即服务人民。

五、"德礼教化""以礼坊民"基本国策主张

(一)以"德礼教化"为国策之本

关于天下国家的治理,据《周礼》追忆,早在周代就提出了"以五礼防万民之伪而教之中,以六乐防万民之情而教之和"[1]的基本国策。这一国策原则,强调通过"五礼""六乐"即礼乐法体系对人民进行教育,教人民养成"中""和"美德和秉性,强调道德教化为治民的首要任务。

孔子主张实行"为国以礼""为政以德""为政在人"三者结合的国家治理策略。所谓"为国以礼"[2],是强调用代代因袭传承并有所损益的圣王典章制度和善良风俗习惯作为治国的依据,以建构博爱仁义的政治社会生活秩序。"能以礼让为国乎?何有?不能以礼让为国,如礼何?"[3]孔子主张,君王在治国理政时,要真心实践"礼让"精神:自己带头"礼让",教人民懂得"礼让";做不到"礼让为国",光讲表面的礼就没有意义。在孔子看来,为政者真心实践礼义道德,老百姓就会真心归顺服从,"上好礼,则民莫敢不敬;上好义,则民莫敢不服;上好信,则民莫敢不用情。

---

1 《周礼·地官司徒·大司徒》
2 《论语·先进》
3 《论语·里仁》

夫如是，则四方之民襁负其子而至矣。焉用稼？"¹所以，孔子认为，恢复重建"礼治"秩序才是最大的政治："克己复礼为仁。一日克己复礼，天下归仁焉。"²"复礼"的首要任务，就是要人民有诚信、守信用。

> 子贡问政，子曰："足食，足兵，民信之矣。"子贡曰："必不得已而去，于斯三者何先？"曰："去兵。"子贡曰："必不得已而去，于斯二者何先？"曰："去食。自古皆有死，民无信不立。"³

所谓"为政以德"⁴，就是强调为政者都应该是道德君子，应该以自己的道德模范言行做表率以感化百姓，使百姓心悦诚服地服从秩序。当然，"为政以德"还包含国家政策应该给百姓实实在在恩惠的意思，"君子怀德，小人怀土；君子怀刑，小人怀惠"⁵之说正表达了孔子的主张——"君子怀德"应落实到"小人怀惠"上，君子应该给予百姓"恩德"。不过，"为政以德"不仅仅是从在上者的自身修养和表率作用和给予百姓"恩德"而言，更应包含在行政和司法活动中突出道德人伦价值和道德教化方式，以人伦道德代替法律以处理百姓所涉各种事案。这样一来，就与"为

1　《论语·子路》
2　《论语·颜渊》
3　同上。
4　《论语·为政》
5　《论语·里仁》

政在人"¹相通了。所谓"为政在人",就是强调君子主政治民时,要本着仁义价值充分发挥主观能动性,不要过分拘泥于"方策"即成文制度。

孟子也主张国家实行"礼治"。在他看来,"礼治"就是在上者信守"道""义""礼",在下者守"法"畏"刑"的秩序。"上无道揆也,下无法守也,朝不信道,工不信度,君子犯义,小人犯刑,国之所存者幸也。故曰:城郭不完,兵甲不多,非国之灾也;田野不辟,货财不聚,非国之害也;上无礼,下无学,贼民兴,丧无日矣!"²他认为,信守道义,以德礼治国,才是保证长治久安的正确国策。

荀子认为只有以"隆礼"为基本国策才能形成"王道政治":"君人者,隆礼尊贤而王,重法爱民而霸,好利多诈而危。"³圣王不可以"重法""好利"为基本国策。

(二)以"礼"为"坊""表"建构宗法礼治秩序

1. 以"礼"为百姓立"坊"、立"表"

就治国治民而言,礼学家们曾将"礼"的功能作用喻为拦水的堤防、标危的表杆。《礼记》说:"子言之:'君子之道,辟则坊与?坊民之所不足者也。'大为之坊,民犹逾之。故君子礼以坊德,刑以坊淫,命以坊欲……礼者,因人之情而为之节文,

---

1 《礼记·中庸》
2 《孟子·离娄上》
3 《荀子·大略篇》

以为民坊者也……子云：'夫礼者，所以章疑别微，以为民坊者也。'"[1] 这里的"坊"，作为名词就是"堤防"或堤坝的意思，作为动词就是"堤防"或"提防"的意思。将"礼"喻为百姓言行的堤防，则是将人民视为水流，要阻止他们越界滑向邪恶，要使人民"非礼勿言""非礼勿动"。在他们心目中，礼的功用正在于设堤防。

荀子更以标志危险的"表"（杆）来比喻"礼"的功用。"水行者表深，使人无陷；治民者表乱，使人无失。礼者，其表也。先王以礼义表天下之乱，今废礼者是弃表也，故民迷惑而陷祸患，此刑罚之所以繁也。"[2] 这里的"表"，是指插在水边标明水深的标杆，有提醒涉水之人注意危险的功用。荀子认为，法律正是这样的社会标杆，标明是非善恶标准，使人民不至于迷惑而自陷祸患。

汉人扬雄也做了一个比喻："圣人之治天下也，砥诸以礼乐。无则禽，异则貊。"[3] 这里的"砥"，本是阻碍、限制的意思，但与禽兽联系起来，则显然有"围栏"的意思。扬子认为，人若没有"礼"作为"砥"，就与禽兽无异。

2. 建构宗法礼治的纲常秩序

为国以礼，目标是要建成宗法等级秩序，包括宗法的国家政治秩序和社会生活秩序。这一秩序的具体内涵，在孔子看来，就

---

[1] 《礼记·坊记》
[2] 《荀子·大略篇》
[3] 《法言·问道》。"貊"本指上古一种野兽，后亦用以贬称东北边地蛮夷族群。

是"正名",就是人伦和政治关系中的"名"(亲属称谓、政治职务)与"实"(人伦或政治的权力、权利、义务、责任)一一相应,使名实相副,消除"实"悖其"名"的礼崩乐坏情形。

> 子路曰:"卫君待子而为政,子将奚先?"子曰:"必也正名乎!"子路曰:"有是哉,子之迂也!奚其正?"子曰:"野哉,由也!君子于其所不知,盖阙如也。名不正,则言不顺;言不顺,则事不成;事不成,则礼乐不兴;礼乐不兴,则刑罚不中;刑罚不中,则民无所错手足。故君子名之必可言也,言之必可行也。君子于其言,无所苟而已矣。"[1]
>
> 齐景公问政于孔子。孔子对曰:"君君,臣臣,父父,子子。"[2]

孟子进一步将这一秩序界定为"五伦"秩序:"教以人伦:父子有亲,君臣有义,夫妇有别,长幼有序,朋友有信。"[3] 这一秩序的本质就是"亲亲尊尊":"人人亲其亲、长其长而天下平。"[4] 除了"亲亲尊尊"的伦理属性,孟子还认为礼治秩序还兼有"劳心者治劳力者"之客观社会分工属性。"或劳心,或劳力。劳心者治人,劳力者治于人。治于人者食人,治人者食于人。天下之通义也。"[5]

荀子也特别强调"正名"建构宗法等级秩序。"故王者之制名,

---

1 《论语·子路》
2 《论语·颜渊》
3 《孟子·滕文公上》
4 《孟子·离娄上》
5 《孟子·滕文公上》

名定而实辨，道行而志通，则慎率民而一焉。"[1] "君君、臣臣、父父、子子、兄兄、弟弟一也，农农、士士、工工、商商一也。"[2] 这一秩序的要害，就是各以其"名"谨守其"分"（"义"），就是"幼事长""贱事贵""不肖事贤"的服从、服事关系，"少事长，贱事贵，不肖事贤，是天下之通义也"[3]。反之，"幼而不肯事长，贱而不肯事贵，不肖而不肯事贤，是人之三不祥也"[4]。"正名"的要害是各自担起人伦义务，尽到人伦责任。

荀子还将礼治等级秩序解释为"劳心劳力"分工与"亲亲尊尊"两种属性重合的政治社会秩序。

> 君子以德，小人以力，力者，德之役也。百姓之力待之而后功；百姓之群待之而后和；百姓之财待之而后聚，百姓之势待之而后安，百姓之寿待之而后长。父子不得不亲，兄弟不得不顺，男女不得不欢，少者以长，老者以养。故曰："天地生之，圣人成之。"此之谓也。[5]

荀子所言"待之"的"之"就是"德"，这是君子的长物，就像"力"为小人的长物一样。在他看来，君子的"德"，是百姓建功、和群、聚财、安势、长寿的动因、纽带和保障，是"亲亲尊尊""男女有别"人伦秩序的保障。这一理论是对德礼教化国策的一种更深层注解。

1　《荀子·正名篇》
2　《荀子·王制篇》
3　《荀子·仲尼篇》
4　《荀子·非相篇》
5　《荀子·富国篇》

《左传》对这一秩序建构的内容也有较为具体的描述。同样，一方面是宗法人伦秩序，另一方面是"劳心劳力"分工秩序。

> 且夫贱妨贵，少陵长，远间亲，新间旧，小加大，淫破义，所谓六逆也。君义臣行，父慈子孝，兄爱弟敬，所谓六顺也。去顺效逆，所以速祸也。君人者将祸是务去，而速之，无乃不可乎？[1]
>
> 大劳未艾，君子劳心，小人劳力，先王之制也。[2]

这里描述的"六逆六顺"就是宗法礼治等级秩序的基本原则，也是关于国家治理当"去"当"效"的基本国策。而所谓"劳心劳力"分工，是这一秩序的另一个面相，强化了这一秩序的正当性。

《礼记》就这一宗法伦理秩序的具体内涵表述得更加清楚。"先王之所以治天下者五：贵有德，贵贵，贵老，敬长，慈幼。此五者，先王之所以定天下也。"[3] 这五大举措是建构礼治秩序的关键，目标是要建立"贵贱有等，衣服有别，朝廷有位，则民有所让"[4]的秩序。这一秩序体现了"人道"之本且不可改变："立权、度、量，考文章，改正、朔，易服色，殊徽号，异器械，别衣服，此其所得与民变革者也。其不可得变革者则有矣。亲亲也，尊尊也，长长也，男女有别，此其不可得与民变革者也。"[5]

---

1 《左传·隐公三年》
2 《左传·襄公九年》
3 《礼记·祭义》
4 《礼记·坊记》
5 《礼记·大传》

《孝经》认为建构宗法礼治秩序的首要国策就是"以孝治天下":"昔者明王之以孝治天下也,不敢遗小国之臣,而况于公、侯、伯、子、男乎?故得万国之欢心,以事其先王。治国者,不敢侮于鳏寡,而况于士民乎?故得百姓之欢心,以事其先君。治家者,不敢失于臣妾,而况于妻子乎?故得人之欢心,以事其亲。夫然,故生则亲安之,祭则鬼享之。是以天下和平,灾害不生,祸乱不作。故明王之以孝治天下也如此。"[1] 从对父祖的"孝道"扩展引申出处理与诸侯、万民、所有亲属之间关系的"仁"且"礼"准则。

　　《春秋繁露》更将这一秩序简化为以君臣、父子、夫妇三大基础关系为纲领的宗法人伦秩序兼政治社会秩序:"君臣、父子、夫妇之义,皆取诸阴阳之道。君为阳,臣为阴,父为阳,子为阴,夫为阳,妻为阴"[2]。《白虎通》首次将这一秩序归纳为"三纲"秩序:"三纲法天、地、人……君臣法天,取象日月屈信(伸)归功天也。父子法地,取象五行转相生也。夫妇法人,取象人合阴阳有施化端也。"[3] "子顺父、妻顺夫、臣顺君何法?法地顺天也"[4]。

(三)"先富后教",使民有恒产恒心

　　礼学家们认为,建构良好宗法礼治秩序,仅有德礼教化是不

---

[1] 《孝经·孝治》
[2] 《春秋繁露·基义》
[3] 《白虎·三纲六纪》
[4] 《白虎通·京师》

够的，必须以让人民先富起来，以人民"有恒产"为前提。

> 子适卫，冉有仆，子曰："庶矣哉！"冉有曰："既庶矣，又何加焉？"曰："富之。"曰："既富矣，又何加焉？"曰："教之。"[1]

孔子认为，为政者应该对老百姓实行"庶之""富之""教之"三大政策。三者之中，"庶之"即人口增殖最应优先，紧接着是"富之"，最后才是"教之"。让人民饿着肚子接受德礼教化是不合理的，所以，让人民休养生息，便利经济发展是国家的首要任务。人民普遍贫困或没有财产保障，是国家祸患之源。"丘也闻有国有家者，不患寡而患不均，不患贫而患不安。盖均无贫，和无寡，安无倾。夫如是，故远人不服，则修文德以来之。既来之，则安之。"[2]孔子的"均平"主张，包含了反对贫富悬殊、让人民有生活保障的意旨。

孟子为"先富后教"的国策提供了更有力的理论依据。他提出了影响后世中国数千年的"恒产恒心"说："无恒产而有恒心者，惟士为能。若民，则无恒产，因无恒心。苟无恒心，放辟邪侈，无不为已。及陷于罪，然后从而刑之，是罔民也。焉有仁人在位，罔民而可为也？是故明君制民之产，必使仰足以事父母，俯足以畜妻子，乐岁终身饱，凶年免于死亡。然后驱而之善，故民之从之也轻。"[3]所谓"恒心"，就是"守礼"之"心"。孟子认为，"恒心"

---

[1] 《论语·子路》

[2] 《论语·季氏》

[3] 《孟子·梁惠王上》

以"恒产"为前提。人民没有恒产、生活没有基本保障，教化是没有用的。所以，"制民之产"让人民富起来是最重要的国策之一。

荀子也论证了"富民""养民"对于国家治理的重要意义。"王者之法，等赋、政事、财万物，所以养万民也。田野什一，关市几而不征，山林泽梁以时禁发而不税，相地而衰政，理道之远近而致贡，通流财物粟米，无有滞留，使相归移也。四海之内若一家，故近者不隐其能，远者不疾其劳，无幽闲隐僻之国莫不趋使而安乐之。夫是之谓人师。是王者之法也。"[1]这里虽然没有与孔孟一样强调"先富后教"，但将"富民"政策提到了"王者之法"的重要地位。

六、"明德慎罚""德主刑辅"基本国策主张

（一）《尚书》"明刑弼教""明德慎罚"纲领

关于治国治民的根本手段方法的使用策略问题，古代中国很早就提出了刑罚为德教服务的根本主张。《尚书·康诰》有"惟乃丕显考文王，克明德慎罚，不敢侮鳏寡、庸庸、祗祗、威威、显民。用肇造我区夏"，最早提出了关于国家暴力特别是刑罚必须谨慎使用的主张。尊重保护鳏寡孤独，在百姓面前要平易、恭敬、谦逊，既是"明德"的表现，也是"慎罚"的体现。《古文尚书·大禹谟》："明于五刑，以弼五教，期于予治；刑期于无刑，民协

---

1 《荀子·王制篇》

于中。"这里首次提出了"明刑、弼教"即刑罚为德教服务的原则，还提出了刑罚使用以最终消灭刑罚本身为最终目标的主张。此外，《尚书》还记述周初统治集团的"勿以小民淫用非彝"[1]，"士制百姓于刑之中，以教祗德""惟敬五刑，以成三德"[2]，"勿庸杀之，姑惟教之"[3] 等一系列关于明德慎刑的治国策略主张，这也表明西周时代即形成了以教化为主导、刑罚辅佐德教的法律原则。《左传》的记载更证实了这一点："《周书》曰'明德慎罚'，文王所以造周也。明德，务崇之之谓也。慎罚，务去之之谓也。"[4]

（二）孔孟"德刑优劣、宽猛相济"论

孔子强调"礼治""德治""人治"，强调以德礼教化为治国治民的根本方略。他的这一主张，基于他对德礼和政刑的在国家治理中的实际功效之判断。孔子认为，"道之以政，齐之以刑，民免而无耻；道之以德，齐之以礼，有耻且格。"[5]"政"就是政令，"刑"就是刑罚，"德"就是道德，"礼"就是礼法。这四种手段，若仅靠（以强制为本质的）前两者，虽然可以威慑压服百姓，但是会造成虽暂免犯罪但丧失廉耻的可怕后果。只有主要依靠德和礼，就是依靠礼义约束、从内在品德升华入手预防为非，才能达到从

1　《尚书·召诰》
2　《尚书·吕刑》
3　《尚书·酒诰》
4　《左传·成公二年》
5　《论语·为政》

根本上消灭犯罪的目的。孔子这一段话，《礼记·缁衣》也有言近意同的记述："子曰：'夫民，教之以德，齐之以礼，则民有格心；教之以政，齐之以刑，则民有遁心。'""格心"就是灵魂深处厌恶和远离犯罪；"遁心"就是只管逃避刑罚并未厌弃罪恶。

虽然对德礼与法刑有如此鲜明的作用优劣判断，但孔子并不排斥法和刑，仍认为法刑是政治所必须。《孔子家语·刑政》曾载孔子语："化之弗变，导之弗从，伤义以败俗，于是乎用刑矣。"他认为，道德教化无效时，动用刑罚是必要的。孔子并非无条件地主张道德教化，而是要求根据形势需要，教化和暴力两手交替使用。《左传·昭公二十年》载，郑国执政子产死后，"大叔为政，不忍猛而宽。郑国多盗，取人于萑苻之泽。"于是子大叔发兵镇压。"萑苻之盗，尽杀之，盗少止。"对此，孔子十分赞赏，说："善哉！政宽则民慢，慢则纠之以猛。猛则民残，残则施之以宽。宽以济猛，猛以济宽，政是以和。"

孟子也通过"德"与"力"优劣比较论表达了他关于德和刑轻重关系的主张。孟子认为"王道"和"霸道"的区分就在于"以德"和"以力"的差别——国家到底崇尚道德，还是崇尚暴力。

> 孟子曰："以力假仁者霸，霸必有大国。以德行仁者王，王不待大。汤以七十里，文王以百里。以力服人者，非心服也，力不赡也；以德服人者，中心悦而诚服也，如七十子之服孔子也。诗云：'自西自东，自南自北，无思不服。'此之谓也。"[1]

---

[1] 《孟子·公孙丑上》

孟子心仪"以德行仁""以德服人"的"王道"政治。他认为,"行仁政而王,莫之能御也"[1]"仁者无敌"[2]。至于"政刑",虽然也需要,但毕竟是次要的:"国家闲暇,及是时明其政刑。"[3]

(三)荀子和董仲舒"德主刑辅"论

荀子继承了孔孟注重德礼教化的基本立场,又吸收了法家部分思想,成为"整合儒法"的集大成者。他主张王霸兼用、德刑并用、礼法并用,坚信"治之经,礼与刑,君子以修百姓宁"[4],坚信"隆礼至法则国有常"[5]。但是,荀子毕竟坚持了先秦儒家基本立场,还没有退到将"德礼"与"法刑"完全等量齐观甚至"儒表法里"的地步。他仍然坚持儒家底线:"故人之命在天,国之命在礼。人君者,隆礼尊贤而王,重法爱民而霸,好利多诈而危。"[6]在他的话语逻辑里,"礼"关乎国家生死存亡,而"法"没有这般重要,"隆礼"的"王道"显著高于"重法"的"霸道"。"霸道"有权宜性,"王道"具根本性。"明德慎罚,国家既治四海平"[7],最后还是回到"慎罚"即谨慎或限制国家暴力使用的立场。

荀子认为靠利诱、刑威、势诈治国的"霸道",就像雇工和

---

1 《孟子·公孙丑上》
2 《孟子·梁惠王上》
3 《孟子·公孙丑上》
4 《荀子·成相篇》
5 《荀子·君道篇》
6 《荀子·强国篇》。又见《荀子·大略篇》《荀子·天论篇》。
7 《荀子·成相篇》

买卖一样没有档次，是小儿科手段。他说："故赏庆、刑罚、埶（势）诈之为道者，佣徒鬻卖之道也，不足以合大众，美国家，故古之人羞而不道也。"他强调，刑罚只有用来辅佐德礼教化才有意义："政令以定，风俗以一，有离俗不顺其上，则百姓莫不敦恶，莫不毒孽，若祓不祥，然后刑于是起矣……雕雕焉县（悬）贵爵重赏于其前，县明刑大辱于其后，虽欲无化，能乎哉！故民归之如流水，所存者神，所为者化。"[1] 所以，一般可以认为，"德主刑辅"论到荀子已基本形成。

荀子坚信，只有德礼教化才是真正长治久安的"王道"："故厚德音以先之，明礼义以道之，致忠信以爱之，尚贤使能以次之，爵服庆赏以申之，时其事、轻其任，以调齐之，长养之如保赤子。"[2] 这样的德礼教化才能"合大众""美国家"，才能达到长治久安。杨鹤皋先生认为，"荀子虽然'重法'，但并没有摆脱儒家的礼治传统。礼和法相比，礼居于主导地位，法居于从属地位。礼是治国的根本，法是根据礼而制定的；法离开了礼，就不能发挥作用。这仍然没有离开儒家'德礼为治'和'德主刑辅'的原则。"[3] 此诚的论！

汉儒董仲舒将这一国策尊奉为天意天道："天道之大者在阴阳。阳为德，阴为刑；刑主杀而德主生……王者承天意以从事，故任

---

[1]　《荀子·议兵篇》
[2]　同上。
[3]　杨鹤皋：《中国法律思想史论集》，中国政法大学出版社2003年版，第103页。

德教而不任刑"[1],"教,政之本也,狱,政之末也。其事异域,其用一也。"[2]"刑者,德之辅也;阴者,阳之助也。"[3]"圣人天地动、四时化者,非有他也,其见义大故能动,动故能化,化故能大行,化大行故法不犯,法不犯故刑不用,刑不用则尧、舜之功德。此大治之道也。"[4]在他看来,"德法并用""德主刑辅"为上天意志、上天规律;国家要德法并用,要以德为本,以刑辅德,都是为了顺应天意。为此,他提出了"大德而小刑""前德而后刑"[5]"厚其德简其刑"[6]"尊德卑刑"[7]等一系列国策主张。

七、重贤能、尚人治、灵活用法的基本国策主张

(一)重贤任贤,以贤人为百姓表率

《诗经》通过赞颂周文王,表达了对贤人为政的高度期许。"刑于寡妻,至于兄弟,以御于家邦"[8],这是歌颂周文王道德高尚堪为妻子兄弟及全国臣民的道德典型("刑"即"型")和表率。"不(丕)显維德,百辟其刑之"[9],是歌颂周文王德高望重誉满天下,

---

1 《汉书·董仲舒传》
2 《春秋繁露·精华》
3 《春秋繁露·天辨在人》
4 《春秋繁露·身之养重于义》
5 《春秋繁露·阳尊阴卑》
6 《春秋繁露·基义》
7 《春秋繁露·天道无二》
8 《诗经·大雅·思齐》
9 《诗经·周颂·烈文》

成为所有诸侯("百辟")的道德榜样。这都是在强调圣贤表率作用在国家治理中至关重要。

《尚书·吕刑》记载,周代统治集团很注重任用贤良负责执法和司法。"在今尔安百姓,何择非人,何敬非刑",最应该严肃谨慎的就是执法用刑,最应该注意选择的就是执法之人。"非佞折狱,惟良折狱",主掌司法审判的一定要是贤良之人,绝不应是奸佞之人。

孔子最重视选贤任能,强调贤人对百姓的表率作用。弟子仲弓将出任大夫季氏的邑宰,向老师讨教为政之方,孔子回答道:"先有司,赦小过,举贤才。"[1] 即强调整肃官府、举用贤才为政治最紧要之务。在他看来,"政者,正也。子帅以正,孰敢不正?""其身正,不令而行;其身不正,虽令不从。"对百姓的道德示范作用,是贤人为政的最大功用。"君子之德风,小人之德草。草上之风必偃。"[2] 贤人君子是地上的风,小民百姓是地面的草,草随风倒(偃)。要想感化人民,当然要依靠贤人。

孔子还强调,举用贤人的关键意义在于"举直错诸枉"。

> 哀公问曰:"何为则民服?"孔子对曰:"举直错诸枉,则民服;举枉错诸直,则民不服。"[3]
>
> 樊迟问仁,子曰:"爱人。"问知(智),子曰:"知人。"樊迟未达,子曰:"举直错诸枉,能使枉者直。"樊迟退,见子

---

[1] 《论语·子路》
[2] 《论语·颜渊》
[3] 《论语·为政》

夏曰："乡也吾见于夫子而问知（智），子曰'举直错诸枉，能使枉者直'，何谓也？"子夏曰："富哉言乎！舜有天下，选于众，举皋陶，不仁者远矣。汤有天下，选于众，举伊尹，不仁者远矣。"[1]

所谓"举直错诸枉"，就是举用正直者为官吏，将正直者放在"枉者"（不正直者、愚者）之上，这样的安排，不仅百姓乐于接受和服从，还能逐渐感化"枉者"，促使其变得正直。除这两条意义之外，孔子弟子子夏还增加了"（能使）不仁者远"亦即使奸恶之人知难而退这一意义。

孟子主张"尊贤使能，俊杰在位""贤者在位，能者在职"[2]，更将举用贤人的意义上升为"天道"。"天下有道，小德役大德，小贤役大贤；天下无道，小役大，弱役强。斯二者天也。顺天者存，逆天者亡。"有道之"役"是小德小贤"役于"大德大贤；无道之"役"是小德小贤奴役大德大贤、强者奴役弱者。前一种"役"顺天道，后一种"役"逆天道。"惟仁者宜在高位。不仁而在高位，是播其恶于众也。"[3] 仁者为政，居高向人民传播仁义；恶者为政，居高向人民传播罪恶。最好的用人秩序是，贤能者领导庸愚者。他还强调，国家最高领导职务更应该由贤人出任，"君仁莫不仁，君义莫不义，君正莫不正。一正君而国定矣。"[4] 君王能作道德表率，

---

1 《论语·颜渊》
2 《孟子·公孙丑上》
3 《孟子·离娄上》
4 同上。

一国人民自然受良善感化。

荀子强调贤人为政是善治之源。"故械数者,治之流也,非治之原也;君子者,治之原也。官人守数,君子养原。原清则流清,原浊则流浊。故上好礼义,尚贤使能,无贪利之心,则下亦将綦辞让、致忠信而谨于臣子矣……百姓莫敢不顺上之法,象上之志,而劝上之事,而安乐之矣。"[1] 所谓"械数",就是统一的度量衡标准之类,这在国家治理中只是"末"或"流",政治的"本"或"源"是贤人君子。荀子认为,贤人君子为政,则为"良善政治之源","原清则流清";反之,邪恶小人主政,"原浊则流浊"。

荀子还将贤人君子的政治作用定位为"道法之总要"。

> 无土则人不居,无人则土不守,无道法则人不至。故土之与人也、道之与法也者,国家之本作(始)也;君子也者,道法之总要也,不可少顷旷也。得之则治,失之则乱;得之则安,失之则危;得之则存,失之则亡。故有良法而乱者有之矣,有君子而乱者,自古及今未尝闻也。传曰:"治生乎君子,乱生于小人。"此之谓也。[2]

他认为只要有君子主政就不会乱,若仅有"良法"未得君子,仍然会乱。这样极端崇尚"君子"贬抑"良法",是典型的"人治主义"观念。荀子是最早全面阐发这一观念的人。当然,非得通过君子之手才有好作用(否则无用)的"良法",并不是法治

---

[1] 《荀子·君道篇》
[2] 《荀子·致士篇》

意义上的良法，小人也不得不遵守的良法才是真正的良法。在荀子的时代，人们是认识不到这一点的。

（二）贤人变通用法，权宜实现正义

贤人为政或贤人政治主张的最大理由之一是：具有冷峻、普遍、一致、稳定等本质属性的法律，在审理个案的司法实践中容易显得保守、僵化、不合时宜，因而必须通过道德高尚、智慧超群的贤人君子加以权宜变通，以满足具体个案中的司法正义追求。

《尚书》曾记载周代司法原则有："轻重诸罚有权。刑罚世轻世重，惟齐非齐，有伦有要。"这一原则的具体要求是："一曰刑新国用轻典，二曰刑平国用中典，三曰刑乱国用重典。"[1] 这一原则应是贤人政治的司法原则。主张在司法实践中，"轻重诸罚有权"，就是刑罚的轻重应因时制宜，不可拘泥于法律规定。而行"权"用"权"者，只能是贤人君子，因为愚恶者做不到。

孔子认为是否任用贤人是政治兴衰的关键。"哀公问政。子曰：'文武之政，布在方策。其人存，则其政举；其人亡，则其政息。人道敏政，地道敏树。夫政也者，蒲卢也。故为政在人。'"政治事务，不管是文事武事[2]，虽然都有"方策"（版、简）发布下去，但能不能成功却取决于人。贤人去执行，那么此项政事就会成功，会实现预期；若没有贤人，则这项政事就会失败。所以，"为政在人"，

---

1 《周礼·秋官司寇·大司寇》
2 "文武"，一般解为周文王武王。但是，根据上下文意，解释为文事武事之政治更好。因为前后文并未明显看见追述文王武王历史功绩的意思。

即成败系于人。政治对贤人的渴求，就像树木对好地的渴求一样。任用贤人主政，就像在好地里种蒲卢等速生植物一样会速见成效。贤人为何能实现"政举"？原因在于他们能将"方策"（一般政令）灵活权宜地适用于具体实践，以达到因时制宜、因地制宜、因事制宜的最佳效果。

孟子说："徒善不足以为政，徒法不能以自行。"[1] 前一句是说光靠贤人不行，后一句是说光靠法律不行。后一句的言外之意是，再好的法律，也需要贤人去有效执行。贤人执行法律的优势何在？就是心怀仁义、因时制宜，以实现正义为目的，而不是机械执法。所以，孟子强调"惟仁者宜在高位"，因为仁者会通过权宜变通以传播仁义、实现正义。

荀子对贤人在整个法制秩序特别是司法秩序中的主动性、积极性、创造性，尤其对于每个个案中实现司法正义的重要意义论证阐发最为深入和透彻。

> 有乱君，无乱国；有治人，无治法。羿之法非亡也，而羿不世中；禹之法犹存，而夏不世王。故法不能独立，类不能自行，得其人则存，失其人则亡。法者，治之端也；君子者，法之原也。故有君子，则法虽省，足以遍矣；无君子，则法虽具，失先后之施，不能应事之变，足以乱矣。不知法之义而正法之数者，虽博，临事必乱。故明主急得其人，而暗主急得其埶（势）。急得其人，则身佚而国治，功大而名美，上可以王，下可以霸；不急得其人

---

[1] 《孟子·离娄上》

而急得其埶，则身劳而国乱，功废而名辱，社稷必危。[1]

在司法实践中，只有君子才能根据个案的具体情形变通执行法律，最大限度实现司法正义。有这样的君子去司法，即使法律简约抽象，他仍能处理好具体案件；没有这样的君子，法律再细致完备也无法实现，因为愚人执法是不会"应事之变"的，而是常常"失先后之施"的，不知轻重缓急的。只有深谙"法之义"（价值和原则）的君子，才懂得如何在个案中因时制宜、变通权宜以实现正义（礼义、仁爱）；不懂得"法之义"的人去执行具体法律规定（"正法之数"），只会拘泥于法条表面规定及逻辑，即使他们法律知识渊博，仍常会在司法中造成冤滥。

这种"人治型"司法的要害，荀子还总结为"法而议""职而通""无法者以类举"这几条。

> 故法而不议，则法之所不至者必废；职而不通，则职之所不及者必队（坠）。故法而议，职而通，无隐谋，无遗善，而百事无过，非君子莫能。故公平者职之衡也，中和者听之绳也。其有法者以法行，无法者以类举，听之尽也；偏党而无经，听之辟也。故有良法而乱者有之矣，有君子而乱者，自古及今未尝闻也。传曰："治生乎君子，乱生乎小人。"此之谓也。[2]

所谓"法而议"，是说在处理个案适用法条有疑难时，应该有某种"议"（讨论）机制，以使法无明文规定之事不至于失坠。

---

[1] 《荀子·君道篇》
[2] 《荀子·王制篇》

所谓"职而通",是说一种公务职责,应与别的公务职责有某种"通"(沟通)机制,以使该种职责所不及之事不至于失坠。要通过"议""通"机制达到"无隐谋,无遗善,而百事无过"(即所有行政司法之事都完善解决)的状态,这就是公权力的最高理想追求。这种高超目标,只有君子(贤人)能做到。只有君子才具有"有法者以法行,无法者以类举"的仁心和智慧——法有明文就依法办事;法无明文就类推适用相近法律条文,或适用法律原则和法理处理案件。"以类举"[1]是最重要最关键的智慧,只有君子才具备。所以这样的君子至关重要,仅有良法仍可能会乱,但有君子主政国家决不会乱。荀子人治主义"良法观"的局限再一次凸显。

(三)"铸刑书"与"人治"法制模式之变

《左传》所记述的两次关于铸刑书(鼎)之争或许就是传统"人治"与法家式"法治"之争。从叔向、孔子两人的反对理由看,他们应是在极力维护"人治"法制模式。

先看《左传》所记郑国"铸刑书"所引争论。

> 三月,郑人铸刑书。叔向使诒子产书曰:"始吾有虞于子,今则已矣。昔先王议事以制,不为刑辟,惧民之有争心也。犹不可禁御,是故闲之以义,纠之以政,行之以礼,守之以信,奉之

---

[1] "无法者以类举"句中的"类",一是指触"类"旁通,及司法上所谓"类推""比附"适用法律。二是直接指"法"或"例",据说春秋战国时齐国称法为"类"。参见梁启雄:《荀子简释》,中华书局1983年版,第6—7页。

以仁，制为禄位以劝其从，严断刑罚以威其淫。惧其未也，故诲之以忠，耸之以行，教之以务，使之以和，临之以敬，涖之以强，断之以刚。犹求圣哲之上，明察之官，忠信之长，慈惠之师，民于是乎可任使也，而不生祸乱。民知有辟，则不忌于上，并有争心，以征于书，而徼幸以成之，弗可为矣。夏有乱政而作《禹刑》，商有乱政而作《汤刑》，周有乱政而作《九刑》，三辟之兴，皆叔世也。今吾子相郑国，作封洫，立谤政，制参辟，铸刑书，将以靖民，不亦难乎？《诗》曰：'仪式刑文王之德，日靖四方。'又曰：'仪刑文王，万邦作孚。'如是，何辟之有？民知争端矣，将弃礼而征于书。锥刀之末，将尽争之。乱狱滋丰，贿赂并行，终子之世，郑其败乎！肸闻之，国将亡，必多制，其此之谓乎！"复书曰："若吾子之言。侨不才，不能及子孙，吾以救世也。既不承命，敢忘大惠？"[1]

就"铸刑书"（将国家刑法公布于祭祀场所的大铜鼎）这一件似乎不算大的内政事务而言，外国（晋国）的高官竟然横加干涉，提出严厉批评。在宗法天下的"国际"秩序中，这是件很有意思的事。叔向之所以理直气壮指责，显然是认为这件事不只是郑国内政，更事关宗法封建制"天下秩序"的维系。那这是什么秩序呢？就是"议事以制，不为刑辟"的"人治式"法制秩序（包括立法和司法秩序）。这种人治式法制秩序，就是刑法一般只公布何为犯罪的原则性规范，不公布具体犯罪之对应刑罚。这样一来，就为贵族司法者留下了"议事以制"即随机权宜变通处理的空间——

---

[1] 《左传·昭公六年》

重大疑难案件由君王发布"制"书直接处理，或指令臣下集议形成处理意见最后报君王裁定。

为什么要实行这种体制呢？就是因为担心老百姓"有争心"，会据法较真。如若提前将"罪罚对应"的刑法公布了，老百姓就会手握"争端"（争理的依据）跟司法者争论，不再尊重（人伦原则和习惯法性质的）"礼"的权威，而是惯于引据法条、咬文嚼字地与官府较真，争辩判决是否公正；也会更倾向于通过贿赂以利用法条谋取不法利益。所以，不是公布成文法有问题，而是公布罪刑相应的成文法有问题。因为那样的刑法会捆住司法官手脚。如果没有那些"束缚"法司手脚的刑法，为政的贤能之人就便于"闲之以义，纠之以政，行之以礼，守之以信，奉之以仁"，便于"诲之以忠，耸之以行，教之以务，使之以和，临之以敬，莅之以强，断之以刚"，亦即便于运用贤人智慧随机应变、因时制宜，并对百姓进行道德教育感化消除"争心"。

再看晋国"铸刑鼎"所引发的争论。

> 冬，晋赵鞅、荀寅帅师城汝滨，遂赋晋国一鼓铁，以铸刑鼎，著范宣子所为刑书焉。仲尼曰："晋其亡乎，失其度矣。夫晋国将守唐叔之所受法度，以经纬其民，卿大夫以序守之。民是以能尊其贵，贵是以能守其业。贵贱不愆，所谓度也。文公是以作执秩之官，为被庐之法，以为盟主。今弃是度也，而为刑鼎。民在鼎矣，何以尊贵？贵何业之守？贵贱无序，何以为国？且夫宣子之刑，夷之蒐也，晋国之乱制也，若之何以为法？"蔡史墨曰："范氏、中行氏其亡乎！中行寅为下卿，而干上令，擅作刑器，以为

国法,是法奸也。又加范氏焉,易之,亡也。其及赵氏,赵孟与焉;然不得已,若德可以免。"[1]

孔子反对晋国"铸刑鼎"的理由可能与叔向反对子产"铸刑书"略有不同。按照蔡国史官的说法,赵鞅、荀寅级别不够,无权作刑器。他们的"铸刑鼎"行为是"擅作刑器",超越了职务权限,是"法奸"行为。但孔子反对的理由,似乎不是从这里出发。孔子是从"铸刑鼎"打破了"贵贱有序"秩序的角度来批评的。这个"贵贱有序"并不在乎赵鞅有没有越权,而在乎原有贵贱关系格局可能被打破。原来唐叔虞被武王、周公授予的法度已经形成了一整套礼法治理秩序,那是一个"民尊其贵""贵守其业""贵贱不愆"的秩序。新铸一个公布法律的刑鼎,为何会有打破这种秩序之虞呢?可能关键就在于怎么理解"民在鼎矣,何以尊贵?贵何业之守?贵贱无序,何以为国"这几句话。什么样的法律公布出来就会导致"民在鼎矣",就不再"尊(敬)贵(族)"呢?当然是对老百姓更有利的法律。什么样的法律公布出来会导致"贵何业之守"乃至"贵贱无序"呢?"贵"原先所守之"业"(权力、便利、好处)到底是什么内容?想来只有一种可能,就是刑鼎公布的法律让百姓更方便据法较真、据法维权,也让执掌司法的贵族们受更多限制、不便一如既往借口权宜变通随时上下其手。所以,归根结底,孔子在这里特别要维护或捍卫的,跟叔

---

[1] 《左传·昭公二十九年》

向一样,就是"民不在鼎""贵有业可守"的"人治型"法制模式。这一模式的要害是,法律应是粗线条的、原则性的、抽象的,是需要配以贤人君子"因时制宜""灵活多变"的权宜之计才能真正发挥作用的。贤人君子的政治作用,只有在这样的模式下才能显现出来,而公布罪刑相应的刑书则可能导致贤人手脚被捆、无所作为。

八、立规矩设权衡、信赏必罚的基本国策主张

(一)健全规矩权衡(法制)以导民齐政

法家主张严明法制,为官民设规矩权衡,统一百姓言行以防范非违,统一官吏公职行为以防贪渎;礼经礼学也同样重视健全规矩权衡以导民齐政。他们既主张以法律设立规矩权衡,也主张以礼设置规矩权衡,两者之中,他们更注重后者,这一点与法家有所不同。

《周易》"师"卦:"师出以律,否臧凶。""象传"解释道:"师出以律,失律凶也。"意思是,军队出动,须首重律法,以统一号令,齐一行动,如果军律弛废,则必然有乱败。

《礼记》认为加强礼制建设就是为国家建立完善规矩权衡:"礼之于正国也,犹衡之于轻重也,绳墨之于曲直也,规矩之于方圜也。故衡诚县(悬),不可欺以轻重;绳墨诚陈,不可欺以曲直;

规矩诚设,不可欺以方圆;君子审礼,不可诬以奸诈。"[1]

《左传》记子产治郑国的成功经验有"使都鄙有章,上下有服,田有封洫,庐井有伍。大人之忠俭者,从而与之。泰侈者,因而毙之"[2]。子产治国,首重建章立制,完善规矩权衡,让官民都有行动依凭准据,并严格执法,奖善罚奸。所谓"都鄙有章"是指城市乡村都有管理章程,"上下有服"是指贵贱尊卑都有服饰制度,"田有封洫"是指健全土地赋税管理制度,"庐井有伍"是指对百姓实行兵民合一制度。《左传》又记,赵宣子"始为(晋国)国政",采取了一系列重大国策举措,"制事典,正法罪,辟刑狱,董逋逃,由质要,治旧洿,本秩礼,续常职,出滞淹。既成,以授大(太)傅阳子与大师贾佗,使行诸晋国,以为常法。"[3] 所列举措,多与建章立制,完善规矩权衡即加强法制有关。"制事典,正法罪,辟刑狱"是加强刑事和司法之法制建设,"由质要"是加强民事法制和司法(质要指契约),"治旧洿"(污)是清理污秽的旧政策法令,"本礼秩"是指恢复已弛废的礼制。这一系列国策举措转而升华为"常法",成为晋国官民的常守规范。

荀子就完善规矩权衡的国策作了最清晰的阐发。"合符节、别契券者所以为信也,上好权谋,则臣下百吏诞诈之人乘是而后欺。探筹、投钩者所以为公也;上好曲私,则臣下百吏乘是而后偏。衡石称县者所以为平也,上好倾覆,则臣下百吏乘是而后险。斗

---

1 《礼记·经解》。《荀子·礼论》中也有此语。
2 《左传·襄公三十年》
3 《左传·文公六年》

斛敦槩者所以为啧也；上好贪利，则臣下百吏乘是而后丰取刻与，以无度取于民。"[1]他认为，国家设置"合符节、别契券"的行政和民事法制，是为了防止诈欺；设置"探筹、投钩"之类抽签抓阄择机法制，是为了体现公平公正；设置衡石斗斛等度量衡标准，是为了计量和交易公平。国家制定的所有法制，都是为了给人民一个共同规矩权衡，让大家有规可循、有据可依、有共同标准可用。

《白虎通》更阐明了制礼作乐、立法制刑，对于建构国家完整治理体系的重要性。"太平乃制礼作乐何？夫礼乐，所以防奢淫。天下人民饥寒，何乐之乎？功成作乐，治定制礼。乐言作、礼言制何？乐者，阳也，动作倡始，故言作；礼者，阴也，系制度于阳，故言制。乐象阳也，礼法阴也。"[2]所谓"制礼作乐"，就是建构完善礼乐法体系和秩序；所谓"立法制刑"，就是完善律令法体系和秩序。合而言之，就是顺应上天意志和法则，完善天人合一的社会治理秩序。

（二）信赏必罚，肃正纲纪

礼经礼学虽未像法家那样高谈严刑峻法、信赏必罚，但也相当重视严肃公正实施法律，重视法律正纲纪、维秩序的不可或缺的作用。

《周易》"噬嗑"卦"象传"："雷电噬嗑，先王以明罚敕法。""噬嗑"，经学家们解为，"谓颐中有物，啮而合之。象征

---

1 《荀子·君道篇》
2 《白虎通·社稷》

以刑法治国。"其实，"噬嗑"既为电闪雷鸣、震慑天地之状，当然象征刑法或刑罚之威猛威力，有强调治国不能没有威猛刑法以济德教不足之意。

孔子认为，治国齐民应"宽以济猛，猛以济宽"[1]，认为应该对"化之弗变，导之弗从，伤义以败俗"者，毫不犹豫地"用刑"[2]。他认为"善人为邦百年"，才"可以胜残去杀"，认为"王者必世而后仁"[3]——仁善的君王，也必须先用三十年强化治安法制、恢复秩序，乱象平定后才可施行仁政。在救乱止暴期内，刑法威慑是必要的。任何时候，信赏必罚、加强司法公信力、使人民不存侥幸之心 都是必要的。

战国晚期的荀子，在"信赏必罚"主张方面，已经完成儒法合流了。荀子格外强调政令和司法的公信力。"政令信者强，政令不信者弱……赏重者强，赏轻者弱；刑威者强，刑侮者弱……权出一者强，权出二者弱，是强弱之常也。"[4] 他格外强调"信"，强调令行禁止、信赏必罚。他认为，政令刑法如果没有公信力，就必然被"侮"被轻贱，那正是国弱国亡之道，政令法律的公信力是国家强盛之本。

荀子认为，要构建政令法律的公信力，必须做到用法平等、不异贵贱，执法公正、不徇私情。他强调这是信赏必罚的关键。

---

1 《左传·昭公二十年》
2 《孔子家语·刑政》
3 《论语·子路》
4 《荀子·议兵篇》

君法明，论有常，表仪既设民知方。进退有律，莫得贵贱孰私王……刑称陈，守其银，下不得用轻私门。罪祸有律，莫得轻重威不分。

听之经，明其请（情），参伍明谨施赏刑……言有节，稽其实，信诞以分赏罚必……吏敬法令莫敢恣。君教出，行有律，吏谨将之无铍（颇）滑。下不私请，各以宜舍巧拙。臣谨修，君制变，公察善思论不乱。以治天下，后世法之成律贯。[1]

荀子认为，要做到信赏必罚，就必须在司法中杜绝私门请谒、排除个人好恶、不分亲疏贵贱。他认为，这三点是建构法律公信力的关键。只有"进退有律""罪祸有律""行有律"的治理模式，才能"成律贯"即成为堪为后世法制惯例的严明公正司法传统。

董仲舒更将信赏必罚的意义上升到了"人主法天之行"的高度。"故为人主者，法天之行……泛爱群生，不以喜怒赏罚，所以为仁也。故为人主者，以无为为道，以不私为宝。"[2] 他认为，在使用法律实施赏罚时，君王和所有司法官都必须"不以喜怒"，即不让个人的喜怒好恶干扰了执法公正；必须"不私"，即不让私利私情干扰执法公正。只有这两方面都做好了，才算顺应或效法了"公正无私"的"天道"。不然，就是伤天害理，就是逆天。

1　《荀子·成相篇》
2　《春秋繁露·离合根》

后记

这本小书作为一个学术婴儿，是恩师俞荣根先生助产的。俞师是我本科时代的任课老师。我得入法史之门，端因杨景凡先生、俞荣根先生、陈金全先生等西政名师导航引路。1983年秋，俞老师、陈老师联袂为我们主讲《中国法律思想史》选修课，从那以后我开始喜欢法律史。设若我当年没有上西南政法大学，或者没选这门课，那就没有我的法史生涯，更没有这本小书了。

本书写作大约始于2018年初。此前一年冬天某日，俞老师从海南打电话给我，说他两年前在孔学堂书局主持了一套"礼法传统与现代法治丛书"，并已经出版了第一辑。他问我有无兴趣也写一本，加入这一丛书弘扬"礼法文化"的学术事业。恩师之命，岂敢不从。何况当时我正有"礼经法读"之志，于是欣然应允。几周后，我起草了《礼义礼法礼仪：礼的法律文化解读》写作大纲，呈俞老师审阅。看了大纲后，俞老师说构思体系宏大，不合丛书体例要求，叫我适当加以限缩。我向老师提出，可否先仅限于"十三经"涉法文字的"法意释读"？俞老师同意了。于是，我修改了大纲，并于2018年12月左右开工。才开始写没几个月，我就发现这工程比想象的大多了、难多了。到2019年6月初，我才勉强写完导言前两章，于是只好再拟一个将任务更加限缩的大纲呈俞老师审定。此后，因为新冠肺炎大疫肆虐，长达三年行动严重受限，查阅资料十分艰难；又因兼职上饶、泉州两地，致使写作断断续续。

直到2021年5月，才勉强写完导言和前六章，字数竟已达15万字。原大纲设计的对礼经礼学典籍中涉及民事法、刑事法、行政法、诉讼法、环保法、军事法、国际法的内容进行全面梳理解读（即本工程主体部分）尚未正式开始，丛书体例限定的15至20万字篇幅就已基本用完了。没有办法，只好再次跟俞老师及孔学堂书局同仁商量，请求再一次限缩工程任务：先仅以礼经礼学的法理宪制释读为题，将已完成的部分书稿权且单作一本书先行出版。感谢恩师和孔学堂书局宽容，再一次同意了我的建议。于是2021年6月初，我将书稿正式呈交俞老师及孔学堂书局同仁。

在书稿呈交后，因考虑到还有更大的后续主体工程要施工，于是经朋友提议，我又将已经完成的书稿及尚待续写部分之构想一起，列为一个完整学术写作项目纲要，申请国家社科基金后期资助，并于2021年6月从上饶师院正式递交申请书。当年10月初申请获准，这使我更有了续完工程的信心。此后直到2023年4月中旬，前后一年半时间，因为抗疫控制措施不断加剧，写作仍旧困难重重。特别是，2022年初冬开始写最后两章时，92岁高龄的慈母不幸染疫，且全家人同时染疫，大家各自自救的同时又合力救母，轮流病房陪护，甚至衣不解带，于是本书写作再次耽搁。直到2023年3月初，母亲转为为安，我的写作才得以接续。感谢苍天垂怜，留我慈母，使我有心继续写作。每回忆当时之困急仓皇，感慨万千！

2023年2月初，我在医院陪护慈母时，孔学堂书局发回了编辑审定的本书排版清样。本应很快完成校读并发回，但因救母无法分神，故一直拖延。母亲痊愈出院后，我来到泉州上课，这才有机会复工续写。在祖杭楼806室，为了写最后这两章（诉讼法、国际法章），整整两个月，上课之外的时间全部用上，夜晚写作到12点是常事，总算勉强完成了最后这七八万字。最后完成的全书定稿，正文就共有13章，总字数接近46万字。同时，写完后七章之后，再回头重读前半部，又发现此前读经不深、理解不准，在书稿中遗下了不少问题，必须立即修改补正。于是，又花了半个月时间，对前6章进行了补充修订。这样一来，字数比以前增加了1.2万左右，这才有了现在再次呈交书局的这份修正书稿。由于学术态度不谨，给孔学堂书局造成了不少麻烦，我十分愧疚。谨向书局致歉，并致谢忱！

最后必须说明的是，同一个研究项目，一部完整书稿，暂不得不分成两半出版——总论部分列入"礼法丛书"在孔学堂书局出版，分论部分将由国家社科基金指定到其他出版社出版，这种不太合理的安排是我在工程设计之初预计不到的，也是"礼学丛书"的体例风格所决定的。没有办法，暂时只好这样了。只要分别出版的两本书内容上基本不重叠，也就没有什么问题了。我只是希望，在首期版权期限届满后，将来有机会将两书合并起来再出版，当然那时就应该是修订版了相信。相信那一天会很快到来，这两部书的学术价值很快就会被法学界同仁们发现和肯定。相信在不远的将来，法学各二级学科的同仁们，只要打算涉足传统法律文化精华问题，可能就难以回避这两本书。这两本书，从中国传统文化的最核心遗产"十三经"中释读出了近50万字的浓浓"法意"，而且是从前最容易被学术界特别是法学界严重忽视的、最能体现中国法律文化特色的深层"法意"，我相信同仁们都乐意看到这一工作的结晶。这也是本书与其他法律史学著述教材的不同之处。未来任何从法理学、宪法学、民商法学、刑事法学、诉讼法学、行政法学、环境与资源法学、军事法学、国际法学等二级法学立场或视角出发，打算进一步了解传统文化遗产、汲取传统文化营养、传承传统法律文化、解决中国特有法律法学问题的学者，也许都不能不到这两部书中以最方便快捷的方式获得相关资源信息。就是说，除了梳理、归纳、分析、解读的学术内容之外，本书兼有的传统法文化观念、典制之索引属性，也许更是其特别参考价值之所在。

感谢俞老师和孔学堂书局！感谢国家社科基金委！感谢对本课题申请书投下宝贵赞成票的几位匿名评委！

最后我还想将这本不成熟的小书献给因感染新冠肺炎于2023年1月9日不幸离世的恩师陈金全先生！他的学术风范和人格魅力将永远留在我们的记忆中。

范忠信
2023年4月17日星期一
于华侨大学泉州校区祖杭楼806室